KB253191

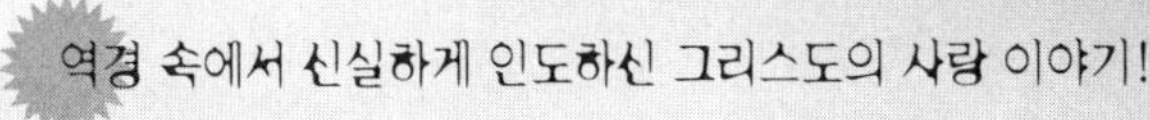

하나님의 부르심

엘리자베스 리 지음

계절을 초월하고
늘 푸르름을 간직하며
묵묵히 지켜주시는
상록수의 사랑을 아는가.

절망의 삶의 덫에 걸려
헤어날 수 없었던 순간 순간
말씀으로 밝은 빛 가운데로
늘 인도하여 주셨네.

예영커뮤니케이션

하나님의 부르심
Calling From GOD

초판 1쇄 찍은 날 · 2008년 10월 15일
초판 1쇄 펴낸 날 · 2008년 10월 18일
지은이 · 엘리자베스 리
펴낸이 · 김승태
등록번호 · 제2-1349호(1992. 3. 31)
펴낸 곳 · 예영커뮤니케이션
주소 · (136-825) 서울시 성북구 성북1동 179-56
홈페이지 www.jeyoung.com

출판사업부 ·
T: (02)766-8931 / F: (02)766-8934
E-mail: edit1@jeyoung.com

출판유통사업부 ·
T: (02)766-7912 / F: (02)766-8934
E-mail: sales@jeyoung.com
ISBN 978-89-8350-493-7

값 12,000원

CALLING FROM GOD

하나님의 부르심

엘리자베스 리 지음

예영커뮤니케이션

책 머리에

　언제인가 지금까지 살아오는 동안 주님으로부터 받은 은혜와 그분의 역사하심을 글로 표현해야겠다는 마음이 들었습니다. 하나님께서 이 작은 나에게 어떻게 인도해 오셨는지 이제 하나씩 하나씩 글로 옮겨야 할 때가 온 것 같습니다.

　지나온 세월 속에서 임재하시는 주님의 음성을 들으며 끊임없는 인도하심으로 거친 들과 같은 황량한 인생길을 어떻게 헤쳐 나왔으며, 첩첩산중과도 같았던 삶의 두려움 속에서도 신실하게 나를 이끌어 주신 하나님의 이름을 이제 이 적은 글을 통하여 높여드리고자 합니다.

　지난날들의 작은 경험들이 마치 한조각의 퍼즐처럼 뇌리에서 살아 움직일 때마다 살아계신 하나님의 사랑을 혼자 간직하기에는 너무나도 소중하기에 먼저 글로써 많은 사람들과 제 삶을 공유함으로써 하나님의 은혜를 서로 나누고, 제게 채워주신 그분의 은혜가 조금이나마 여러분들에게 영적 유익이 되어 주님께서 우리에게 원하시는 그 믿음의 분량에 이르게 하는 데에 보탬이 되었으면 합니다.

　이 글을 통해 또한 세상을 향한 부흥의 바람이 일어 죽어가는 영혼들에 대한 시각이 새롭게 정립되기를 바라마지 않습니다. 한 생명의 귀중함은 어떤 글로도, 어떤 입술로도 표현할 수 없을 것입니다. 오직 하나님의 사랑이 우리를 강권하실 뿐입니다. 저 또한 주님을 알기 전에는 잃어버린 자였으나 예수 그리스도의 보혈을 통해 주님의 자녀가 되었습니다. 이제는 저

잃어버린 자들을 위해 기도하고 다른 성도들과 마찬가지로 복음을 전하는 자로써 든든히 서고자 오늘도 묵묵히 믿음의 걸음을 걷습니다. 이 생명의 가치가 하나의 구심점이 되어 깨어있는 영으로써 주 하나님께로 돌아가는 역사의 장에서 작은 디딤돌이 되길 바라면서 이 글을 씁니다.

　나의 경험들을 쓰기까지는 알지 못하는 두려움이 있었지만, 주님께서 나의 소중한 경험들을 글로 표현할 수 있도록 은혜의 길로 인도해 주심을 감사드립니다. 우리의 생명되신 예수 그리스도의 이름을 높여드립니다.

2008년 8월, 주님을 바라보며…
엘리자베스 리

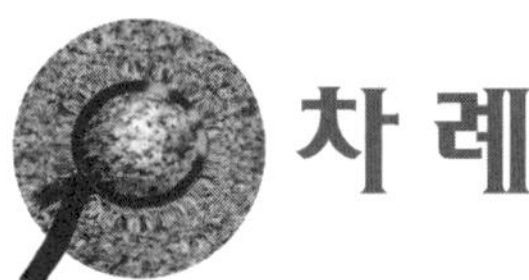

차 례

CONTENTS

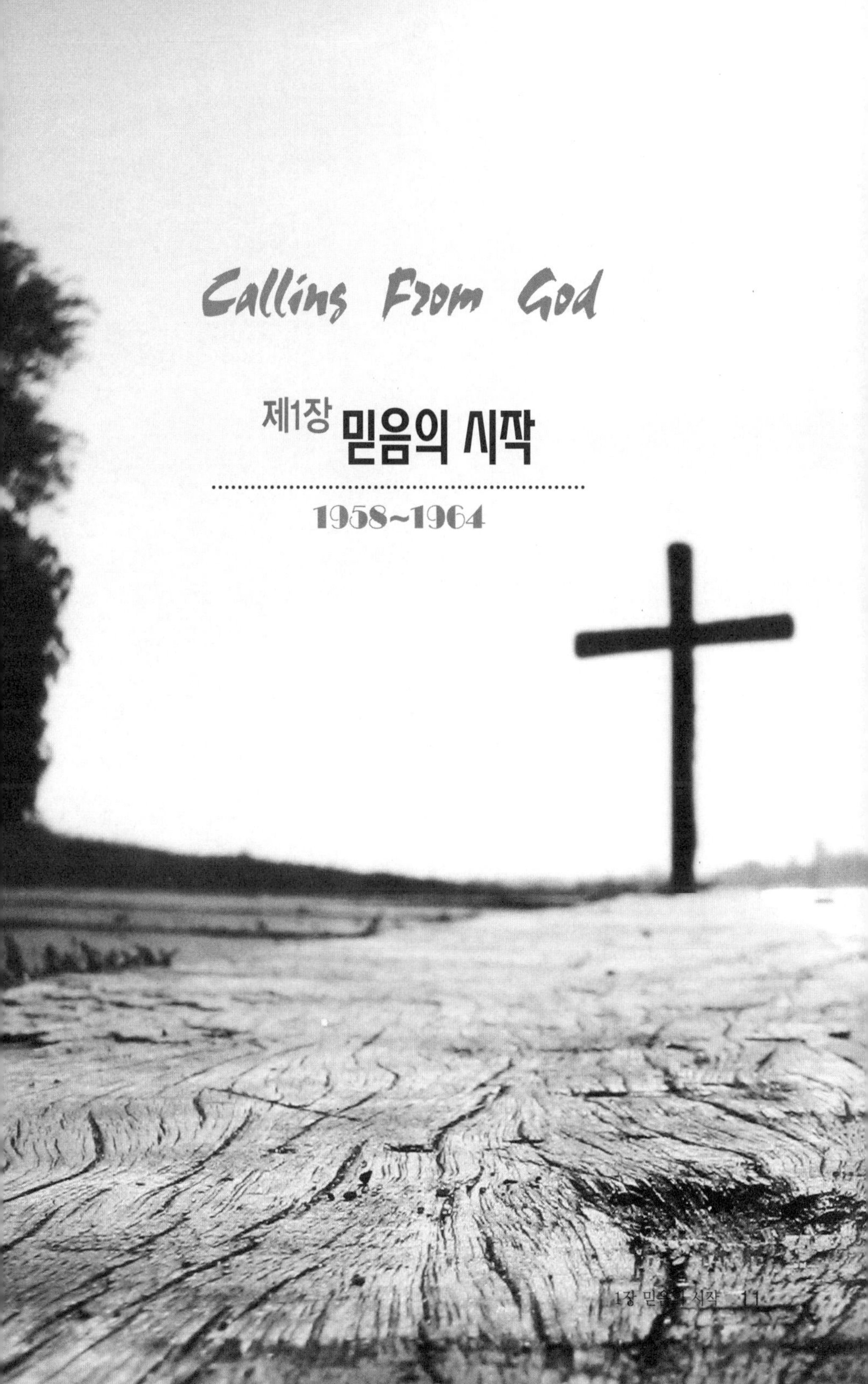

Calling From God
제1장 믿음의 시작
1958~1964

아무것도 염려하지 말고
오직 모든 일에 기도와 간구로
너희 구할 것을
감사함으로 하나님께 아뢰라.
그리하면
모든 지각에 뛰어난 하나님의 평강이
그리스도 예수 안에서
너희 마음과 생각을 지키시리라.
(빌 4:6~7)

1 어린이의 믿음을 믿으십니까?

🔔 1957년~1964년 이야기

　주님을 알기 전, 여섯 살 전의 일입니다. 먼저 집안의 내력을 간략히 말씀드리자면 친가와 외가가 모두 불교의 집안이었습니다. 그때는 친할머니나 외할머니를 좇아 우리는 절밥을 얻어먹는 재미로 따라다녔습니다. 할머니들이 번갈아 나를 절에 데리고 다니셨지만 절에 가면 또한 산에서 놀 수 있어 절에 가는 건 그리 나쁘지 않았습니다.

　그렇다고 불교 신자는 아니었습니다. 엄마도 독실한 불교 신자가 아니라서 오빠와 내가 교회에 간다하면 으레 그때 말로 연봇돈을 주셨습니다. 여섯 살이 되기 전에는 아버지는 육군 장교였습니다. 업무상 아버지는 이리저리 옮겨 다니는 일들이 빈번했고 우리를 데리고 외지에 다니기 불편했기에, 우리 어린 남매 오빠와 나는 서울에서 따로 살게 되었습니다.

　멀어서 그런지 서울 집은 엄마가 가끔 들여다보는 정도였습니다. 우리는 친할머니, 이모들, 외삼촌들, 가정부 언니, 그리고 가정교사 양 선생님과 같이 살았습니다. 양 선생님의 인도로 여섯 전부터 교회에 다니기 시작했습니다. 그때 양 선생님은 주일학교 선생님이셨습니다. 부모님도 안 계신 집에 친척들과 사는 것이 외로우셨는지 모르지만 가끔 하나님 아버지의 이름을 부르면 그리 낯설게 보이지는 않았습니다. 하나님 아버지는 내게도 절대적인 분이 되었습니다.

　사춘기에는 무엇을 해도 잘 되지 않는 시기었는지 내 인생 길에서 반항도 해 보고, 소리도 질러보았습니다. 그렇다고 해서 외인은 아니었으며 마치 하나님 아버지와 나의 관계는 부모 자식 간의 관계와도 같았습니다. 반항을 하면 항상 지혜로 꾸짖어 주시고, 바른 길로 인도해 주셨습니다. 때로 내가 마음이 상해 있으면 세상 사람들은 이해할 수 없는 꿈으로 위로와 용기를 주셨습니다. "너는 잘 할 수 있어."라고 말입니다. 내 인생의 여정에서 하나님은 살아계신 분으로 보이지는 않지만, 가끔 내가 하고 싶은 대로 하면 아버지와 같이 내 인생을 은혜로 간섭하셨습니다. 그리고 제자리에 하나님 보시기에 좋은 자리에 늘 세워 주셨습니다.

어느 날이었습니다. 항상 그랬듯이 외할머니 손 잡고 오빠, 막내 외삼촌과 함께 절에 갔습니다. 절밥 먹고 한참 잘 놀고 있었는데 외할머니께서 부르셨습니다. 부르신 이유는 놀지만 말고 돌부처에게 절을 하라는 것이었습니다. 우리는 돌부처에게 절하는 것이 아니란 걸 주일학교에서 배웠으므로 돌덩이에게 왜 절을 해야 하는지 이유를 모르겠다며 머뭇거렸습니다. 순간 외할머니께서는 당황하셨습니다. 그리고는 나를 가리키며 절을 하라고 엄명하셨습니다. 돌덩이에게 절하는 것이 아니라며 뻣뻣이 서 있었더니 할머니께서는 큰소리로 야단치시는 통에 오빠와 외삼촌은 엉겁결에 머리를 숙여 절을 했습니다. 하지만 나는 그럴 수 없었습니다. 그때 외할머니는 나를 매우 이상한 눈초리로 못마땅해 하는 표정을 지으시며 이해할 수 없다는 듯이 고개를 흔드셨습니다. 그때 외할머니의 잔상이 스쳐지나 가는 것 같습니다.

열다섯 살 때입니다. 어느 날 부모님 심부름으로 외갓집에 들렀습니다. 마침 주일이라 성경책을 들고 교회를 가려고 했는데, 외할머니께서 성경책을 갖다버리라고 소리소리 지르시고 급기야는 나의 뺨을 모질게 때리셨습니다. 성경책 가지고 교회에 가려면 내 집에 오지 말라고 불호령을 하셨지만, 완강한 내 모습에 나중에는 조용히 당신 모르게 몰래 다니라고 허락하셨습니다. 비록 어렸지만 주님이 내 안에 계셨으므로 알 수 없는 당당함이 그때의 어른들을 당혹케 했던 것 같습니다.

세상살이하면서 아바 아버지께서는 내 인생을 간섭하시는 것을 알았습니다. 세상에서는 별로 중요하지 않는 내가 하나님 아버지 앞에서는 귀한 딸이라는 것을 깨닫게 하셨습니다. 내가 당신이 원하지 않은 길에 서 있으면 한시도 지체치 아니하시고 다시 돌려 세우시며, 주의 교훈과 사랑으로 새로운 것에 소망을 주시며 끊임없이 돌보아 주셨습니다.

그렇지만 모든 사람들이 그랬듯이 또 금방 잊고 내가 잘난 것같이 살았지요. 그렇게 하길 이제는 너무 오랜 시간을 보낸 것 같습니다. 아바 아버지는 내가 당신을 스스로 기쁘게 하는 딸이 되기를 간절히 기다리고 계십니다. 내가 이 땅에서 아버지께 돌아갈 때는 아버지를 기쁘게, 영화롭게 해 드려야 한다고 생각합니다. 이런 생각을 하기까지 실로 많은 고난과 고통이 있었고, 그런 고통 속에서도 주 하나님이 주시는 쉼이 있었기에 능히 감당할 수 있었습니다.

주 하나님의 교훈과 사랑 속에서 성장하면서 주시는 사명에 스스로 순종하는 당신의 딸이 되길 인내하시며 끊임없이 기다리시는 아바 아버지…… 주님 품으로 돌아가기까지 말씀에 순종하여 더욱 성숙해지고, 예수 그리스도의 복음을 전하는 사명자로서 합당한 그릇이 되게 하소서.

② 나의 슈년시절
🎈 1957년~1964년 이야기

어린 시절을 돌아보면 나는 참으로 밝고 명랑했습니다. 잘 웃고 조잘대는, 시끄러우면서도 수줍어하는 여자 아이였었던 것 같습니다.

친할머니와 같이 큰집 식구들과 지냈던 것이 기억납니다. 청파동 큰집은 축대 밑에 있는 일본식 집이었습니다. 축대 위에는 서양 사람이 살았는데 가끔 우리를 내려다보는 수녀와 서양 사람들이 보이곤 했습니다. 그곳에서 몇 년 동안 친할머니와의 지냈던 기억이 나의 어린 시절의 시작인 것 같습니다. 기억나는 것은 친할머니의 보살핌 속에서 사촌언니와 사촌오빠들 하고 지냈는데 눈을 감으면 큰아버지께서 축음기에 바늘을 넣으시는 모습과 함께 음악소리가 들리는 듯합니다.

어린 시절에 나는 가족이 함께한 기억이 별로 없습니다. 아마도 식구들과 같이 살지 않은 세월이 많았기에 그런 것 같습니다. 소학교를 들어가기 전 우리는 누상동으로 집을 옮겼습니다. 그때 양 선생님이 오빠의 가정교사로 함께 살게 되었습니다. 양 선생님은 주일학교 선생님으로 장로교회에 다니시면서 오빠와 나를 주일학교에 데리고 다니셨던 분이였습니다.

교회는 인왕산 밑 바로 동네가 밀접한 곳에 있었습니다. 그곳은 부유층 동네로 교회를 나오는 아이들도 그러했습니다. 앞집에 혜숙이가 살았는데 대학 교수이셨던 혜숙이 아빠와 엄마는 자상하게 대해 주셔서 어린 내 마음을 풍요롭게 해 주었습니다. 그림을 보여드리면 솜씨가 남다른 것에 주목하시면서 대견해 하셨습니다.

오빠는 매우 사교적인 성격의 소유자였습니다. 그래서인지 오빠는 친구들이 많았습니다. 오빠의 친구 중 하나는 윤보선 전 대통령 집과 맞물려 담 하나 차이였지만 담 너머는 동네가 다른 이웃집이었습니다. 그 집은 서양식으로 잉어들로 가득한 연못이 있는 대저택이었습니다. 놀러 가면 그 집 오빠의 동생이 또 나의 친구라서 친구의 할머니가 언제나 맛있는 과자와 음료수를 주셨습니다. 나중에 알게 된 사실은 그 친구 부모가 자녀들과 함께 영국으로 유학을 갔는데 자동차 사고로 두 분이 함께 돌아가셨다고 합니다.

오빠 친구는 부모님이 유명한 영화계에 몸 담고 계시는 교수님이셨습니다. 그래서 가끔 그 집에서 촬영을 하는 걸 보기도 했습니다. 그 집에 또 내 또래의 여자 애가 있어서 친구가 되어 자주 놀러갔는데 그 집 정문은 큰 길과 연결되었지만 후문은 집으로 가는 샛길이 있었습니다. 그래서 놀다가 친구가 후문으로 배웅해 주기도 했습니다.

양 선생님이 떠나신 후 우리 남매는 그 집 남매와 대저택의 남매와 함께 서울 세문안장로교회를 다녔습니다. 그 교회는 어린이 주일부에도 성가대가 있었던 것 같습니다. 우리들은 성가복을 입고 찬양을 했습니다. 오빠들은 테너, 오빠 친구 동생들은 소프라노였는데 나만 알토 자리에 섰던 것을 기억합니다. 교회가 끝나면 우리는 으레 광화문에 있는 고려제과로 달려가서 빵과 음료수를 주문하여 먹고 재잘재잘하다가 헤어지곤 했습니다.

인왕산은 나의 정신적인 고향이었습니다. 여름 방학 때마다 오빠와 나는 양 선생님과 함께 그 산에서 식물 채집과 곤충 채집을 하였습니다. 특히 인왕산 치마바위는 우리들이 즐겨 찾는 놀이터였습니다. 그곳은 이조시대 정조의 본처가 정조에게 자신의 치마를 치마바위에 널음으로써 자신의 건재와 정조의 부름을 기다렸다는 가냘픈 여인의 전설이 깃들어 있습니다. 우리는 그런 내력을 알지도 못했고 관심 밖이라 그곳을 미끄럼틀 삼아 놀며 깔깔대고 즐거워했던 기억이 납니다.

인왕에는 머루와 산딸기가 많았습니다. 인적이 한적한 약수터에 가서 때때로 약수를 병에 담아 집에 가져가서 먹곤 했던 기억도 납니다. 간장을 적시듯 시원함이 체내에 내려가는 신선한 물맛, 그 약수와 더불어 산자락을 타고 아름답게 흘러내려 가는 계곡의 물도 일품이었습니다. 때로는 그곳에서 물놀이도 즐겼습니다. 우리 남매는 산을 중심으로 동네 애들과 함께 산속을 쏘다니며 나무도 올라가 보기도 하고, 때로는 송충이를 손바닥에 올려놓고 장난도 쳤습니다. 살고 있는 곳이 서울의 도심지였지만 우리는 산을 배경으로 그렇게 밝고 명랑하게 자랐습니다.

짧았던 어린 시절, 즐거웠던 시간들은 내게 다가올 어두운 삶의 방패였음을 발견했습니다. 고난과 고통의 시간들을 지나면서 결코 자신을 포기하지 않고 항상 소망 가운데 믿음으로 이기는 자신을 발견할 때는 어디서 오는 정신적 삶의 내구력일까를 생각하면, 그것은 비록 어린아이였지만 주님을 영접한 자녀로서 하나님을 사랑하며, 예수님께서 흘리신 십자가의 보혈의 피에 대한 믿음 때문인가 합니다. 그래서 부모님의 보살핌 없이도, 비록 친척들 속에서 살았어도 밝고 명랑한 어린 시절을 보낼 수 있었습니다.

하나님을 바라보는 믿음을 가진다는 것은 자신의 축복이며 보이지 않는 삶의 능력인 것 같습니다. 고난과 고통을 지혜롭게 절망의 삶을 이기게 하시는 하나님은 간구하는 나의 기도소리를 결코 외면하시지 않으시며 믿음의 신뢰를 더욱 깊어가게 하셨습니다. 하나님은 믿음과 삶의 지혜를 구하는 자들에게 주시는 분이시기에 주 예수 그리스도를 의지하며 믿음의 간구로 그것들을 구한다면 누구든지 절망의 삶속이라도 주님의 은총을 받는다는 것을 제 경험으로 말씀드릴 수 있습니다.

어느 날 아버지께서 육군 장교로서 제대를 하셨습니다. 대령으로 제대하신 아버지는 받은 연금과 부모님께 물려받은 유산으로 사업을 시작하셨지만, 아버지의 사업은 전쟁을 치른 나라에서도 상상조차 못할 사치품의 종목이었던 것입니다. 기울어지는 사업을 정리하시고 곧 붙드신 사업 역시 시기 상조한 환등기 제작 사업이었습니다. 기울어져 가는 사업을 남에게 넘겨주었는데 손 털고 나온 그 사업은 철이 지난 시대에 환영을 받았는지 인수받으신 분은 성공했다는 소문이 들려왔습니다.

그 다음으로 하신 사업은 외국에서 운동시설을 도입하여 지금의 프랜차이즈 식으로 체육시설을 운영하는 것이었습니다. 그때까지도 전쟁에서 겨우 벗어난 나라가 겨우 경제를 극복하는 것에도 급급해 먹을 것이 없어 굶어 죽는 사람이 있던 시대였습니다. 자신들의 체력을 단련하며 자기 취향대로 사는 넉넉한 시대가 아니었기에 그 사업도 환등기 제작 사업만큼 시기상조였습니다. 이것 역시 성공의 대가는 다른 사람의 몫이었습니다. 그리고 이어 하신 사업이 출판업, 그리고 모래사업, 그 다음은 연탄공장, 국수공장 등 셀 수 없는 사업들을 하셨지만, 그 어느 하나라도 투철한 끈기로 성공을 거두시지는 못하셨습니다.

아버지는 사업에 실전이 없으셨던 분으로 그저 사업이란 남자로써 해야 하는 하나의 과정인 줄 아셨던 모양이었습니다. 그래서 어린 내가 보아도 생활 대책이 전혀 없이 꿈을 꾸시는 분이었던 것 같았습니다. 꿈과 현실은 냉정합니다. 그리고 꿈은 당연히 가지되 현실성이 있어야 합니다. 그러나 아버지는 평생을 현실을 외면한 채 꿈만 꾸셨습니다.

아버지의 거듭되는 사업 경영의 실패로 우리는 점차 가난해 지기 시작했습니다. 수없이 실패를 거듭하셨지만 아버지에게 좋은 점을 말하라면 결코 그 실패감을 식구들에게 보이지 않으셨습니다. 아버지는 그저 조용히 자신의 실패를 지켜보며 그 실패감을 나름대로 고민하고 계셨던 것입니다. 엄마 역시 아버지를 크게 추궁하시지도 않으셨습니다. 그때까지 엄마에게는 외할아버지가 계셨기 때문이었습니다. 외할아버지는 유난히 엄마를 사랑하셨고 아버지에게 기대가 크셨던 분이셨습니다.

외할아버지의 기대에도 불구하고 거듭되는 사업의 실패로 자신감이 상실되어가는 비참함과 실패의 굴욕을 아버지께서는 조용히 자신이 몸소 다스리셨다는 것을 새삼 떠오릅니다. 한 번도 집안에서 폭력을 사용하지 않으셨고, 술로 자신을 내버려 두지 않으셨으며 남들처럼 화병으로 식구들을 볶지도 않으셨습니다. 지금 생각해 보니 아버지는 생활에는 무능하셨지만 가족들을 사랑하셨습니다. 당신의 고통을 남들이 흔히 하는 폭력이나 비관으로 가족을 더욱 힘들게는 하지 않으셨습니다. 아버지는 온유한 분으로 심성이 착하시고 맑은 분이셨습니다. 그럼에도 그런 아버지를 나는 오랫동안 마음에 거리를 두었습니다. 왜냐하면 아버지와 가족들이 내게 주는 엄청난 삶의 무게가 너무나도 마음을 짓누르고 있었기 때문이었습니다. 그렇지만 나는 가족들을 사랑하고 사랑했습니다.

아버지와 엄마의 생활의 무능력과 체면과 이면에 약하신 이중적인 삶을 결코 이해할 수 없었지만, 오직 현실에서 보이는 건 동생들의 안일이었기에 나는 모든 것을 외면하고 오직 앞만 바라보았습니다. 그때 내가 잘 불렀던 찬송(502 태산을 넘어 험곡에 가도)은 나의 삶에 많은 용기를 주었고, 소망 가운데 살게 해주었습니다. 힘들고 고통스러울 때 부르는 찬송은 마치 주님과 동행하는 삶을 사는 것만 같아 내 삶에 언제나 위로가 되었습니다.

지금 생각해 보니 양 선생님이 들려준 복음은 내 삶 전체에 스며들었던 것 같습니다. 비록 어린아이였지만 복음엔 진지했고, 말씀의 참뜻을 모두 이해하지는 못했지만 오직 말씀에 의지하려 했습니다. 삶의 두려움과 알 수 없는 걱정들, 그리고 근심이 총탄처럼 빗발치는 수없이 내 곁을 스쳐 지나갔지만, 나는 언제나 주 하나님의 은총 속에 어려워도 힘들어도 나의 마음은 늘 평안하였고 명랑을 잃지 않았습니다. 그저 주님께 나의 고통을 나의 절망을 순수하게 말씀드렸고, 언제나 주님은 그때마다 평안을 허락하셨습니다. 비관할 줄도 모르고 낙담할 줄도 몰랐던 건 내가 비범한 아이라서가 아니라 주 하나님을 의뢰했고 때를 따라 도우시는 그분의 은혜를 믿었기 때문입니다.

우리의 가난이 더욱 깊어갈 때, 굶을 때가 먹을 때보다 날수가 많아짐에 따라 동생들이 굶주려서 방바닥에 쓰러진 경우가 허다했습니다. 아버지는 한결같이 곱게 다림질한 와이셔츠와 넥타이와 비싼 양복을 입으시고 외출을 하셨고, 엄마도 역시 좋은 옷을 입으시고 외출을 하셨지만, 우리들의 행색은 말이 아니었습니다. 부모님의 겉과 안의 다른 생활로 인해 우리의 환경을 아무도 짐작조차하지 못했습니다.

동생들의 굶주림을 보다 못해 뛰어간 곳이 구세군 교회였습니다. 교회에서는 밀가루 배급을 해 주었습니다. 한나절 긴긴 줄을 서서 받은 배급으로 밀가루 반죽하여 수제비를 만들어 동생들을 먹이고 나면, 나는 그만 기절할 듯한 현기증으로 쓰러져 버리곤 했습니다. 견디다 못해 엄마는 나를 사직동 꼭대기에서 화당동 고모할머니께로 보내 김치며 먹을 것을 얻어 오게 하셨습니다. 그 무거운 김치동과 싸주는 쌀을 낑낑거리며 들고 오면, 무서운 입들은 염치고 체면도 없이 순식간에 먹어치웠습니다. 참으로 모질었던 시간들이었고 절망의 구렁 같은 시간들이었습니다.

그 지경이고 보니 남들보다 생리에 밝은 오빠는 방황을 하기 시작하였습니다. 한 점 기댈 수 없는 부모를 감싸기에는 그는 너무도 어렸습니다. 오빠는 천성이 사교적이라 늘 친구들이 있었습니다. 새로 만나는 친구들은 다른 세계의 아이들이었습니다. 나도 역시 오빠의 친구들을 오빠로 인해 접하게 되었습니다. 남들이 보기에는 불량 아이들 같았으나 사실 알고 보면 착한 아이들이었습니다. 그들에게 따뜻함이 있었고 남을 배려하는 눈물이 있었습니다. 세상 사람들은 그들을 허접한 아이들이라 생각할지 모르나 그들에게는 그들만의 낭만이 있었고 뚜렷한 생활신조가 있었습니다. 그리고 무엇보다 정신적으로 강한 아이들이었습니다.

우리는 그들로 인해 새로운 삶을 개척하려 했습니다. 우리의 사정을 들은 아이들은 우리들을 돕기 원했습니다. 그래서 내어준 그들의 구역 중 광화문 지역에서 신문이나 껌, 우산을 팔 수 있게 도와주었습니다. 우리는 그들을 믿고 그곳에서 호구지책으로 생계를 위해 부끄러움을 무릅쓰고 전심으로 행상을 했습니다.

그러다가 어느 날 오빠가 사색이 되어서 집으로 돌아 왔습니다. 눈물이 뒤범벅이 된 오빠는 소리없이 엉엉 울었습니다. 오빠는 거리에서 신문을 팔던 중 옛날 친구 하나를 보게 되었다고 하였습니다. 그리고 그 후 더 이상 오빠는 그런 일을 하지 않았기에 곧바로 백수로 전락하였습니다. 오빠가 그만두었으므로 나는 배로 더 노력을 해야만 했습니다. 내가 스스로 행상을 그만둘 수 없는 것은 가족의 생계를 더 유념하였기 때문이었습니다. 그리고 얼마 되지 않는 벌이였지만 생계를 연명할 수 있는 수단이었으므로 오빠처럼 쉽게 행상을 그만둘 수 없었습니다.

작은 여자아이 하나가
복음의 말씀을 들었습니다.
말씀 속에 나 아닌 다른 사람을
사랑하라는 말씀이 있었기에
그 사랑을 가족에게 주기를
가슴에 멍과 함께 피 흘리기까지
그 사랑을 주고자 하였습니다.

❸ 죽음, 그것은 순간일 수도 있습니다
🎈 1964년~1965년 이야기

    우리 식구가 사직동 판자촌으로 이사한 것은 아버지가 육군 대령에서 제대하시고 하신 사업이 쫄딱 망한 뒤였습니다. 그곳은 처음 우리 가족이 함께 살게 된 곳이지요. 아버지는 사업에 자질이 없으셨습니다. 남을 먼저 배려하시는 분으로 가족보다는 남을 생각하는 분이셨습니다. 그런 분이시기에 사업하시다가 쉽게 사기를 당하셨습니다. 가족들과 살아야겠다는 현실보다는 꿈을 꾸는 분이셨습니다. 아무리 생활이 어려워도 당신은 마치 영국 신사와 같이 고운 넥타이에 잘 다림질한 하얀 셔츠와 양복을 입으시고 아이들을 시켜 닦아놓은 광나는 신을 신고 외출하셨습니다.

    허례와 허식으로 사셨기에 아무도 그의 가족이 사는 실태를 짐작조차도 못 했습니다. 나는 이런 아버지를 단지 아버지이기 때문에 사랑했고 이런 가족을 단지 가족이기 때문에 사랑했습니다. 그래서 전심을 다해 맏딸로서 가족에게 봉사와 수고를 아끼지 아니하였습니다. 그런 반면 아버지와 엄마는 다른 세계에서 살고 계셨습니다. 아버지는 직장도 따로 없으시면서도 공무원처럼 매일 출근하셨고 주말에는 집에 계셨습니다. 엄마는 생활고로 그 고통을 잊으시려는지 술과 담배 그리고 화투로 소일을 하셨습니다. 우리가 그 시절에 죽지 않고 살았다는 것이 기적이라 할까, 그 암울했던 세월들을⋯ 지금 생각해 보니 하나님의 은혜로 죽지 않고 살았던 것 같습니다.

    어린 내가 보아도 대책이 없는 부모님들, 우리는 어쩌다가 광화문 거리에서 노는 무리들과 휩쓸리게 되었습니다. 그들이 우리의 딱한 사정을 알고는 소일을 주선해 주어서 신문팔이, 다방과 다방을 전전하며 다니는 껌팔이, 그리고 비가 오면 비닐우산까지 받아 팔아 생계를 꾸려갔습니다.

    그렇게 번 돈을 부모님은 기다렸다는 식으로 돈을 낚아채어 남김없이 쓰기만 하셨습니다. 아마 거의 열두 살이 되었을 때 일입니다. 나는 광화문 거리에서 신문을 팔고 있었습니다. 거의 초저녁이 되어 몇 부만 팔면 정리해서 집에 가야 했습니다. 집에서 기다리는 식구들이 나를 기다릴 것 같아 조바심을 하고 있던 차 어떤 남자가 내게로 다가 왔습니다.

그 남자는 남은 신문을 다 팔아 줄 터이니 자기를 따라오라 하였습니다. 어려서 경험이 없는 탓에 그 남자의 마음을 읽지를 못했습니다. 그래서 그저 신문 팔아준다는 돈 욕심에 졸졸 따라 갔습니다. 얼마만큼 따라 가다보니 의혹이 생겼습니다. "아저씨 어디까지 가야 해요? 나 신문 안 팔아도 되니 그냥 갈래요." 하자 별안간 그 남자는 돌변하여 나를 근처 공중변소로 끌고 갔습니다. 지금 생각하니 그곳은 아무도 없는 외진 곳이었습니다. 나를 재래식 변소 안으로 끌고 들어간 남자는 나에게 말을 했습니다. "내 말을 안 들으면 똥통에 쳐 넣을 거야." 하였습니다. 순간 나는 사색이 되었고 '아, 나는 죽는구나.' 하고 재래식 변소 아래를 내려다보았습니다.

더러운 오물을 내려다보며 "하나님!" 하고 마음속으로 외쳤습니다. 그 남자는 나를 재래식 변소 안에서 겁간을 하려 했습니다. 그 남자가 바지를 푸는 순간 갑자기 푸는 바지를 움켜잡고 나를 데리고 재래식 변소 밖으로 끌고 나갔습니다. 나는 겁에 질려 오들오들 떨고 있었습니다. 그 남자는 떨고 있는 나에게 "다시는 나 같은 남자를 좇아 오지 마. 너 죽을 수도 있어, 알았어?" 하며 그 남자는 어둠 속으로 황망히 뛰어 갔습니다. 무엇인가 겁에 질려 뛰어가는 그 남자의 뒷모습을 바라보며 정신을 수습하여 나도 역시 환한 길가로 뛰어 나왔습니다.

엄마를 길에서 보았습니다. 그렇지만 엄마는 내 모습에 아랑곳하지 않았습니다. 그저 지금 식구들이 배가 고파서 늘어져 있으니 가지고 있는 돈을 달라고 하셨습니다. 엄마는 양식을 사야 한다고 하시면서 급히 쌀가게로 걸어 가셨습니다. 번 돈을 한 푼도 남김없이 엄마 손에 쥐어 드리고, 황망히 쌀가게로 가는 엄마의 뒷모습에 나는 알 수 없는 비애에 젖었습니다. 그 일로 인해 나는 어느 누구도 믿지 않고 의지하지 않았습니다.

가끔 나를 생각하면 나에게는 사업의 수완의 기질이 있었습니다. 그렇다고 무모한 돈에 욕심을 내지 않았습니다. 적당한 선에서 나를 접고 돌아설 수 있는 단호함이 나에게는 있었습니다. 만약 내가 아무도 부양할 책임이 없었다면 어린 나였지만 많은 재물을 성실과 정직하게 모을 수 있는 경영의 이치를 이미 터득하여 지금쯤 어느 한 경영주로 군림하고 있을지도 모르겠지만 가족은 그것을 허락지 않았습니다. 나는 도움이 필요한 가족을 위해 물심양면으로 헌신해야 했기 때문에 나의 재능을 마음속 깊이 묻어야 했습니다.

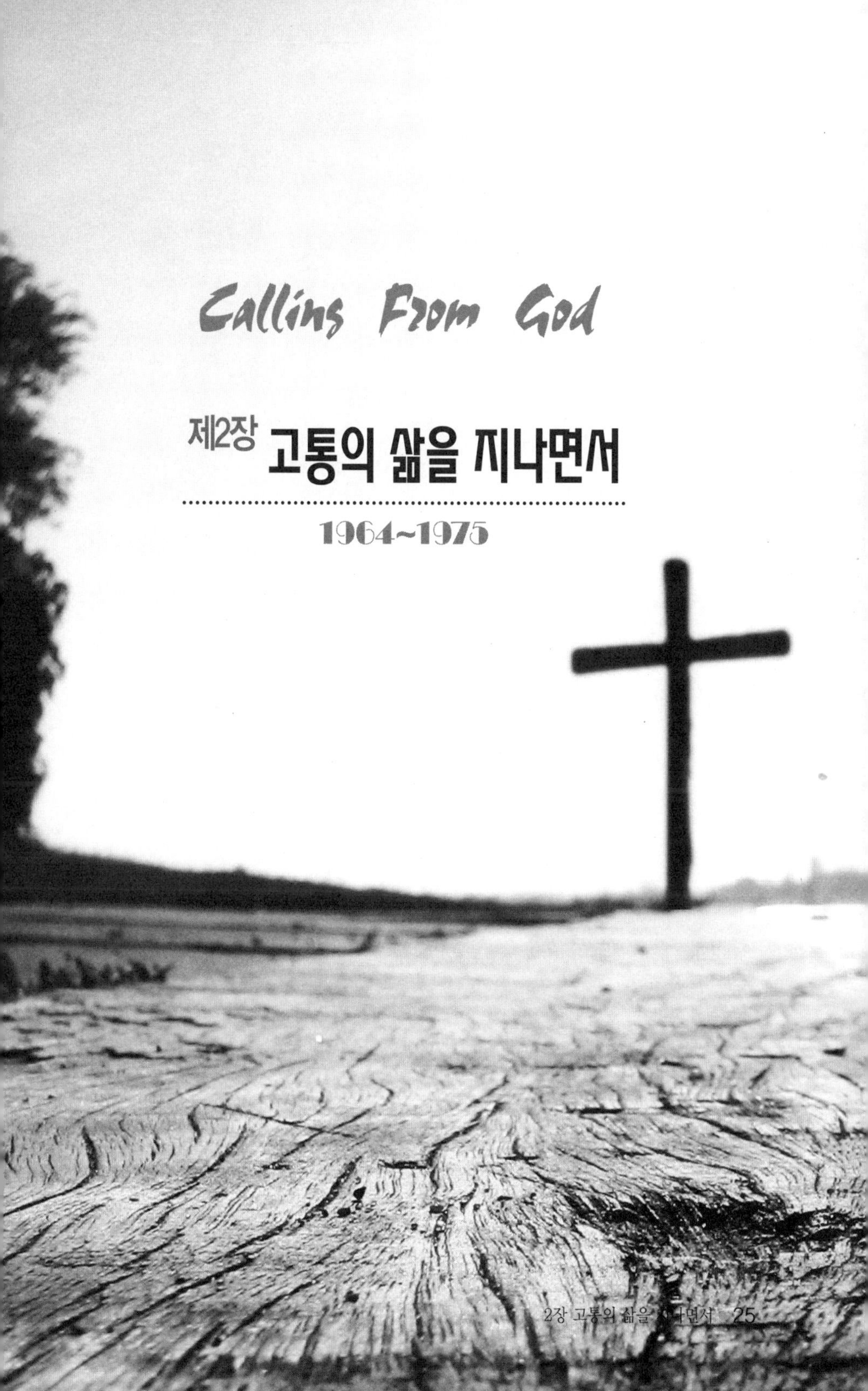

제2장 고통의 삶을 지나면서

1964~1975

수고하고
무거운 짐 진 자들아,
다 내게로 오라.
내가 너희를 쉬게 하리라.
나는 마음이 온유하고 겸손하니
나의 멍에를 메고 내게 배우라.
그리하면 너희 마음이 쉼을 얻으리니,
이는 내 멍에는 쉽고
내 짐은 가벼움이라, 하시니라.
(마 11:28-30)

❶ 생계를 위한 생활 전선-1
🎈 1964년~1968년 이야기

그 후 계속 되어지는 야간행상 껌팔이 수입으로 가족의 생계를 도왔습니다. 그러다가 어느 날 어두컴컴한 다방에서 다방 아가씨와 오붓하게 잡담을 하고 계시는 아버지를 보았습니다. 순간 보이지 않는 분노가 치밀었습니다. 나는 아버지께로 터벅터벅 걸어갔습니다. 잘 풀 먹인 하얀 와이셔츠와 곱게 메신 넥타이가 잘 어울리는 아버지에게 "아저씨, 껌 한 통 사실래요?" 하자 아버지는 나를 알아보시고 기겁을 하시며 빨리 다른 데로 가서 팔라고 하시면서 곧 그곳을 떠나셨습니다.

그날 저녁 불과 몇 시간 전의 일이었지만 아버지는 일언반구의 말씀도 없이 저녁식사를 하셨습니다. 마치 아무 일도 없었던 것처럼… 나는 그런 아버지를 보고 아버지를 내 인생에서 전혀 의지할 수 없는 분이라는 것을 알게 되었습니다. 그리고 나도 아버지처럼 아무 말도 하지 않고 그 밤을 보냈습니다. 무책임한 부모님 곁에 배고프다고 아우성치는 동생들이 너무도 불쌍했습니다. 부모님을 의지하면 식구들은 모두 뿔뿔이 흩어질 위기였기에 나는 어떻게든지 동생들을 보살펴야 한다는 여념밖에 없었습니다.

이런 반면 오빠는 벌써 가족의 상태를 파악하고 자신이 장남이라는 점에 짐스러워하였습니다. 그래서 그는 자연히 겉돌기 시작하였습니다. 오빠는 아버지를 존경하지 않았습니다. 그들의 마찰은 때로는 나에게도 종종 여파가 있었습니다. 단지 죄라면 용기 없는 아버지의 무능력한 생활대책이었습니다. 아버지도 착한 분이셨습니다. 남의 편의를 존중하시고 배려를 아끼지 않는 분이셨습니다. 부모님들은 유복한 환경에서 자라셔서 우리들 앞에서는 부부싸움을 하지 않으셨습니다. 우리 가족이 그래도 하나로 유지할 수 있었던 것은 부모님이 보이시는 가정 폭력이 없었던 것이 유일한 위안이라고 볼 수 있었습니다.

부모님들은 유복한 환경에서 자라셔서 가난을 무서워하시고 두려워하셨습니다. 그렇다고 팔 걷어붙이고 나설 만큼 용기도 없으셨던 분들이었습니다. 그러다보니 허례와 허식으로 삶을 위장하기 일쑤였습니다. 그때는 어려서 엄마를 이해하지 못 했었지만 여자로서 그리고 부유했던 어린 시절을 상기한다면 자존심 강한 자신을 이기지 못했을 것입니다. 세월이 지난 지금 그때를 생각하면 작은 연민을 엄마에게서 느껴집니다. 그런 상황 가운데에서 엄마가 할 수 있는 일은 짙은 담배 속에 자신을 잊어버리는 것입니다. 아버지에게 적당한 주정도 하셨지만, 아버지의 변함없으신 생활신조를 뒤흔들지는 못하셨습니다. 그래서 시작한 것이 동네 화투놀음이었습니다. 번번이 지셨지만 현실 도피로서는 작은 위안이었을지도 모릅니다.

나는 그런 엄마를 비난하였습니다. 쓰러져가는 집안의 기둥이 되는 것은 자기를 거듭 포기하는 것만이 요구되었고 다른 아무 선택이 없는 처절한 삶이고보니 다른 아이들처럼 학교를 제대로 다닐 수가 없었습니다. 또 오빠가 위로 있으니 진학이란 꿈조차 그릴 수가 없었습니다. 아무도 책임지려 하지 않는 가족 울타리 속에서 누군가가 붙들어야만 가족을 살릴 수 없기에 부모님을 의지할 수 없어 생계 목적으로 나는 사춘기를 그렇게 보냈습니다.

가정을 하나로 묶자니 자연히 자신이 강해질 수밖에 없었습니다. 부모님이 꿈꾸듯 다른 세상에서 사시는 동안 나는 현실을 직시하면서 동생들의 탈선을 막기 위해 장녀로서 가정의 기강을 잡을 수밖에 없었습니다. 이러한 내 모습에 오빠와 엄마는 가끔 결탁하여 나를 힘들게 했습니다. 그들의 평범한 생활신조와 내가 삶을 대처하려는 강한 의지는 때로는 극과 극이었기에 그들에게는 전혀 이해가 되지 않았습니다. 다행히 동생들은 착하게 자랐습니다. 동생들을 사랑하지 않았다면, 모든 것을 한순간에 내동댕이치고 책임 없이 나의 갈 길을 구가했었을 것입니다. 그러나 나의 사랑은 그들을 포기할 수 없었고 결코 포기하지도 못했습니다.

그래서 자연히 어린 나이에 살림을 돌보게 되었습니다. 친구들은 진학을 한다 하는데 나에게 진학은 아주 먼 나라의 동화와 같은 소리였습니다. 잔혹한 현실이 나를 서지도 뛰지도 못하게 하였기 때문에 들려오거나 보이는 현실을 외면하고 오직 앞만 바라보았습니다. 그것이 유일한 가족의 생계였습니다.

그러는 사이에 외가의 도움으로 아버지는 몇 번 사업을 시도하셨지만, 계획성이 없어서 언제나 흐지부지하게 되었습니다. 끝내는 외할아버지도 두 손을 드신 것 같았습니다. 외할아버지가 좋아서 시킨 딸의 혼사였으니 도우신 만큼 도우셨던 것 같았습니다. 서서히 딸을 불쌍하게 생각하시는 것을 알게 되었습니다. 아무리 세상이 두 쪽이 난다 해도 아버지는 여전히 잘 차려 입으신 양복에 하얀 셔츠를 입으시고 고운 넥타이에 빛나는 구두를 신고 외출하셨던 것을 기억합니다. 그런 아버지에게 엄마는 때로 일본어로 비아냥거리셨습니다. 아버지는 씩 웃으시며 여전히 당신의 생활신조에 충실하셨습니다.

두 해의 세월은 덧없이 흘렀습니다. 살고 있었던 이웃집 친구가 진학을 한다하며 나에게도 진학하기를 권했습니다. 나의 사정을 들은 친구는 자기가 입학금을 내 줄 터이니 학교에 가서 소학교 졸업증명서를 떼어 오라고 사정을 하였습니다. 동화같았지만 나에게도 꿈은 있었습니다. 그래서 용기를 내어서 다녔던 학교를 찾았습니다. 사느라고 생활에 절었던 나는 담임 선생님을 기억하지를 못했지만 담임 선생님은 나를 기억하시면서 반갑게 맞아주셨습니다. 내가 가는 학교를 물어 보시면서 더 좋은 학교를 지망할 수 있다고 하시면서 안타까워 하셨습니다. 그런 선생님의 모습에 눈물이 왈칵 나올 뻔했지만 꾹 참고 도리어 선생님께 감사의 인사를 드리고 발길을 돌렸습니다.

돌아오는 길에 담임 선생님이 나를 유난히 기억하시는 이유를 생각했습니다. 음악을 유난히 좋아했음에도 노래를 못하는 나를 그래도 음악 시험에는 우수한 것에 대견해 하셨습니다. 또 그 선생님 담임 때 거의 700명의 전교가 IQ 시험을 본 적이 있었습니다. 내가 전교에서 IQ 시험이 우수하여 학교가 발칵하였던 기억도 생각이 났습니다. IQ 시험 결과에 비해 나의 학교 성적은 '양'과 '가'로 우수하지 못했기에 나는 그들을 이해할 수 없었지만, 그때 교장 선생님과 교감 선생님의 특별한 대우가 기억납니다. 그때 부모가 친부모가 아니라는 소리를 엉겁결에 들었습니다. 교장 선생님은 나를 안쓰러워하시면서 당신 직무실을 나의 공부방으로 사용하라 하셨고 여러 가지 진학에 필요한 전과서와 책, 공책, 그리고 연필을 주시면서 격려를 해주셨습니다. 아마도 나의 부모가 친부모가 아니라면 당신이 양녀라도 삼을 정도로 나에게 지극한 관심을 가지셨던 교장 선생님의 집요한 부모님과의 대면으로 결국 엄마가 학교를 찾아가야 할 수밖에 없었습니다. 그때 엄마는 모멸감을 받았고 삶의 상처에 더할 수 없는 치욕의 시간이 되었음을 짐작할 수 있었습니다. 그런 충격을 받고도 엄마는 자식인 나에게 아랑곳 하지 않았고 더욱 나를 생활전선으로 내몰았습니다. 서서히 내가 엄마라면 이럴 수가 있나 하는 의문이 내 머릿속에서 맴돌기 시작했습니다. 그 후 나는 늘 출생의 비밀에 의심을 가졌습니다.

환경이 힘든 와중에도 부모님 몰래 입학원서를 내어 학교를 다니기 시작했습니다. 그때 들려주신 엄마의 말씀 "오르지 못할 나무는 처음부터 생각지도 말아야 한다." 그리고 "뱁새가 황새 좇아 가면 가랑이가 찢어진다." 그 말 받아 나도 역시 지지 않으려고 "한번 그 가랑이 찢어져 보지, 뭐." 하며 말로 답변을 했습니다. 그때 들려오는 엄마의 욕설과 저주는 의심할 바 없이 친부모가 아님을 역력히 증명하는 것만 같았습니다. 그것은 지나치게 생리에 밝은 내게 충격의 말들이었습니다. 육신적인 폭력보다 더 강도가 깊은 정신적인 폭력이었습니다. 내가 오직 이 상황에서 살 수 있는 길은 주 하나님께 의지하는 길만이 내가 살 수 있는 길이라 믿었습니다. 그래서 어린 소녀로서 감당하기 힘는 현실 앞에 수없이 주 하나님께 기도하며 갈 길을 인도하여 달라고 울부짖었습니다. 그리고 주 하나님이 나의 부모가 되어 달라고 수없이 기도하였습니다. 주님께서는 그때마다 말할 수 없는 마음의 평안을 허락하셨습니다.

부모님이 등록금도 보태 주시지 않았지만 등록금 없이 일 년을 다녔습니다. 초등학교 때 IQ 시험 이후 교장 선생님을 비롯하여 교감 선생님과 담임 선생님의 사랑을 받았었던 기억이 내게 큰 정신적인 후원이 되었습니다. 조금 정신차려 공부를 하니 공부를 잘한다는 인정을 받았고, 과목을 이해 못하는 학생들을 가르치기로 했습니다. 때로 선생님이 결근을 하시면 내게 보충수업을 맡기셨습니다. 동생들을 훈육한 경력이 있다 보니 학생들을 잘 통솔하여 학교에서도 선생님들이 좋아하셨습니다.

일 년이 지난 후 다음 학기가 되기 전 우리 가족은 내가 필요했습니다. 생계 유지 때문이었습니다. 내가 아무리 울고불고 하여도 엄마의 마음은 요지부동하셨습니다. 급기야 학교의 선생님들이 찾아 오셔서 사정을 하셨지만 엄마는 매정히 박대하시며 내어 쫓으셨습니다. 어린 나였지만 충격적인 엄마의 행동은 결코 잊을 수 없었습니다.

엄마에게 쫓겨나신 선생님들은 한결같이 나를 위로하시며 떠나가셨습니다. "○○아, 절대 꿈을 잃지 마라. 너만 꿋꿋한 의지를 가진다면 너는 꼭 성공할 수 있어." 그런 선생님들께 미안하여 버스 정거장까지 바래다 드린 다음 야산에 올라가서 대성통곡했을 때, 주 하나님께서도 들으시고 함께 우셨으리라 생각합니다. 그러나 나의 향학심을 쉽게 저 버릴 수가 없어서 시골 평택에서 유지로 사시는 큰고모에게 내려갔습니다. 그리고 큰고모에게 졸랐습니다. 나를 학교를 보내 달라고, 보내 주시면 그 은혜는 잊지 않을 것이라고 부탁드렸습니다. 그러나 돌아오는 것은 거절이었습니다. 그러는 사이 우리 식구들은 생계의 위협을 받았고, 부모님은 은근히 내가 다시 거리에 나가 생계의 수단이 되어 주길 기대하셨습니다. 물론 나의 꿈도 중요했지만 결코 가족들의 현실을 외면할 수 없었던 나였기에 부모님을 이해할 수밖에 없었습니다. 엄마는 나를 학교를 못 다니게 하기 위해 가중한 집안일을 맡기셨습니다. 졸면서 전철을 탔고, 졸면서 길을 걸어 다녀야 했던 학교는 이제 마음을 접어야 하는구나 하며 당연히 생각했었습니다. 어렸기 때문에 나는 극히 단순했습니다.

엄마는 워낙 유복한 가정에서 자라서서 살림을 못 하셨습니다. 학교를 다니면서 졸았던 이유 중에 하나는 어린 나이에 양쪽에 물지게로 물을 길어 빨래도 하고 밥도 해야 했기 때문이었습니다. 정말 모진 삶이었습니다. 98년도에 미국에서 한국을 나왔을 때 오빠가 나를 그곳에 데리고 간 적이 있었습니다. 족히 2.5마일 거리에 왕복으로 훨씬 5마일이 넘는 길이었습니다. 그곳을 열두 살부터 열다섯까지 5갤론(10갤론) 씩을 양쪽에 지고 물을 길어다가 식구들의 빨래와 식수를 해결하였던 거리였습니다. 영리했었기 때문에 동네 물통들을 빌려다가 한꺼번에 10갤론씩 세 번을 날랐던 길이었습니다. 까마득히 잊어 버렸던 그곳이었지만 십대, 이십대, 거의 삼십대까지 내가 꿈속에서 늘 서성이었던 길이었습니다. 왜 오빠가 나를 거기를 데려갔을까, 아마도 자기도 가끔 그곳에 가보면서 자신도 놀란 긴 거리였음을 실감했기 때문이었을까, 그리고 도와주지 못 했던 미안함을 조용히 마음속으로 가졌기 때문이었을까 하는 의문이 들었습니다.

그곳에서 살면서 엄마가 화투 놀이에 날이 새는 줄 모르시고 살다가 자신이 임신한 것도 몰랐던 일이 생각납니다. 임신을 알았을 때는 너무 늦어서 할 수 없이 엄마는 아이를 낳았습니다. 그 남동생이 태어났을 때 엄마는 산후 고통이 유난히 심했습니다. 아이가 태어난 후 목욕을 시키려 하였으나 엄마가 굳이 말리셨습니다. 그 남동생은 태어날 때부터 목에 달걀만한 혹이 있었기 때문입니다. 숨을 쉴 때마다 벌떡벌떡 같이 움직였습니다. 삼일도 채 안 된 아이를 데리고 엄마는 백방을 다니면서 알아보았으나 한결같이 수술하면 너무 어려서 오래 못사니 아이가 큰 다음에 데리고 오라고 하였습니다. 그 뿐만 아니라 수술비가 웬만한 큰 전세값이었으니 당시 사글세를 사니 그런 돈이 있을 턱이 없었기에 엄마의 깊은 우울증에 빠지게 되었습니다. 아마도 엄마는 헤어날 수 없는 삶의 절망의 구렁을 보셨던 것 같았습니다. 엄마는 그날 많이많이 우셨습니다.

그날은 수요일이었습니다. 초저녁이 되었을 때 엄마는 무슨 생각을 하셨는지 아이를 업고 말릴 겨를도 없이 쏜살같이 어둠속으로 달려 가셨습니다. 얼마 후 늦은 밤이 되어서 아이를 업고 집에 들어 오셨습니다. 그리고 초죽음이 되신 듯 깊은 잠에 빠지셨습니다. 이튿날에 나는 강경히 아이를 목욕시켜야 한다고 목욕 준비를 시켰습니다. 엄마는 조심스럽게 아이의 목을 보라고 하셨습니다. 내가 동생의 목을 감고 있는 헝겊을 풀었을 때 놀라운 기적을 보았습니다. 거기에는 엄마와 내가 보았던 벌렁벌렁 움직였던 달걀같은 혹이 없어졌습니다. 우리 모녀는 매우 기뻐하였습니다. 하나님의 기적을 우리 두 모녀는 눈으로 똑똑히 목격한 것이었습니다. 이일로 인해 아버지가 마음을 열어 친구한테 전도를 받았고, 또 아버지가 어머니를 전도하셨습니다. 비록 느린 걸음이었지만 부모님은 연약한 믿음으로 구원의 확신을 가지셨습니다. 그리고 조금씩이었지만 주 하나님의 기적을 체험하고 변하기 시작하셨습니다. 후에 엄마의 말로 조용기 목사님이 계신 서대문 순복음교회에 들러서 수요 예배를 보신 후 목사님 안수를 받고 오셨다고 하셨습니다. 그후로 가끔 나도 그곳에 가서 기도를 하곤 하였습니다.

우리가 살았던 곳은 전세금을 빼서 생계수단으로 사용해야 하기 때문에 사글세로 돌려야 했습니다. 정말 기가 막힌 부모님들이셨습니다. 엄마는 이 고통을 잊기 위해 화투에 몰두를 하셨습니다. 엄마는 미친 듯이 잘 웃고 울었습니다. 엄마는 유난히 임신을 잘 하셨습니다. 그래서 자연히 우리는 미역국을 자주 먹게 되었습니다. 엄마가 아이를 유산하시면 으레 핏걸레는 내가 빨아대었습니다. 가족이니까 당연한 의무 같아서 불평이 무엇인지도 모르고 살았습니다.

어느 날 엄마가 화투 빚이 쌓이는 것에 불안하여 나를 어느 집에 가서 일주일만 도와주고 오라고 보냈습니다. 그곳은 신혼부부가 첫아이를 낳아서 그 집에 엄마가 나를 산후 조리로 도움이로 보냈던 곳입니다. 그날 아침에도 일어나서 아저씨 밥도 차려야 하고 엄마 때와 똑같이 그 집 여자 핏걸레도 빨았습니다. 출근 전 밥상을 대하던 아저씨가 아침 잡수시다가 버럭 자기 부인에게 소리를 질러 대는 것을 들었습니다. "이제, 채 뼈도 영글지도 않은 아이를 그런 것을 시키냐?"고 하시면서 화를 내셨습니다. 그리고 아저씨가 부드러운 목소리로 나를 부르시고 차비를 주시면서 집에 가라고 하셨습니다.

집에 돌아온 나에게 엄마는 왜 실수를 하여 자기를 망신을 주었냐고 구박을 하였습니다. 아무리 내가 가족을 사랑하여 그 모든 짐을 지고 간다 하여도 참을 수 없었습니다. 나도 화가 났는지 그날 화풀이를 여동생에게 했습니다. 여동생은 지금도 이유없이 맞았던 그때 일이 기억한다고 합니다. 자세한 사연을 듣는다면 아마도 동생도 가슴 아파했을 것입니다. 먹을 것이 없어서 굶는 것은 차라리 참을 수 있었지만 굴욕적인 희생을 요구하는 건, 그 아저씨 말대로 뼈도 채 영글지 않은 아이에게 부모라는 권위로 시키는 것은 이해할 수 없었습니다. 저 엄마가 과연 나를 낳아준 친엄마인가를 생각하면 할수록 마음이 무거워졌습니다.

아무튼 그날은 서러웠던 날이었던 것 같았습니다. 어린 나였지만 주어진 삶을 주체하기에 감당할 수 없었던 날이었습니다. 초저녁잠이 유난히 많은 나는 잠도 잘 수 없었던 것을 기억합니다. 울다가 울다가 끝내는 집을 뛰쳐나갔습니다. 그때가 거의 열한 시가 훨씬 넘었던 자정이 가까운 시각이었습니다. 정신없이 달려간 곳 그곳은 서대문 순복음교회였습니다. 교회 문 앞에서 와서야 나는 정신이 들었습니다. 그때 들려오는 통행금의 소리와 함께 거리를 순찰하는 순경의 호각소리에 나는 용기를 내어 굳게 닫힌 교회의 철문을 기어올라서 문을 넘었습니다.

다행히 교회 건물의 문은 열려 있었습니다. 열린 문으로 교회 안으로 들어갔습니다. 그날은 평일이었지만 많은 사람들이 기도하고 있었습니다. 그들을 피해 이층 구석진 곳을 찾아 자리를 잡고 눈물이 범벅이 되도록 하나님께 눈물로 기도를 드렸습니다. "하나님이 나를 양육하여 주소서. 주님이 나를 길러 주소서. 우리 부모님은 세상 물정도 모르는 어린아이들 같아요. 부모님에게 나를 맡길 수가 없어요. 나를 제발 맡아 주소서." 얼마나 지났을까 홑이불도 덥지도 않은 딱딱한 의자에서 잠이 들더니 이튿날 아침이 되어서야 일어났습니다. 잊혀지지 않은 것은 비록 이불도 덮지 않고 딱딱한 의자에서 잤지만 마치 두툼한 요 위에서 푸근히 잔 것같이 몸은 상쾌했습니다. 그리고 마음도 안정을 찾아서 집으로 돌아갈 때는 홀가분했습니다. 아침에 집으로 돌아갔을 때 엄마는 나에게 어디서 자고 왔느냐는 질문도 하지 않으셨습니다. 물어 보신다면 나도 역시 구구한 변명을 하고 싶지도 않았습니다. 다행히 물어 보시지 않아서 지금까지 그저 기억속에만 남아 있습니다.

주님은 이 작은 여자 아이의 고통을 보셨습니다.
주님은 이 작은 여자 아이의 아픔을 보셨습니다.
주님은 이 작은 여자 아이의 기도를 들으셨습니다.
그리고 주님은 이 작은 여자 아이의 삶의 지팡이가 돼 주셨습니다.

❷ 생계를 위한 생활 전선-2
🔔 1968년~1970년 이야기

부모님의 이해할 수 없는 삶과 뒤엉켰지만 우리 형제들은 각각 자신들의 삶을 충실하게 살았습니다. 그러던 어느 날 우리 식구들이 곧 거리에 나앉게 되었다는 사실을 알게 되었습니다. 엄마의 화투 빚과 조금 있는 돈이 바닥이 났던 것이었습니다. 그나마 사글세 판잣집에서도 쫓겨날 판인데 아버지는 태연하셨습니다. 남들처럼 부부 싸움도 하지 않으셨습니다. 거리에 식구들이 나앉을 생각을 하니 피가 거꾸로 흐르는 것 같았습니다. 그러다보니 급한 사람이 먼저 우물가에 간다고 태평한 식구들의 모습에 참다못해 나는 남들도 다하는 판잣집을 짓기 위해 곡괭이를 들고 집 뒤 언덕을 밤마다 팠습니다. 몇 주 혼자 땅을 파니까 바로 밑 남동생이 와서 거들어 주며 같이 파게 되었습니다. 둘이 합세하니 쉽게 언덕이 무너져 내리면서 평평한 땅이 보이기 시작하였습니다.

아버지와 엄마가 보셨는지 남 보기 창피하다고 난리가 났습니다. 여자 아이가 땅을 판다고 동네에서 소문이 나니 제발 그만두고 내려오라고 간청을 하셨습니다. 참으로 이상한 부모님들이었습니다. 내가 길거리에서 껌팔이와 신문팔이를 할 때는 돈을 갖다 드리니까 그냥 놔두고, 하다못해 판잣집이라도 짓겠다는 아이들의 마음은 몰라주면서 이웃이 창피하다고 부모님의 체면 때문에 말리는 경우는 무엇이었던가. 부모님의 반대를 무릅쓰고 우리는 그곳에 작은 텐트를 쳤습니다. 그 모습은 조금 강한 바람이 지나가면 쓰러지는 그런 엉성한 텐트였습니다. 그래도 거리에 나 앉더라도 부빌 언덕이 생겼다고 우리는 신이 났습니다. 오빠의 말로 삼십 평을 깎았습니다. 그러는 사이 생활은 더욱 찌들어갔습니다. 사글세를 매달 주지 못해 판잣집 주인 아저씨는 나가라고 독촉을 하였습니다. 그리고 급기야는 높은 언성이 오고갔습니다. 부라리는 주인집 아저씨가 정말 무서웠습니다.

판잣집 주인은 옛날에 넝마로 생계를 이었던 분이셨기 때문에 눈을 부릅뜨면 무서 웠습니다. 그러나 밑바탕은 착한 분이셨습니다. 주인 아저씨는 아버지를 무척 좋아 하셨습니다. 그래서 편의를 봐주고 하다가 너무 많이 밀려서 아저씨가 언성을 높이셨 던 것입니다. 다음날 자기가 취중에 소리를 질러 죄송하다고 사과를 할 만큼 그분은 착한 분이셨습니다.

이런 생활의 고통 속에서도 부모님은 살길에 속수무책이셨습니다. 이런 환경에서 내가 또 부모님의 방패막이가 돼야 했었습니다. 그때 나이가 열다섯이 채 될까 말까 하는 어린 나이고 보니 이웃집 언니의 신분을 도용해서 시영버스 차장으로 취직을 하 게 되었습니다. 면접하는 사람이 처음에는 어리다고 고개를 갸우뚱했지만 야무진 나 의 태도에 합격을 시켜 주었습니다.

버스 차장으로 버는 돈은 버는 대로 아버지와 엄마가 번갈아 오셔서 가져 가셨습니 다. 때로는 라면 한 봉지 살 돈조차도 남겨 놓지 않고 부모님들은 모조리 가져 가셨 습니다. 그 때 라면 한 봉지가 17원 내지 18원이었을 때였습니다. 번 돈을 열심히 가 져 가셨지만 한 번도 엄마가 따뜻한 음식을 가져다 준 기억은 없었습니다. 부모님은 현실적인 가난보다 정신적인 가난에 찌들려 있으셔서 당신들이 자식에게 당연히 주어 야 할 사랑과 배려가 무엇인지 모르시는 것 같았습니다. 오직 당신이 받지 못하는 현 실의 부유함에 분개하시고 자신을 포기하시는 분들이었습니다. 그런 무책임하고 무 정한 부모님보다 나는 동생들의 안일만을 걱정할 수밖에 없었기에 모든 것을 꾹 참고 살았습니다. 동생들을 사랑한다는 것이 이렇게 나를 버릴 수가 있는 것인가 때로는 자신을 생각해 보기도 하였습니다. 그렇지만 늘 밝고 진지하게 살았습니다.

삼년이나 지나도록 열심히 살다 보니 몸에 병이 났습니다. 그것은 영양을 잘 섭취 못한 이유로 영양실조에 걸렸기 때문이었습니다. 버스 차장의 일도 도저히 할 수가 없었습니다. 자꾸 빈혈이 왔기 때문에 잘못 하다가는 영양실조로 오는 빈혈로 달려가 는 버스 밑에 깔려 죽을 것만 같았습니다. 가만히 서 있다가도 오는 빈혈이 두렵고 또 두려웠습니다.

버스회사를 그만두기 전 까지도 아버지는 회사로 오셔서 숙소 철조망 밖에서 돈을 받아 가셨습니다. 그런 모습에 보다 못해 회사 전무님이 나에게 듣기 싫은 소리를 하 셨습니다. 예전에 군대에 계실 때에 아버지를 상관으로 모셨는데 자기에게 여자일로 치졸한 일을 시켜서 자존심이 많이 상했다는 얘기를 하시며 나에게 정신 차리라고 충고를 하셨습니다. 아마도 나에게 충격을 주려는 충고였을지도 모릅니다. 그러나 그때로서는 감당할 수 없는 충격이었고 자꾸 빈혈도 오고하여 회사에 사표를 내었습니다. 아버지는 왜 회사에 사표를 내었냐고 추궁하시면서 야단을 하셨습니다. 내가 영양실조로 자꾸 빈혈이 와서 버스 밑에 깔릴 것 같아 사표를 냈다고 대답했습니다. 그제야 아버지는 아무 말씀이 없으셨습니다. 도대체 이 아버지의 진심은 무엇일까, 그리고 무엇을 생각하시면서 하루를 사시나 하는 생각을 해 보았습니다.

집에 돌아와서 보니 동네에서는 또순이가 왔다고 떠들썩하였습니다. 겨우 몸을 추수리고 보니 엄마의 태도가 달라졌습니다. 엄마는 번 돈을 챙겨 가실 때마다 맏딸의 책임을 강요하시는 분으로 내가 집안의 의무를 해야만 가족이 연명한다고 하셨지만 챙겨 가시는 돈으로라도 한 번도 따뜻한 밥 한 끼조차 사줄 마음의 여유가 없으셨던 분이셨습니다. 번번이 부드러운 말로 모든 책임을 주시는 엄마의 말에 나는 마음이 녹아 주머니에 한 푼도 남기지 않고 털어주기를 수삼 년을 하였습니다. 이런 엄마의 돌변한 태도에 보이지 않는 울분이 가슴속에 잠재하게 되었습니다. 육적으로는 부모의 인연인지 몰라도 영적으로는 전혀 낯선 엄마였습니다.

'주여! 이 엄마를 용서하여 주소서. 자기가 어린 딸에게 무엇을 하고 있는지도 잘 모르고 있습니다.'

오빠가 그동안 어느 미장이 아저씨를 쫓아다녀서 익힌 기술로 내가 깎아놓은 언덕 위에 집을 지었습니다. 그래서 더 이상 사글세로 집 나가라는 설움은 한동안 면하였고 해결이 된 것 같았습니다. 오빠는 가족에 대한 책임감을 부담스러워 했기 때문에 나처럼 실제적인 압박은 없었습니다. 그저 힘이 돼 주면 고맙고, 안 돼 주면 내가 언제나 있었기 때문이었습니다. 그래도 맏아들이라는 위치가 어린 나이에 보이지 않는 의무감은 있었습니다. 오빠가 방황을 하였을 때 자신을 견디지 못해서 자살을 시도하기도 하였지만 미수에 그쳤습니다. 자살 미수에서 깨어나서 내게 한 첫마디는 "나는 너처럼 강하지 못해." 하고 울어 버렸습니다. 오빠의 울음소리를 듣고 엄마는 나를 서서히 구박하기 시작하였습니다. 그때마다 반발이 앞섰습니다. 도대체 무엇이 나를 이렇게 저주스런 삶을 살게 하는가 하고 나조차 자살이라도 하고 싶을 정도로 엄마의 구박은 의식적이었고 의도적이었습니다. 엄마에게는 한 조각의 양심도 없었습니다. 가난, 그것은 열심히 노력하면 극복할 수 있는 것이었지만 사람의 삐뚤어진 심령에는 독이 되어 피맺힌 한이 되는가 봅니다. 현실적인 가난도 극복하느라고 온몸의 진액을

빠지게 하는데 정신적인 가난에 멍들은 부모까지 내가 책임지어야 한다는 것은 너무도 힘들었습니다.

굳이 내게 잘못이 있었다면 이런 가족을 진실로 사랑했었고 그들을 위해 할 수만 있다면 가족을 돕기를 마다하지 않았던 것입니다. 그래서 나는 자살을 시도했던 오빠도 불쌍히 여기셨습니다. 오빠의 회복과 함께 시청에서 판잣집 철거령이 나왔습니다. 우리는 온몸을 다해 막아 보았지만 무자비하게 철거하는 사람들을 막아볼 도리가 없었습니다. 주민들의 며칠간의 몸싸움으로 서울시에서 우리를 성남으로 아주 이주시키기로 결정하였습니다. 각 가정 당 이십 평의 땅을 주었습니다. 우리는 얼마동안 지정해 준 땅을 받기 전까지 천막에서 우거하였습니다. 가을이 시작되려는 시기라서 얼마간의 고생은 참을 수 있었습니다. 그때가 1970년도 새로운 도시가 세워지기 위해 많은 도약과 부흥이 있었습니다. 수도 시설이 잘 되지 않아서 수도 시설이 된 곳에서 물을 길어다가 빨래와 식수를 해결해야 했습니다. 궂은일은 모두 나에게로 떨어지고 나는 열심히 가족들을 위해 물심양면으로 수발을 하였습니다.

아버지 친구들의 도움으로 이십 평 땅에 집을 지었습니다. 그것은 하늘이 아버지 친구을 통해서 주신 주님의 은혜였습니다. 친구들 중에 넉넉한 분이 이자놀이라도 하라고 돈을 주셨지만, 부모님은 악착같은 분들이 아니라서 사람들에게 곧 뜯기고 말았습니다. 천성이 여자에게 선하신 분이라 악착같은 여자들이 아버지에게 계획적으로 붙어 뜯어가는 돈은 당해낼 재간이 없었습니다. 엄마는 기가 막힌 표정으로 어이가 없어 했습니다. 아버지는 아무래도 우리가 기댈 분이 아니었습니다. 현실과 상반되는 세계에서 사시면서 전혀 현실 감각이 없으신 분으로 가족의 책임이나 의무는 가족의 일원 중 누가 하겠지 하는 태도로 자신의 안일을 지키셨습니다. 이런 상황에서라도 엄마라도 악착같았다면 우리 가족의 힘으로 긴긴 가난에서 헤쳐 나왔을 것이지만 엄마 역시 부잣집 딸로 자라셔서 세상 속에서 생존의 힘을 겨루기에는 정신적으로 아버지 못지않게 안일하셨습니다. 두 분은 행복했었고 평안했던 옛시절에서 결코 벗어나지 못하셨습니다. 그들의 대화는 얼마나 과거에 얼마나 잘 먹고 잘살았나가 화제의 중심이었고 잘사는 친척들이 많다는 실속 없는 자랑으로 삶에 만족을 삼으셨습니다.

❸ 빵언의 은사를 받고
🔔 1970년~1973년 이야기

　나에게 참으로 힘들었던 시절을 기억하라면 걸어온 인생 자체가 힘들었지만 그래도 굳이 꼬집어 말하라면 그것은 내가 입신(入神)을 하기 전의 시절이었던 것 같습니다. 그때가 나에게는 사춘기였습니다. 그때 나는 대 가족의 살림을 맡아서 했던 때였습니다. 그래서 부엌과 집안을 다니면서 손에 젖은 행주와 걸레로 구정물 속에서 하루하루를 살았고, 여린 몸으로 대가족의 엄청난 빨래를 혼자 해야 했습니다. 지금과 같이 기계를 사용하는 환경이 아니었기에 대가족의 빨래를 한다는 것은 그리 쉬운 일이 아니었습니다. 물을 길어다가 빨래를 시작해서 끝나면 하루가 다 지나갈 정도로 나의 사춘기는 그렇게 지나갔습니다.

　가끔 만나는 친구들의 얘기를 듣다 보면 친구들은 학교를 마치면 더 진학을 하던가, 사무 직장을 잡든가, 또는 시집을 가든가 하는 자기들의 나름대로 삶의 비전이 있었습니다. 반면 삶의 비전이 전혀 없이 부엌에서나 지내는 비참한 인생을 살아야 한다는 것을 스스로 알게 되었습니다. 그리고 서서히 나라는 존재를 의식하면서 갈등하기 시작했습니다. 가족을 위해 수고와 헌신을 아끼지 않았을 때는 기쁨이 있었으나 세상과 삶에 눈을 뜨기 시작하였을 때는 나의 생활과 미래의 소망이 한낱 절망뿐임을 느꼈습니다. 학력이 미비하다 보니 하다못해 구로 공단에 공장 직공으로도 들어갈 자격도 못되는 자신 앞에 사방으로 겹겹이 서 있는 사면초가와 같은 사회의 벽을 보았습니다. 그 벽은 결코 내가 혼자 넘을 수 없는 철저히 자격 미달인 자신의 모습과 사회 결격자라는 것을 더욱 뼈저리게 알게만 할 뿐이었습니다. 내가 아무리 발버둥을 쳐도 나의 존재는 그저 의미조차도 없는 아주 작은 미미한 생명일 뿐 현실의 냉혹함과 잔인함은 나를 끝없이 난도질을 하였습니다. 아무 보장도 없는 앞날만이 끝없이 보였던 암울했던 시절은 현실의 잔인함으로 생활에서도 역력히 반영되었고, 부모님에게 지금이라도 늦지 않았으니 하다못해 양재학원이라도 보내 달라고 우겨댔지만, 나는 결코 부모님의 안중에도 없는 자식이었음을 깨달았습니다. 오직 부모님의 바람은 소리 없이 가족이나 치다꺼리라는 명령뿐이었습니다. 두 분 부모님은 모두 교육을 받으신 분들인데 두 분이 받은 교육의 수준이라면 당연히 나도 받아야 되는 것이 부모가 당연히 자식에게 주는 의무가 아닐까? 하는 의문을 수없이 하였습니다.

그리고 나는 '왜 철저히 이 집의 하녀가 되었을까?' 하는 삶의 절망 가운데 몸부림을 치며 보이지 않는 미래에 대해 스스로도 알 수 없는, 인생의 암초 같은 것에 걸린 것 같은 불안과 방황은 자신을 그지없이 초라하게만 만들었습니다. 나의 삶의 최선은 무엇인가 아무리 생각해도 아무리 몸부림쳐도 나에게는 확신이 없었습니다. 그저 처절한 몸부림과 내 인생에 대하여 소리없는 반항만이 나를 지배하였습니다. 설사 내가 악을 쓰고 소리를 친다 해도 아무도 나의 소리를 듣는 척하는 사람도 없을 것이고, 행여 내가 숨을 쉬는지 살았는지조차 관심도 없는 세상이라 생각하면서 언제까지 내가 이렇게 살아야만 되나 하는 극단적인 고민까지도 하였습니다. 그러다보니 모든 것이 예민하여 오빠와 말다툼에서 몸싸움도 서슴지 않고 치열하게 하였습니다. 마치 살인이라도 저지를 듯 하는 반복되는 싸움에서 오빠는 그래도 엄마의 관심사였습니다. 엄마는 돈이 없다 없다 하여도 오빠가 진 외상 빚은 군소리 없이 갚아 주셨지만 내가 눈이 나빠 거의 찡그리고 다녔는데 안경이 필요하다 하니까 나를 안경점까지는 데리고 가서서 안경테를 고르라고 하시곤 고른 후에 가격을 치르려는 시점에서 돈이 없다 하시며 안경점에서 나오고 말았을 때 그저 기가 막혔습니다. 이분이 내가 버스 차장으로 번 돈을 당신 마음대로 쓰시고도 모자라 내가 화투 빚까지 갚아 주었는데 이제 그 잘난 안경도 돈이 없다, 안 사준다 하니 마음이 쓰리고 아팠습니다.

그 후 얼마 지나지 않아 오빠가 부주위로 오빠의 안경을 망가지게 하였을 때 엄마는 오빠의 안경을 당장 사서 그의 눈을 보호하게 하였습니다. 그때부터 엄마에게 나는 보이지 않는 불신이 내 마음에서 자라기 시작했습니다. 엄마는 믿을 수 없는 존재라는 것을 서서히 인식하게 되었습니다. 내가 실로 엄마의 자식이라 칭한다면 그 얼마나 비극적인 경험을 자식인 내가 겪고 있는지 엄마는 상상조차 할 수 없는 그저 평범하고 냉혹한 엄마였습니다. 가난보다도 더 비참한 배고픔보다도 더 고통스런 경험을 하였습니다. 이런 와중에서 엄마는 지식적으로 우월하신 분이라서 사회에서 여성회를 조직하셔서 회장의 자격으로 많은 유명 인사들을 만나면서 사회에서 보장받지 못하는 여성들을 위해 일을 하시며 그들에게 후원을 받고 계셨습니다. 그 소리를 들었을 때 나는 그만 고소를 금치 못했습니다. 아니 당신 자식들도 해결하지 못하시는 분들이 어찌 그런 일을 하실까, 이중 인격적인 일을 하시는 엄마를 향하여 분노가 내 가슴을 터지게 하였습니다. 그 엄마의 일을 열심히 도우시는 아버지조차도 전혀 알 수 없는 분이셨습니다. 허례와 허식적인 가면으로 어떻게 현실을 직시하는 안목이 없으실까하는 소리 없는 한탄이 까맣게 타버린 내 가슴에서 지울 수가 없었습니다.

보이지 않는 세상의 분노 그것은 내 가슴 속에서 터질 듯한 폭발하는 화산이 되었습니다. 내 입에서는 언제부터인가 거친 말들이 서슴없이 나가고 말보다는 육신적인 치열한 싸움의 몸부림의 연속이었습니다. 오빠는 오래전부터 가망이 없는 부모님의 삶에 스스로 거친 사춘기를 겪고 있는 터라 나와 걸맞은 상대가 되었습니다. 우리는 남매였지만 거칠고 치열한 싸움을 하루 걸러 하였습니다. 피 터지는 싸움을 죽음을 각오하듯 하였습니다. 싸움의 시작은 오빠였지만 언제나 오빠는 나에게 항복을 하였습니다. 죽을 듯이 달려드는 사람을 결코 이길 장사가 없었기 때문이었습니다. 그때는 그렇게 죽고 싶었습니다.

하루는 싸우다가 오빠가 던지는 각목에 맞아 실신을 하였습니다. 머리에 정통을 맞아 머리가 깨져 피가 나 기절해 정신을 잃었습니다. 오빠가 정신없이 물을 뿌리면서 엉엉 울며 살아만 달라고 흔들었던 덕분에 깨어났습니다. 그때 각목에 맞은 머리의 상처는 지금도 이마에 아직도 남아 있습니다. 그때부터 오빠는 착하기만 했던 여동생이 아니었음을 알기 시작하였습니다. 그리고 더 이상 자기가 화풀이하는 상대가 아니라는 것을 알고 두려워했습니다. 그런 어두웠던 시절에 나는 더 이상 세상에 사랑이 존재하지 않는다고 믿었습니다.

그즈음 엄마는 하나님을 붙들기 시작하였습니다. 찌든 인생의 항로에서 진실로 의지하고 메어 달리며 도움을 청할 분은 오직 주님뿐이라고 믿기 시작하였습니다. 주 하나님을 의지하며 어둡기 만한 삶에 빛이 되어 달라고 기도하시는 모습에 나는 조소를 던졌습니다. 그때 엄마는 방언의 은사를 사모하기 시작하셨습니다. 떠듬떠듬 떨리는 소리로 루루루 하시며 기도하시는 이상한 모습이 역겹기까지 했습니다. 비난하고, 조롱하여도 속이 풀리지 않았고 시원하지도 않았습니다. 나로서는 방언이란 이해할 수 없는 기도 방법이라고 생각했습니다. 그래서 방언의 은사를 내 자신이 거부했습니다. 그리고 방언으로 기도하는 자들은 모두 사기꾼이라고 믿었습니다. 그리고 나의 어린 시절을 유린한 부모님을 용서할 수 없었습니다. 나의 화산 같은 분노는 쉽게 가라앉지를 않았고 멈출 수 없었습니다. 부모님의 이중적인 삶에 자식이라고 더 이상 존경을 할 수 없었습니다. 결국 엄마는 여성회 회장을 그만두셨습니다. 그리고 그 가슴에 신앙의 불을 지폈습니다. 엄마는 정기적으로 교회에 다니시기 시작하셨습니다. 아버지도 바늘 가는데 실 가듯 같이 교회를 나가셨습니다.

이런 삶 가운데 내가 방언의 은사를 받은 것은 늦은 사춘기 때였습니다. 사실 나는 방언의 은사를 받을 자격도 없었던 사람이었습니다. 왜냐하면 방언을 하는 사람들의 이상한 소리에 경멸과 야유를 서슴지 않고 보냈던 사람 중에 한 사람이었습니다. 처음 방언을 내가 받았을 때 그곳은 거룩한 성전도 아니고 어떤 부흥 집회도 아니었습니다. 그곳은 가족과 함께 살았던 우리 집이었습니다. 그날은 구역 예배를 우리 집에서 하였습니다. 당시 나는 정신적으로 많은 갈등으로 심적으로 탈진한 가운데 삶의 의욕조차도 상실했던 어두웠던 시간들을 보내고 있었습니다. 나의 삐뚤어진 마음과 부서진 마음 때문에 구역예배 참석을 거부하고 집밖에서 빙빙거리고 있을 때 친한 집사님과 엄마의 간곡한 청에 끌려 마지못해 예배를 같이 보게 되었습니다. 예배 후 서로 중보기도를 하자고 기도 제목을 내어놓고 기도를 하는 중 나는 방문 곁에 겨우 앉아 아주 조용히 입 속으로 나의 고통을 털어놓고 기도를 하였습니다.

그후 나는 기도를 할 때마다 나를 자제하였습니다. 혹시 방언이라도 내 입에서 튀어나올까 하는 걱정이 되어서였습니다. 나는 그저 보통 평범한 사람이길 바랐습니다. 나는 그저 작은 여자가 되길 바랐습니다. 그러나 하나님은 나의 평범한 바람 속에 비범한 길로 인도하시길 원하셨습니다. 얼마나 많은 나와의 싸움을 하였던가 그럴 때마다 삶의 교훈과 지혜로 나를 양육하시는 사랑의 주님을 보았습니다. 방언 외에도 은사는 작은 것에서부터 큰 것까지 셀 수 없을 만큼 많은 것을 영적으로 알게 되었습니다. 방언의 은사가 작은 것이라면 사랑의 은사는 큰 것입니다. 방언의 은사로 면류관을 받을 수는 없지만 사랑의 은사로 면류관을 받을 수 있는 것은 확실합니다. 하나님은 작은 자를 사랑하십니다. 작은 자를 사랑하시는 하나님의 사랑을 먼저 알고 두렵고 떨리는 마음으로 하나님을 경외한다면 방언의 은사로 남의 비밀스런 기도를 할 수 있는 유익이 있을 것입니다. 그리고 방언으로 하나님의 나라를 확실히 이해할 수 있습니다.

방언을 사모하되 유의할 점은 방언의 은사는 하나님의 선물이기 때문에 연습이 필요없습니다. 신령과 진정으로 토해내는 통회의 마음으로 기도 중에 자신도 모르게 방언을 하였다는 사람들의 말을 수시로 들어 봅니다. 방언을 사모하는 마음에 인간적으로 연습을 하다가 시험에 들 수 있습니다. 자신은 방언을 하는 것 같은데 기쁨이 전혀 없고 허전하며 무엇을 기도했었는지 전혀 방언의 내용을 알 수 없는 것은 타인에 의해 자신의 허영으로 하기 때문입니다. 그래서 은사의 비밀을 드러내지 못하는 것입니다. 그럴 경우 방언을 즉시 중단해야 한다고 생각합니다. 우리 믿는 자들이 영적으로 근신하며 깨어 있어야 한다는 것은 이론적으로 자주 듣고 알고 있지만 마귀의 속임수에 실제적으로 깨어있는 삶을 사는 사람들은 극히 제한되어 있습니다. 많은 사람들이 삶속에서 마귀들의 공격을 수시로 받는다는 것을 이해하지 못합니다. 그것은 마귀의 공격을 받고 있다 할지라도 그것을 분리하여 보는 영의 눈이 한계가 있기 때문입니다. 아무리 자신의 신앙이 견고할지라도 방심은 절대 금물입니다. 방심은 자신의 교만에서 시작합니다. 마귀들을 대적하는 비밀 중 하나는 말씀을 묵상하면서 예수님을 사랑한다는 것을 입으로 시인하며 고백하면 더 이상 기도 중 침노를 당하지 않는다는 경험을 하였습니다. 그래서 사랑은 위대합니다.

4 입신 그리고 하나님의 은사와 영의 세계

🎈 1973년 이야기

세월이 많이 흘렀음에도 지울 수 없는 기억들이 마치 엊그제 일처럼 나의 뇌리 속 한편에 머물렀습니다. 내 안에서 잠재하며 거친 들과 같은 인생을 방황하는 첩첩산중과 같은 삶의 두려움을 내 안에서 내재하시는 성령님이 지혜로 인도하시며 보호하심을 확신하였으므로 이 글을 쓸 수 있는 강한 동기가 되었습니다.

나의 입신은 방언의 은사를 받은 얼마 후에 일어났습니다. 그때도 역시 나는 자신을 학대하며 풀리지 않는 거친 실타래 같은 앞날의 절망을 맛보면서 고통과 좌절의 시간을 보내고 있었습니다. 엄마가 열심히 다녔었던 교회는 개척 교회로서 새로운 도시 성남에 새로 시작한 교회였습니다. 교회 목사님의 여동생과 한때 이웃에 살았었기에 쉽게 목사님의 여동생의 인도로 엄마는 그 교회에 다닐 수가 있었습니다. 엄마가 가시는 곳은 아버지도 역시 가시기에 부부동반으로 주일마다 우리 가족은 행사처럼 교회를 다녔습니다. 그러나 내가 가는 교회는 다르기에 가끔 참석할 뿐이었습니다. 그날은 그 교회에 부흥회가 있었습니다. 부흥 강사님은 교회 목사님 동생으로 현역 군목이셨습니다. 많은 사람들이 은혜를 받고 새로운 믿음의 각오와 삶의 활기를 느꼈기에 교회의 부흥은 그렇게 시작되었지만 부모님의 권유에도 만류하고 집에서 지습니다. 거의 부흥회가 끝날 무렵 부모님의 강권에 의해 참석을 하게 되었습니다.

부흥회에 안 가겠다는 나의 강한 의사에도 거의 반강제로 끌고 가다시피 아버지는 나를 데려가기를 원하셨습니다. 그러다 보니 부흥회가 시작한 후에야 교회에 도착하였습니다. 그래서 맨 끝에 바로 문 곁에 비집고 앉을 수 있었습니다. 그리고 계속 들어오는 성도들로 인해 조금씩 앞으로 앉게 되었습니다. 엄마는 그때 믿음에 갈급 하셔서 맨 앞줄에 앉고 싶으셨습니다. 그래서 나에게 눈을 흘기시면서 '너 때문에 뒤에 앉게 되었잖아.' 하시듯 갈급한 마음으로 더 앞으로 다가가셨습니다. 그러시는 엄마의 모습에 별로 감동이 오질 않았습니다. 왜 오기 싫다는데 억지로 오게 하시고 눈을 흘기셔 하며 나는 여차하면 교회문을 빠져 나갈 궁리를 하였습니다. 부흥 강사이신 군목의 말씀이 귀에 들어오지를 않았습니다.

그때 홀연히 강한 바람이 불며 강한 바람은 나를 넘어지게 하였습니다. 지금 생각해 보니 빽빽이 사람들이 들어 앉아있는 방에 바람은 왠 바람이고 그 강한 바람으로 인해 내가 쓰러졌다는 것은 상상도 못할 일이었습니다. 왜냐하면 쓰러질 공간이 없었기 때문입니다. 그러나 나는 비명과 함께 무릎을 꿇고 앉은 상태에서 뒤로 나자빠졌습니다. 그리고 움직이지를 못한 가운데 정신을 잃었습니다.

비록 몸은 자는 듯 죽은 듯 누워 있었지만 내 영은 마치 몸과 상관없이 활동적이었습니다. 나의 모습은 채 열두 살도 안 된 어린 여자 아이였습니다. 다갈색의 부드러운 웨이브가 있는 머리카락의 해맑간 얼굴은 천진 그대로였습니다. 나의 모습은 새하얀 긴 옷을 입고 있었습니다. 그곳은 열두 살의 여아와 같은 키의 소나무들이 있는 부드러운 햇살이 있는 동산이었습니다. 홀로 그 동산을 누비고 다닐 때 저쪽에서 사람들이 나를 찾고 있었습니다. 그 사람들은 남녀노소들로 모두들 나 같은 하얀 긴 옷을 입고 있었습니다. 그 사람들에 의해 나는 하얀 기둥이 여덟 개가 있는 하얀 집으로 인도되어 들어갔습니다. 그 사람들은 나를 차디찬 대리석 바닥에 눕혀놓고 곁에서 흘러내리는 물소리가 나는 곳에서 물을 떠와 나를 계속 닦아주며 찬송을 부르고 있었습니다. 눕혀진 상태에서 가만히 물소리 나는 곳을 보니 대리석 벽에서 물이 흘러나오며 사람이 물을 뜨고 있었습니다. 아마도 물을 떠와서 나를 씻긴 물이 저 물이였구나, 하고 생각하며 가만히 차디찬 바닥을 만져 보았습니다. 그 느낌은 영락없는 매끄러운 대리석 차가운 바닥이었습니다.

사람들이 둥그렇게 나를 둘러싸고 앉아 열심히 기도를 하기 시작했습니다. 그들의 기도는 전심으로 하는 기도였습니다. 그래서 조용히 내가 그들을 빠져 나오는 것을 모를 정도로 깊은 기도를 하고 있었습니다. 그들에게서 빠져나와 나는 다시 잔잔한 키의 소나무 동산으로 달려가고 있었습니다. 그때 사람들의 소리가 들려서 뒤를 돌아보는 순간 그들이 나를 쫓아오고 있었습니다. 그들은 한결같이 그곳에 가면 안 된다고 소리를 쳤습니다. 나는 그들이 쫓아오는 모습에 어디 숨을 곳이 없나 하고 주위를 두리번거렸습니다. 순간 보이는 개구멍받이를 향하여 쏜살같이 달려가서 내 딴에는 잘 숨은 것 같았으나 돌연히 펼쳐지는 또 다른 세계, 그곳은 새로운 도약을 하려는 바로 내가 사는 신도시 성남이었습니다.

그러나 생시와는 달리 폐허가 된 도시였습니다. 마치 전쟁이나 홍수의 장마를 겪고 지나간 자리 같았습니다. 갑자기 누군가가 나를 만지고 있다는 것을 느꼈을 때 돌아본 얼굴은 만고풍상으로 지쳐 있는 어린아이가 서 있었습니다. 그 아이는 나의 새하얀 옷자락을 잡으며 먹을 것을 구걸했습니다. 온몸이 땀과 먼지로 뒤범벅이 된 그 아이의 옷차림은 그야말로 거지차림의 그 자체였습니다. 그 아이를 말없이 바라보는 나는 눈물을 흘렸습니다. 그러면서 서서히 나는 나의 정신을 차렸습니다. 정신을 차린 후 돌아보니 교회의 성도들이 둥그렇게 둘러앉아 나를 에워싸고 있었습니다. 마치 꿈속에서 남녀노소의 하얀 긴 옷 입은 사람들이 둥그렇게 앉아서 나를 위해 기도한 것처럼 생시에도 교회 성도들이 밤새도록 찬양과 기도를 하였다고 하였습니다. 교회에서는 내가 입신을 하였다고 하였습니다. 사실 그때 나는 입신이 무엇인지도 몰랐습니다. 그저 꿈을 꾸었고 알 수 없는 곳에 간 기억만이 생생히 나의 기억의 창고에 저장이 되어 수십 년이 지난 지금에서도 그 기억을 끄집어낼 수 있는 또렷한 기억의 꿈을 꾸었을 뿐이었습니다.

다음날이 되었을 때 그날은 부흥회 마지막 날이었습니다. 부흥회 강사 군 목사님은 나를 강단으로 부르셨습니다. 그리고 입신을 하여 무엇을 보았냐고 물으셨습니다. 연이어 간곳을 대략 얘기해 보라고 억지로 강단에 세우셨습니다. 사실 있는 그대로 얘기하는 것은 그렇게 어렵지는 않았으나 꼭 얘기를 해야 하나 하는 망설임과 함께 사람들 앞에 선 다는 것이 부담이 되었습니다. 졸지에 강단에 서고 보니 할 말을 잃었습니다.

그때 보이는 광경은 지금도 잊혀지지 않았습니다. 식은땀이 주르륵 흐른 나를 의식하면서 강단에 서 있는 동안 모든 성도들이 서서히 안개에 쌓여서 얼굴들을 볼 수가 없었습니다. 그곳에는 오직 공허의 공간이었습니다. 나의 입술은 굳게 닫히고 망연자실하게 서 있었을 뿐이었습니다. 마침내 부흥강사 군 목사님이 나의 손을 잡고 강단에서 내려오게 하셨습니다. 곧이어 어른들의 결정에 의해 나는 목사님 사택으로 옮겨졌습니다. 얼마를 정신없이 잤을까, 귀에 들려오는 알 수 없는 유혹의 소리에 깨어 주위를 두리번거렸습니다. 잠결이었지만 나는 바로 벽난로 옆에서 자고 있었고 어두컴컴한 장소라는 것을 알았습니다. 그와 반면에 화사한 햇살의 밖의 풍경은 조촐한 화단과 함께 눈부시게 아름다웠습니다. 그래도 계속적으로 들려오는 유혹의 소리에 말없이 슬라이딩 유리문을 응시하였을 때 보이는 노란색, 빨간색, 파란색의 얼룩덜룩한 커다란 얼굴이 보였습니다. 그는 몸이 없는 얼굴뿐인 모습으로 내게 말했습니다. "이리 나와 봐라." 하였습니다. 나는 순간 있는 힘을 다해 고함을 쳤습니다. 그 집에 있었던 모든 사람들이 내 곁에 왔습니다. 사람들이 무슨 일이냐고 물었습니다. 그때까지도 유유히 있는 괴물의 얼굴이 씨익 웃으며 여유를 부리고 있었습니다. 나는 손가락 끝으로 슬라이딩 유리문을 간신히 가리키며 괴물이 이리 나와 보라고 나에게 말하고 있다고 했습니다. 그때 목사님의 어머니이신 전도사님이 목사님이 사시는 성스런 집에 어디 그런 것이 보일 수 있느냐고 하시면서 곧 집에 보내야 한다고 하셨습니다.

그렇게 나는 집으로 돌아갔습니다. 집으로 돌아가서 나는 또다시 깊은 수면에 빠졌습니다. 그것은 그저 육적인 연약함에서 강건하기를 위한 잠이었습니다. 교회 신도들과 집사님들이 방문하였습니다. 사람들이 웅성거리는 소리에 깨어서 잠결에 본 장면은 구석에 앉아있는 여 성도님의 머릿속의 장면이었습니다. 그 집의 과거와 현재의 집안 사정과 그리고 미래의 장면이었습니다. 마치 활동사진같이 보이는 과정에서 바로 미래인 장면에 그 남편이 불의 사고를 당하는 장면이었습니다. 나는 깜짝 놀라서 잠결에서 완전히 깨어서 소리를 쳤습니다. "집사님, 내일 남편을 밖으로 나가시게 하지 말아요!" 하면서 엉겁결에 그 남편이 어느 직종에 근무하는 것을 말을 했었습니다. 그 말을 듣고 방안에 가득이 앉아 있었던 사람들이 한결같이 내 앞에 그들의 돈을 내어주며 자기들도 봐 달라고 나에게 달려들었습니다. 내 앞에 쌓여 있는 돈, 그리고 정신 나간 집사님들과 성도님들을 바라보며 나는 빨리 밖으로 나가라고 소리소리를 쳤습니다. 한번 정신 나간 그들은 마치 마약이라도 먹은 것같이 한결같이 자기들의 믿음을 내동댕이치고 실족의 길을 달려들 가고 있었습니다.

그때 엄마가 방에서 아우성치는 소리에 무슨 일이 있느냐고 하시며 방문을 열고 들어오셨습니다. 사람들은 한결같이 자기들도 앞날이 알고 싶다고 하며 여기 돈이 있으니 말을 해 달라고 하였습니다. 그때 우리는 몹시도 궁색했던 살림이었는데도 불구하고 돈 때문에 무당이 될 수 있었던 유혹의 순간을 두 모녀는 담대히 피했습니다. 우리 두 모녀는 있는 힘을 다해 그들을 집밖으로 쫓아냈습니다. 심지어는 물을 그들에게 뿌리기도 하였습니다. 그 후 즉시 나는 예전에 맡을 수 없었던 아주 고상한 냄새에 심취되어 그 냄새의 근원을 찾으려고 집안 구석구석을 찾으러 다녔습니다. 나의 이상한 행동에 엄마가 조용히 내게 물었습니다. "너도 냄새를 맡았냐?" 하시는 질문에 "아니, 엄마도 냄새를 맡았어요?" 그러자 "그래, 장미꽃 동산에 서 있는 것 같은 냄새와 백합꽃 동산에 서 있는 것 같기도 한 냄새를 맡고 살아계신 하나님을 대하는 것 같아 행복해 하고 있단다. 그래 천국은 이런 냄새로 가득 할 거야." 엄마는 눈에 눈물이 그렁그렁하여 떨리는 목소리로 말을 하셨습니다.

얼마 지나지 않은 어느 날, 나는 꿈을 꾸었습니다. 꿈속에서 나는 열두 살의 소녀였습니다. 그리고 그곳은 마치 등대 안의 모습인 창문 없는 타워였습니다. 수없는 열두 살의 소년 소녀들이 작은 촛불을 들고 난간이 없는 벽에 붙어 있는 계단을 밟고 한 발자국 한 발자국 끝없이 위로 올라가는 모습들이었습니다. 한 아이가 한 계단을 올라가면 그 다음의 아이가 한 계단을 올라갔습니다. 우리는 각자 들고 있는 촛대를 붙들고 촛불로 칠흑 같은 어둠을 비추었습니다. 얼마의 인내의 시간이 지났을까 비록 꿈이었지만 그것은 분명 인내의 시간들이었습니다. 드디어 나는 타워 끝까지 올라갔습니다. 내 차례로 나를 아이들처럼 나는 작은 문을 열어야 했습니다. 그 순간 나는 난간 없는 계단에 서서 어둠을 내려다보았습니다. 찰라와 같이 나의 몸은 칠흑과 같은 어둠의 허공을 날았습니다. 들고 있었던 촛불은 작은 빛과 함께 나의 몸과 점점 멀어지고 있었습니다. 그 칠흑의 어두움은 공허의 공간이었습니다. 수많은 아이들이 자기 차례를 기다리며 작은 촛불을 들고 난간이 없는 벽에 붙어있는 계단에 서서 내가 떨어지는 모습을 지켜보는 가운데 나는 힘없이 어둠의 공간으로 빨려들듯이 떨어지고 있었습니다. 그리고 나는 온몸을 땀에 흠씬 젖은 채 잠에서 깨어났습니다. 꿈은 이렇게 내 인생에 시작이었고 그 후 수없는 영적인 꿈을 꾸었습니다. 꿈을 꾸며 하나님의 임재를 알게 되고 말씀으로 교훈과 책망을 받으며 거친 삶을 지혜로 살게 하셨습니다.

두려운 가운데 거칠었던 나의 모습이 서서히 다듬어지고 있었을 때 나는 성령님의 인도로 나 자신을 보았습니다. 삐뚤어진 성격의 나, 거칠고 욕 잘하는 나, 싸움질 잘하는 나, 수없는 모습의 나를 보았습니다. 나는 정말로 부드러운 여자가 되고 싶었는데 어쩌자고 내 모습이 한결같이 저렇게 거칠고 부끄러운 모습들일까 하고 생각하니 주마등 같이 스쳐 지나가는 나의 삶속에서 거칠어야만 했던 시간들은 삶의 투쟁을 하며 살아야겠다는 나의 몸부림들이었습니다. 나는 서럽게 서럽게 목을 놓아 대성통곡을 하며 울었습니다. 내가 너무도 불쌍해 보였습니다. "하나님 아버지, 나를 불쌍히 여겨 주소서. 성령님이시여, 나를 지혜로 붙들어 주소서." 그리고 통회하는 마음으로 나의 죄를 고백했습니다. 그 후 나는 성령님이 붙드시는 대로 살 수 있었습니다. 감사할 수 없는 상황에서도 지혜의 눈으로 감사를 찾을 수 있는 영안으로 볼 수 있게 하여 주셔서 감사할 수 있는 입술이 되게 하셨습니다. 거친 폭풍 속의 삶속에서도 나는 주님의 진정한 평안을 맛보았습니다. 하나님을 신뢰하는 믿음이란 한 영혼이 예수 그리스도를 통하여서 죄사함을 받고 새로운 사람이 되는 기적 중에 기적인 것입니다. 그 기적이 나에게 임하여 나의 삶을 새롭게 하고 있었습니다.

이렇게 주 하나님은 나의 손을 붙드셨습니다. 나는 전에 없었던 열성으로 교회를 찾아다녔습니다. 철야기도 새벽기도, 또 부흥회 기도원만 빼고 말씀에 붙들려 열심히 좇아 다녔습니다. 당시 나는 기도원의 개념이 없었습니다. 그리고 돈이 따로 들기 때문에 정신적으로 생략되었던 것 같았습니다. 그때는 정말로 어렵고 힘든 정서적인 삶에도 불구하고 기쁘고 즐거운 마음으로 말씀을 들으며 예배에 충실하였습니다. 아마도 사람들이 주님을 만나서 주님께 드리는 첫사랑의 믿음이 바로 그런 마음이었던 것 같습니다. 때로는 엄마를 따라서 새벽기도를 엄마가 나가시는 교회로 찾아가기도 하였습니다. 그 교회는 부흥회 때에 내가 입신을 한 교회였습니다. 단 한마디도 내가 입신을 어떻게 하였었는지 그 교회의 성도들에게 말을 안 하였지만 모두들 내가 입신을 하였다고 믿었습니다. 그래서 자주 성도들이 입신에 대해 물어오곤 하였지만 성령님은 나의 입을 굳게 닫게 하셨습니다.

그날 새벽은 성도들이 지하실 골방에서 새벽기도 후 각자의 기도를 하게 되었습니다. 갈급한 성도들은 지하실에 내려가서 출근 전 더 기도하기를 원해서 그 기도의 골방은 앉을 자리가 없이 빽빽이 들어섰습니다.

기도 중 들려오는 작은 음성은 얼음처럼 차디차게 나에게 분명히 말을 하고 있었습니다. "네가 믿는 믿음을 부인하라"는 거듭되는 강조에 나는 육신적으로 그저 추위에 오들오들 떨고 있었고 그 음성에 대항할 기력조차도 없었으므로 기도의 목소리는 점점 작아지며 정신은 희미하게 되었습니다. 그때 나를 잡아주던 손이 있었습니다. 그 손은 부드러웠고 따듯했습니다. 그 손이 나의 살에 닿자마자 나의 얼어붙은 몸이 순식간에 체온이 회복되어 돌아왔습니다. 단번에 돌아온 체온과 함께 나는 그 칠흑 같은 어둠의 음성을 영적으로 대적을 하였습니다. 그리고 그 칠흑 같은 어둠의 음성은 내게서 점점 멀어져 갔습니다. 나를 잡아준 집사님은 그 교회 목사님의 여동생으로 한때 이웃에 사셨던 분입니다. 기도 후 모두들 골방을 나가는데 내가 신음 비슷한 소리를 내고 있기에 나를 만지면서 나가자고 하셨던 것이었습니다. 두세 사람이 함께하는 기도를 들으신다는 말씀을 생각하면 기도는 동지가 필요한 것임을 후에 절실히 알게 되었습니다.

두세 사람이 내 이름으로 모인 곳에는 나도 그들 중에 있느니라.(마 18:20)

주 하나님은 진리로 우리를 인도하시므로 우리가 말씀이 부족하더라도 겨자씨만한 믿음만 있다면 우리를 붙드시고 삶의 훈련으로 성실한 삶을 살도록 인도하시면서 주 예수 그리스도의 이름으로 은혜를 체험하게 하십니다.

우리 주 예수 그리스도의 은혜가 너희에게 있을지어다.(살전 5:28)

⑤ 하나님을 만난 그날 아침과 그 후
🎈 1973년~1975년 이야기

그날은 다른 날과 다름이 없는 그저 평범한 새벽 아침이었습니다. 나는 철야를 마치고 새벽기도를 끝낸 후 기쁘고 즐거운 마음으로 빨리 집에 돌아가서 쉬기를 바랐습니다. 그래서 종종걸음으로 성령 충만한 마음으로 멀리서 달려오는 버스를 바라보며 여러 개의 교회문 중 한 문을 통과하며 여의도순복음교회 문을 나서고 있었습니다. 그때 유난히 눈에 띄는 모습이 있었습니다. 멀리서 보이는 버스에서 방금 내린 사람의 모습이 유독 내 눈의 시선을 끌었습니다. 그 모습은 마치 표면장력의 입체식의 물방울처럼 많은 사람들이 버스 쪽을 달려가는 모습 속에 유독 다르게 보였습니다. 또 다르게 설명을 하게 되자면 마치 흑백의 세계에서 총천연색의 다른 색상의 모습으로 어떤 한사람이 교회쪽으로 걸어오고 있었습니다.

순간 나의 영안이 열렸습니다. 그리고 그 사람은 나를 향하여 거침없이 오고 있다는 것을 영적으로 알게 되었습니다. 어느 순간 전연 생면부지의 남자가 버스를 향해 달려가고 있는 나를 막고 내 앞에 섰습니다. 인상적인 그 남자의 옷차림은 검정색 상하의에 유난히 목에 하얀 컬러가 돋보였습니다. 가끔 목사님들이 성찬식 때 입으시는 옷차림이었습니다. 그 남자를 보는 순간 그는 전혀 낯선 얼굴은 아니었지만 어디서 본 기억을 찾으려고 생각을 하려면 전혀 기억을 할 수 없는 얼굴이었습니다. 그러나 영적으로 전혀 낯선 얼굴이 아니었기에 우리는 쉽게 대화를 하였습니다. "아가씨, 어젯밤 꿈에 하나님이 말씀 하시기를 여기에 오면 아가씨를 만날 수 있다고 하여서 왔습니다. 아가씨의 기도가 응답이 되어 아가씨를 이제 공부를 시켜서 주님의 일을 하시고자 하십니다."

순간 나는 주님의 일을 해야 한다는 소리에 두려워서 몸을 멈칫하였습니다. 그리고 즉흥적으로 부지중(不知中)에 그 남자에게 나의 갈 길을 피력(披瀝) 하였습니다. "우리 집이 넉넉지 못하여 내가 벌어야 하므로 직장을 구해야 합니다. 직장을 구해서 지금은 집을 도와주어야 하고 그 다음에 여유가 되면 결혼을 해서 아이를 낳고 그리고 학교를 가고 싶습니다." 하면서 그 남자의 얼굴을 쳐다보는 중 순식간에 그 남자는 온데간데없이 사라졌습니다. 오직 내 귓결에 남은 그 남자의 목소리는 "그 길은 아가씨가 갈 길이 아닙니다. 아가씨는 주님의 일을 해야 합니다." 하는 목소리의 긴 여운만이 내 귀결에 맴 돌았습니다. 바로 눈앞에서 서로 말을 하다가 피할 곳도 없는 허허벌판에서 사람이 사라지는 경우는 무엇일까 하면서 나는 지극히 현실적인 사람이기에 우선 시야 저쪽에 있는 버스를 보았습니다. 버스는 마지막 사람들을 태우고 막 떠나려고 하고 있었습니다. 그래서 죽을 힘을 다해 버스를 향해 뛰어 갔었지만 버스는 나를 무시한 채 떠나가고 말았습니다.

버스가 완전히 내 시야에서 떠나간 후 혹시 여의도순복음교회의 도움을 받기 위해서 교회 문들을 두드렸지만 교회문은 굳게 잠겨 있었습니다. 허탈한 가운데 터덜터덜 걸으며 그 먼길을 먼지를 뒤집어쓰면서 나는 용산역으로 향했습니다. 여의도순복음교회와 용산역은 꽤 먼 거리였었지만 그때 당시의 여의도가 신설 도시였으므로 별다른 교통수단이 없었으므로 버스는 여의도 순복음 교회의 새벽기도와 철야의 시간을 맞춰서 오기 때문 버스를 놓치면 걸어가야 했습니다. 얼마를 걸었을까 먼지가 범벅이 된 나는 마치 거지 모습 그대로였습니다. 사람들이 힐끔힐끔 돌아보는 것을 느낀 채 용산역에서 지친 모습으로 버스를 타고 집에 돌아갔습니다. 그리고 그날의 일을 결코 잊을 수 없었습니다.

얼마의 시간이 흘렀을까 아니 몇 개월은 지난 것 같았습니다. 나에게는 알 수 없는 그날의 의문이 일었습니다. 나는 남자를 만난 그곳에 다시 가 보기로 했습니다. 철야와 새벽기도를 하기 위해 간단한 세면도구를 챙겨서 집을 나섰는데 그날은 왠지 용산역이 나를 반겨 주지를 않는 것만 같았습니다. 가로수의 낙엽이 우수수 떨어지는 매우 쓸쓸한 거리에 내려서 여의도 순복음교회를 가는 버스를 탔습니다. 내 딴에는 버스가 여의도순복음교회를 가는 버스인 줄 알았는데 여의도를 지나는 다른 노선 버스였습니다. 마음속으로 당황을 했지만 여의도순복음교회 가까이서 내려 달라고 버스 차장에게 거듭 부탁했습니다. 버스 차장이 이제 내리라고 나에게 눈짓과 말을 하였습니다. 버스에서 내릴 때는 해가 뉘엿뉘엿 지고 있었습니다. 여의도순복음교회의 커다란 지붕이 보여 나는 그 지붕을 기준으로 열심히 길을 걸었습니다. 바로 도착할 것 같은 교회는 가까워지지 않고 마치 내가 뒷걸음이라도 치고 있는 양 더욱 더 멀어지고 있는 것을 느꼈습니다.

왜 나는 성전 건물을 향해서 걷고 있었는데 성전 건물은 점점 내게서 멀어져가고 있는가, 평범한 내 머리로서는 전혀 납득할 수 없었고 도저히 이해할 수 없었습니다. 어느새 강변 주변에서 자신이 헤매고 있다는 것을 알게 되었습니다. 어두움은 점점 짙어가고 있었습니다. 그야말로 불빛도 없는 강변 주위의 어둠을 걷고 있었습니다. 그때 강변 저쪽에서 두 대의 자전거를 타고 오는 남자들이 보였습니다. 어느새 내가 서 있는 곳까지 왔습니다. 그들이 내게 여기서 무엇을 하느냐고 물었습니다. 두려웠지만 나는 버스에서 잘못 내려 길을 잃었는데 사실 여의도순복음교회로 철야를 하러 가는 중이라고 답했습니다.

두 건장한 남자들은 서로를 쳐다보고 알 수 없는 암호를 주고받더니 자전거를 풀밭에 뉘어놓더니 다가와서 내 양팔을 잡고 다짜고짜 강제로 강변 아래로 끌고 내려갔습니다. 한손에는 성경책과 한손에는 세면도구 보따리를 쥔 채 나는 허우적거리며 빠져나오려고 안간힘을 다해 발버둥을 쳤습니다. 그들에게 살려달라고 하면 살려줄 것 같지 않기에 오직 주님께 기도하였습니다. "주님 살려 주세요!" 강변의 물소리가 가까이 들려왔습니다.

그때 돌연히 나에게는 전에도 없었던 힘이 생겼습니다. 양팔을 잡은 상태에서 나는 건장한 두 남자를 밀어 제쳤습니다. 내가 밀어 제치는 힘에 둘은 저만치 땅바닥에 나가 떨어졌습니다. 순간 두 팔이 자유로워지자 힘껏 강변 위로 뛰어올라 갔습니다. 마치 축지법이라도 쓰듯 쏜살같이 뛰어 강변 위로 올라갔습니다. 그때 멀리서 오는 불빛이 보였습니다. 그 불빛을 바라보며 나는 길 복판에 섰습니다. 그것은 택시였습니다. 택시가 잠깐 머무는 순간, 나는 쏜살같이 택시 문을 열고 안으로 들어갔습니다. 택시 운전사와 승객들이 무슨 일이냐고 물었습니다. 그때 어두움에서 두 건장한 남자들이 헐레벌떡이며 강변 위로 뛰어 올라오고 있는 것이 보였습니다. 승객들이 "빨리 달려요, 아저씨!" 하고 소리쳤습니다. 그들은 내게 더 이상 아무 말도 묻지 않았습니다. 용산역에 오자 나는 그들에게 거듭 굽실거리며 감사하다고 말했습니다. 집으로 돌아가는 버스 속에서 나는 한 손엔 성경책과 다른 한 손엔 세면도구 보따리를 꼭 잡아 쥐고 있는 내 모습을 발견했습니다. 그 이후 나는 철야를 하려고 여의도순복음교회를 나가지 않고 집 근처 교회로 정했습니다.

　그 일이 있은 후 주님은 나를 주님의 보이지 않는 길로 인도하셨습니다. 전처럼 삶에 방향이 없었던 암울한 하루하루의 날이 아니라 삶에 분명한 목적을 보여 주셨습니다. 어느 날 우연히 라디오 방송에서 들려오는 소리는 나의 귀를 쫑긋하게 하였습니다. 그것은 나이가 많은 한 주부가 가족들의 이해와 도움으로 만학도로 검정고시에 합격이 되어 대학을 갈 수 있다는 축하와 격려의 뉴스였습니다. 겨우 십대를 지난 나로서는 엄두가 안 났지만 내게도 그런 기회가 있을 것을 소망하였습니다. 대가족의 살림을 하면서도 소망을 품고 나름대로 열심히 공부하였습니다. 그야말로 선생님도 없는 독학이었습니다. 설거지를 하다가도 책을 읽고 동생들을 보살피면서 틈틈이 책을 읽었습니다. 동생들이 배우다 남은 교과서를 들여다보고 수학·국어·사회·영어·과학 등을 나름대로 익혔습니다. 때로는 "뱁새가 황새 좇아가다가 가랑이가 찢어진다.", "오르지 못할 나무는 올라가면 다친다."라는 엄마의 빗발치는 야유를 들으면서 서럽게 서럽게 공부를 했습니다. 엄마가 그렇게 애지중지하는 오빠는 스스로 공부를 포기하겠다고 하고 살림이나 충실히 해야 하는 계집애는 공부를 해야겠다고 기를 쓰니 마치 주어다 키운 자식처럼 못마땅해 하셨습니다. 엄마와 오빠의 방해에도 무릅쓰고 꾸준히 포기하지 않고 할 수 있었던 것은 주님이 주신 용기 덕분이었습니다. 성령님은 끊임없이 지금은 힘들어도 '지금 이 시간에 네가 터득한 공부가 후에 너를 꼭 학교에 갈수 있게 할 거야'라고 격려하셨습니다.

　마음이 순수했기에 주님의 말씀을 그대로 받아들이고 공부를 열심히 하였습니다. 새벽의 맑은 공기 속에서 우연히 주님과 교회 앞에서의 만남은 방향 없는 내 삶에 분명한 목표를 주셨습니다. 그뿐 아니라 보이지 않는 소망이 나의 가슴 속에서 확신을 할 수 있었던 것은 현실과 영의 세계가 분명히 있다는 것을 알게 되었고, 영과 영의 교류로 생면부지의 사람이 나를 향하여 온다는 것을 알 수 있는 능력이 생긴다는 것을 알았으며 어려움을 극복할 수 있었던 것은 분명 그것은 주님의 도움이었음을 알았습니다.

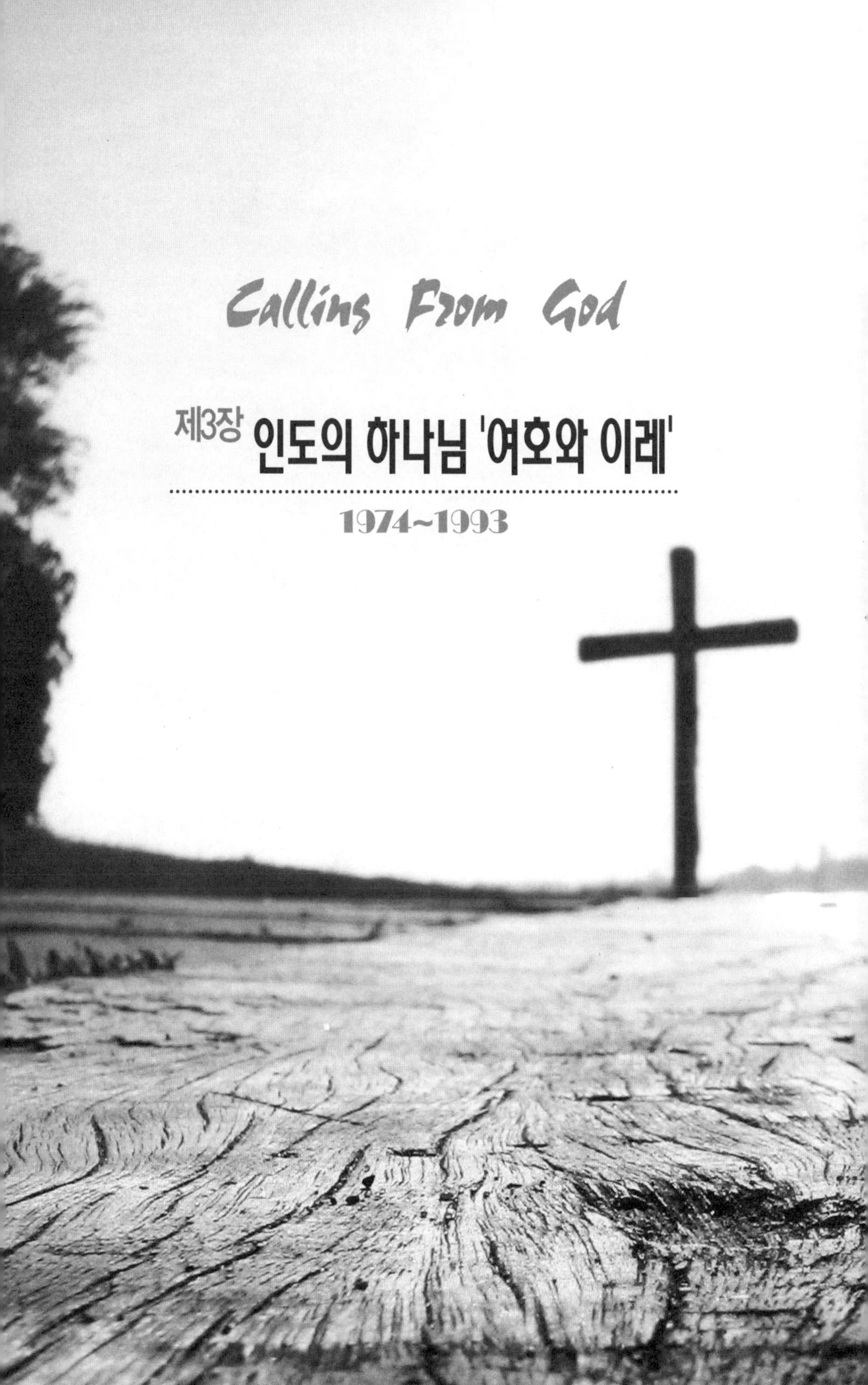

제3장 인도의 하나님 '여호와 이레'

1974~1993

❶ 인도의 하나님, 그리고 나
🎈 *1974년~1977년 이야기*

　그 후 나는 열심히 집안일을 도우면서 틈틈히 동생들의 교과서를 들여다보았습니다. 혼자서 공부한다고 앞날에 꼭 보장을 받는다는 확실성은 없었지만 그래도 하면 왠지 좋은 일이 있을 것 같은 확신이 들었습니다. 그것은 성령님이 내게 주시는 용기였습니다. 공부를 할 때마다 불평하시는 엄마는 내게 절망적인 말만 하셨습니다. 그래도 용기를 잃지 않고 계속적으로 할 수 있었음은 성령님의 지혜요, 인도하심이었습니다.

　믿음은 바라는 것들의 실상이요 보지 못하는 것들의 증거니(히 11:1)

　혼자서 배운 실력으로 나는 동생들의 공부를 도와주었습니다. 그때 여고에 진학하려는 여동생을 가르치다가 여동생에게 이런 말을 들었습니다. "왜 언니는 살림만 해? 언니는 살림만 하면서 어떻게 또 이런 것들을 알아서 공부를 하는 나를 가르쳐 줘? 정작 학교는 언니가 가야 하는데..." 하고 내 마음을 찔렀습니다. 순간 두 눈에서는 눈물이 글썽하였지만 곧 마음을 강하게 하고 "내가 못 가더라도 너라도 가야 할 것 아냐?"라고 말해 주었습니다. 동생에게 차마 내색은 할 수는 없었지만 집안에 아무도 없을 때는 가끔 혼자서 울었습니다. 그리고 선하신 하나님께 나의 보호자가 되 주셔서 인도해 달라고 기도를 드렸습니다.

　엄마는 집에서 살림만을 하는 나를 친척집으로 이리저리로 보내어서 그들의 살림까지 하게 하셨습니다. 보낼 때마다 구실을 그럴듯하게 대어서 마음 약한 내가 안 갈 수 없게 하셨습니다. 큰이모가 딸을 낳았을 때 나를 산관을 하라고 보냈지만 큰이모는 나를 가엽게 생각했습니다. 나를 가여워하는 큰이모가 내 자존심을 상하게 했지만 마음을 너그럽게 하자고 스스로 다짐했습니다. 그 후 막내를 순산 하시고 도움이 필요하다고 하여 또 도움이로 가게 되었습니다. 왜 엄마는 시집도 안 간 처녀인 딸을 갖은 궂은일을 시키시는가 하는 야속한 마음이 들었습니다. 그러다보니 모녀지간에 가끔 다툼이 일었습니다.

그날은 엄마가 나에게 전과 달리 상냥하게 대하시며 사촌 고모가 많이 편찮으시니 가서 도와주고 오면 안 되냐고 했습니다. 나는 싫다고 했습니다. 엄마는 내가 사촌 고모를 도와주면 집에 밥 한 그릇이 덜어지고 우리들이 밥을 먹을 수 있지 않느냐고 하시며 강권적으로 사촌 고모 집에 보냈습니다. 나는 도대체 이런 엄마의 진실을 알 수가 없었습니다. 이런 힘든 세상에 왜 나를 낳았나 하는 원망이 들면서 아마도 나를 낳지 않았을 것 같은 의심이 들었습니다. 적어도 엄마라면 엄마라는 이름으로 양심은 있어야 한다는 생각이 들었습니다. 당신은 궂은일하기 싫어하고 자식인 내가 그 모든 것을 방패막이로 해야 하니 생각할수록 슬펐습니다. 자식이라는 명목으로 불구덩이든 물구덩이든 처넣으려는 혹독한 부모를 언제까지 이해를 해 주어야 하나 하는 아픔을 안고 사촌 고모 집으로 향했습니다.

눈물을 흘리면서 돈암동 사촌고모 집으로 갔습니다. 정이 많으신 분이라 사촌고모는 반갑게 맞아주셨습니다. 나는 그 따스한 정에 끌려 한동안 그곳에 머물렀습니다. 어느덧 사촌고모의 오십견이 나아서 더 이상 내가 그곳에 있을 필요가 없게 되자 나는 집으로 돌아왔습니다. 돌아와 보니 나를 반기는 건 엄청난 빨래뿐이었습니다. 그동안 엄마는 빨래를 하지 않고 내가 집에 돌아오기만을 기다리셨습니다. 덤으로 이불 빨래까지 던져 놓으셨습니다. 나는 너무도 힘들었고 날씨도 춥고, 또 해는 어둑어둑 넘어가기에 혼자보다는 둘이 하면 힘이 덜 들고 빨리 끝낼 것 같아 엄마에게 도움을 청했습니다. 그때 엄마는 화토 패를 두고 계셨습니다. "빨래는 하는 사람이 하는 거야. 나는 지금 이것을 하기 때문에 할 수가 없지 않니?" 추워서 손을 호호 불며 "그러면 둘째에게 도우라고 해요." 그때 엄마는 "큰 말이 나가면 작은 말이 어련히 하려고 벌써부터 시키면 되니?" 하시면서 계속 화투를 떼고 계셨습니다. 여동생은 엄마 곁에서 자기는 따뜻한 아랫목에 누워 있으면서 아프다고 했습니다. 이런 삶속에 손은 두꺼비 손이 되어서 거칠다 못해 마치 나무토막처럼 변해버렸습니다. 이런 모습에 난 눈물을 흘리면서 기도를 드렸습니다. "하늘에 계신 나의 아바아버지시여! 나를 도와 주소서. 나의 인생을 도와주소서."

아주 미미한 불빛 같은 소망의 미래를 거듭 나의 보호자가 되어 달라고 주님께 떼를 썼습니다. 사람의 생각으로는 전혀 가망이 없는 내 앞날은 아무 희망도 없었습니다. 풀 한 포기조차 심기에도 너무도 메마른 삶에 무엇이 어떻게 나를 변화시킬 수 있을까, 그렇지만 아무 답이 없는 내 인생에게 주님은 손을 내미셨습니다.

우연한 기회에 평택이 고향인 친구 집에 가게 되었습니다. 그즈음 고향 친구는 오산 미군부대를 구경을 할 기회에 나를 동반하기를 원했습니다. 그날 그곳에서 한 친구를 소개받았습니다. 소개받은 그 친구가 그날에 같은 건물에서 병원 법무 쪽에 일하시는 한 중년의 남자를 소개해 주었습니다. 그 중년의 남자와 짧은 대화를 하는 사이 셋째 외삼촌의 대학 동창생임을 알게 되었습니다. 대화 속에 나도 이런 곳에 일하고 싶다고 내 심정을 밝혔습니다. 그때 그 중년의 남자는 자기가 주선해 주는 곳에 잠시 있다가 영어회화를 익힌 다음 곧 있을 입사시험에 응하여 정식으로 다녀보라고 격려하여 주었습니다. 기적은 졸지에 이렇게 순간적으로 시작된 것 같았습니다. 그 남자분의 주선으로 오산 미군부대 골프 코스에서 당분간 일을 하다가 입사시험을 보았습니다. 얼마 후 합격이 되었다는 통보를 받은 나는 눈을 의심했습니다. 나는 당당히 입사시험에 합격이 되었던 것입니다. 여호와 이레 주 하나님은 나에게 보이지 않는 용기와 격려로 미래를 대비하도록 나를 그렇게 혼자라도 할 수 있게 공부를 시키셨던 것이었습니다. 합격이 되어 곧 나는 오산 미군부대에 정식으로 다니게 되었고, 이어 부대를 다닐 수 있는 통행증을 발부받았습니다. 나는 정말 기뻤습니다. 내가 만일 엄마의 비관적인 말과 절망적인 말만 듣고 나를 스스로 포기하였더라면 나는 이런 기쁨을 절대로 가질 수 없었다는 것에 주 하나님을 생각하면서 나에게 끊임없는 용기와 격려를 해 주신 주 하나님께 진심으로 감사드렸습니다. 이 일로 우리 집에 경제적으로 많은 도움이 되었습니다.

입사 후 나는 그 친구와 같이 자취를 했습니다. 그 친구는 한때 이화여대를 수석으로 합격했던 재원이었습니다. 그 친구 영향으로 나는 많은 것을 얻었습니다. 친구는 계속적으로 공부하기를 열망했기 때문에 유학의 꿈을 이루기 위해 퇴근 이후 밤이 늦도록 공부를 했습니다. 나는 초저녁잠이 많아서 불을 켜고 늦게까지 공부를 하는 그 친구를 부러워했지만 한번도 그 친구처럼 늦게까지 공부를 하지 않았습니다. 그런 친구를 알게 되어서인지 그 후로 내게도 공부는 중요하게 되었습니다. 부모님의 만남의 축복은 없었지만, 좋은 선생님을 만나는 축복과 좋은 친구를 만나는 축복이 있었습니다. 한동안 자매처럼 자취를 같이 하다가 그 친구의 부모님이 그 친구와 함께 살기를 원해서 우리는 각기 헤어져 살기로 했습니다.

그즈음 사촌 여동생이 오산에 있는 은행에서 근무를 하면서 두 해 겨울을 집으로 가기에 너무 늦은 시간이라서 나와 같이 머물렀습니다. 겨울이 되면 사촌 여동생은 작은 어머니가 담아주신 겨울 김장김치를 가져와서 같이 먹고 외롭지 않게 살 수 있었습니다. 그러나 한번도 엄마는 나를 위해 손수 만드신 음식을 나에게 가져 오시지 않으셨고 오실 때는 언제나 내게 있는 돈만 요구하여 챙겨 가시기에 바쁘셨습니다. 때로는 수중에 한 푼도 남기지 않았고 엄마에게 전부 드렸기 때문에 같은 동료들에게 돈을 꾸어서 생활을 하기도 했습니다. 그러는 가운데 나는 조금 약아져서 엄마의 시도 때도 없이 찾아와서 요구하는 돈에서 조금씩 떼어서 따로 적금도 들고 계도 시작했습니다. 그야말로 남들은 자기가 버는 만큼의 돈으로 사치를 하며 편안히 살 수 있었지만 극히 현실적인 나에게는 사치에 별로 취미가 없어서 허리띠를 졸라매며 살면서 돈을 저축했습니다. 때로는 내가 영양실조에 걸려서 병원에 실려 간다 해도 부모님의 관심은 오직 내가 버는 돈을 어떻게 하면 더 가져 가는 데 관심이 있었을 뿐이라는 사실에 가끔 혼자 목이 메어 울기도 했습니다. 그래도 부모님들이니 나는 그들을 수없이 마음속으로 불쌍히 여겼습니다. 내가 생활비를 보태주지 않으면 대책 없는 부모님은 자식들과 함께 속수무책이실 거고 자연히 어린 동생들은 당장이라도 굶을 것 같아서 스스로를 이해시키면서 절대로 자신의 처지에 비관하지 않고 우울해 하지 않기로 마음으로 위로를 수없이 했습니다. 나에게는 삶에 불굴의 의지가 있는 면이 있는 것 같았습니다. 어떤 경우라도 희망을 잃지 않았고 끝없이 도전해 보려는 삶의 몸부림은 비록 육신적으로는 겨우 45kg 미만인 연약한 체구라도 정신만큼은 어느 누구 못지않게 강했습니다. 아마도 이런 나를 주 하나님은 너무도 불쌍해서 버릴 수가 없으셨고, 지켜 주지 않으면 인생이 망가질 것 같아서 불꽃같은 눈동자로 사랑하신 것 같았습니다.

곧 겨울이 지나고 봄이 왔습니다. 겨울 동안 같이 지냈었던 사촌 여동생은 이제 자기 집으로 돌아가 출퇴근을 하였습니다. 그래서 혼자 쓰기에는 큰 방이라 적적하여 주인집에게 새로 꾸민 작은 방으로 옮기기로 약속을 했습니다. 그 방은 유난히 벽이 높아 공간이 허하여 내 키의 반 만한 십자가를 그곳에 걸어 놓았습니다.

새로 꾸민 방으로 이사하여 자는 첫날이었습니다. 봄은 되었어도 날씨는 춥고 쌀쌀

한 날이 계속되고 있었습니다. 그래서 나는 새로 꾸민 방에 뜨듯한 아랫목에 이불을 펴고 잠이 들었습니다. 그리고 곧 깊은 잠에 빠졌습니다. 얼마나 잤을까 그때 귓결에 들려오는 남자의 음성이 있었습니다. "어서 일어나 문을 두드려라." 나는 깊은 잠에서 헤어 나올 수가 없어서 "너무 졸려서 문을 두드릴 수가 없어요." 라고 대답을 했습니다. 그때 나의 영은 순식간에 몸을 빠져 나와서 높은 방벽 끝에 걸려 있는 십자가를 정면으로 보았습니다. 순간 너무 놀라서 방문을 두드렸을 때는 내 영은 이미 내 몸 속으로 들어가 있었을 때였습니다.

그때 그 시간은 아침 열시였습니다. 방문 밖에서는 주인집 사람들이 방문 옆에 앉아서 두런두런 얘기를 나누며 걱정을 하고 있었습니다. 아침 꼭두새벽부터 일어나서 왔다갔다 하는 나의 기척이 없었고, 열시까지 자는 예가 없었기 때문에 주인집에서는 혹시 간밤에 연탄가스를 맡지 않았나 하는 염려로 방문을 열어보자고 해 보던 참이었습니다. 그때 들린 작은 두드림 소리에 주인집 아저씨는 나의 방문을 발칵 열어 젖혔습니다. 주인집 아줌마 말로는 연탄가스가 한꺼번에 문 밖으로 빠져 나가는 것 같은 냄새를 맡았다고 하셨습니다. 곧이어 주인집 아줌마는 오렌지 주스를 가져와서 나에게 먹으라고 권했습니다. 주인집 아저씨는 나의 방으로 즉시 들어가셔서 직업의식으로 창문을 조사하셨습니다. 그리고 소리를 치셨습니다. "여보! 우리 집에서 송장 나갈 뻔했네!" 그날은 주인집 아저씨에게 매우 흥분되시는 날이었습니다. "미스 리가 매주 성경 가지고 교회를 가는 것을 내가 못마땅해 했었는데 미스 리가 믿는 하나님이 미스 리를 살려 주셨어." 하시면서 주인집 아저씨가 경험했던 연탄가스 사고사를 이야기를 해 주셨습니다. 연탄가스 사고 제보로 그들의 방에 가보면 으레 창문 곁에 물이 흥건하게 젖어 흘렀다고 했습니다. 그리고 그 정도의 물이 흥건하면 살았다 해도 식물 인간으로 평생으로 살아야 한다고 하셨습니다. 내가 살았다는 사실에 너무 기쁜 나머지 주인집 아저씨는 이 사실을 우리 집 식구들에게 전해야 한다고 하셨습니다. 그때 내가 잠결에 남자의 음성이 들렸고 방문을 두드리라고 한 사실을 주인집 아저씨에게 모두 말을 했습니다. 그리고 이 사실을 교회에 알리는 것이 어떠냐고 말을 했습니다. 주인집 아저씨는 교회 누구에게 말을 해야 되느냐고 물으셨습니다. 순간 나에게 세례 교리를 가르치셨던 수녀님이 생각이 났습니다. 그래서 수녀님 얘기를 했습니다.

주인집 아저씨는 쏜살같이 교회로 향하셨습니다. 나도 역시 주인집 아저씨 못지않게 흥분이 되었습니다. 내가 주인집 아저씨의 아는 상식을 믿는 것만큼 주인집 아저씨도 나의 꿈 얘기를 믿어 주셨습니다. 그래서 단숨에 집을 나가셔서 교회에서 수녀님을 모셔올 용기가 있으셨던 것이었습니다. 주인집 아저씨에 의해 오신 수녀님은 나의 얘기를 들으시고 역정을 내시면서 내가 평생 꿈꾸고 기다리는 주님을 너같이 낮은 애에게 오셨다는 것을 믿을 수 없다고 하시면서 마구 화를 내고는 교회로 돌아가셨습니다. 그때 주인집 아저씨는 정말 교회에서 일을 하시는 수녀가 고작 저 정도밖에 안 되냐고 실망을 하셨습니다. 주인집 아저씨는 나의 만류에도 무릅쓰고 내가 살았다는 사실이 믿기지 않으셨는지 우리 집에 연락을 하셨습니다. 나에게 던지신 주인집 아저씨의 말 한마디는 나의 가슴을 도려내는 아픔을 느끼게 하셨습니다. "미스 리 부모님 맞아? 그래도 미스 리 부모님이라면 내가 무엇을 얘기 하겠나. 하지만 자식 키우는 나로서는 정말 이해가 안 되는 분들이셔." 하시면서 자기의 할일을 다했다고 하시듯이 집 안으로 들어가셨습니다. 그리고 다음날 주인집 아저씨 덕분에 식구들을 보게 되었습니다.

　이해할 수 없는 영의 체험들은 삶의 두려움 속에 살아계신 주님과 함께 하는 것 같아서 모든 어려움을 이기고 극복할 수 있었습니다. 그리고 그해 가을 다시 살았던 큰 방으로 옮겨 사촌 여동생과 겨울을 보낸 다음해 봄에 그 집에서 이사를 했습니다. 그 친구가 새로 집을 옮겼는데 친구 부모님과 같이 살자는 것이었습니다. 나도 역시 외로우니 잘 된 일인 것 같아 기꺼이 승낙을 했습니다. 이사를 하고 전에는 같이 한 방을 썼었지만 같이 지낼 필요가 없기 때문에 그 친구가 주는 큰 방에 세를 살게 되었습니다. 그 집은 방이 많았습니다. 자연히 세 사는 사람들의 삶이 다양했습니다. 밤에도 조용하지 않았습니다. 그래도 초저녁잠이 유난히 많았던 나는 한번 잠들면 그 모든 소리들을 초월하며 잘 수 있어 다행이었습니다. 그곳에서 친구와 살면서 엄마가 시시 때때로 찾아와서 돈을 요구하는 것을 보게 되었습니다. 보기가 안 좋아 더 이상 그곳에 머물 수 없었습니다. 그래서 고민 끝에 독립하기로 했습니다. 그래서 이사를 할 것의 뜻을 친구에게 비쳤습니다. 그 친구는 서운했지만 강경한 나의 뜻을 이해하여 주었습니다. 그리고 "네가 너무 희생하는 것 같아서 한 소리들이야, 미안해." 하며 미안해 했습니다.

2 주여! 나와 가족을 불쌍히 여겨 주소서
1977년~1979년 이야기

그 후 왠지 모르게 엄마가 나를 찾아오시는 것이 싫었습니다. 그래서 집을 더 자주 들렀지만 엄마는 나를 찾아와서 돈을 요구하는 일이 잦아졌습니다. 한 번도 내가 잘 있는지조차 물어볼 마음의 여유가 없었던 엄마, 그리고 이 돈을 주고나면 그래도 네가 생활할 수 있느냐는 빈말조차도 없었던 엄마를 보내고 나면, 나는 어느 막다른 골목에 홀로 서 있는 심정이 되어서 소리 없이 울면서 한순간만이라도 정신을 놓아 버리고 싶었던 순간순간들... 나는 그런 고토의 시간을 가지면 내가 왜 살아야 하는지 정말 알 수가 없었습니다. 어느 날 나는 밑 빠진 물독에 물을 한없이 붓고 있는 공허한 마음이 되어 가족을 돕는 일 자체에 차츰차츰 기쁨이 사라졌습니다.

그동안 헐벗고 못 먹은 덕분에 열심히 돈을 저축하여 계도 타고 적금도 찾았습니다. 나는 천성적으로 돈을 모으는 재주는 있어도 돈을 쓰는 재주는 없었습니다. 그래서 지역 시장조사와 궁리 끝에 싼 가격의 집을 사기로 했습니다. 살려고 하는 집은 방이 일곱 개였고 만약 월세로 세를 놓는다면 우리 집 생활비와 동생들 학비를 족히 조달하기에 좋은 조건과 적당한 가격이었습니다. 내게는 사회의 경제를 내다보는 안목이 있었기에 그 집이 싼값으로 나와서 내가 살 수 있었던 것은 절호의 기회였습니다. 그래서 계약을 하고 계약금과 함께 중도금을 치르고 너무 기쁜 나머지 엄마에게 집 얘기를 했습니다. 아마도 엄마를 그 모든 차가웠던 관계의 지난날을 잊고 자식으로서 그래도 엄마로서 순수하게 엄마라고 여겼기 때문에 같이 기뻐하실 줄 알았습니다. 그러나 엄마는 조금도 변하지 않으셨습니다. 엄마는 나의 기쁜 소식에도 불구하고 집을 빨리 해약하라고 나에게 종용했습니다. 그리고 오빠에게 사업자금으로 그 돈을 주라고 강요하셨습니다. 나는 그런 엄마를 이해하질 못 했습니다. 갖은 고생과 희생을 아끼지 않고 식구들의 생활비를 주고도 왜 오빠의 사업자금까지 내가 해 주어야 하는지 엄마의 본심을 이해할 수 없었습니다.

　엄마와 오빠가 찾아와서 나에게 마치 맡긴 돈처럼 내놓으라고 행패를 부리고 있는 그들의 모습에 "주여! 나는 어찌 이리 불행해야 합니까?" 아무리 현실적으로 가난하여도 마음까지 가난해야만 하는 그들의 모습에 나의 주어진 삶에 나 자신까지 혐오하게 되었습니다. "아버지! 저들의 무례함을 용서하여 주소서!" 엄마와 오빠가 시시때때로 찾아와 주는 정신적 고통은 내 삶에 커다란 치명적인 흠을 냈습니다. 내가 희생하면서까지 가족을 사랑하는 것은 내가 주는 돈 외에는 그들에게는 존재하지 않는다는 것을 알았습니다. "아버지, 내가 언제까지 저들을 붙들어 주어야 합니까?" 가족이란 테두리에서 나는 오직 그들의 돈을 벌어다 주는 도구였을 뿐 그 이상도 아니고 그 이하도 아니란 것을 알았습니다. 그들의 머리에는 어떻게 하면 내가 벌은 돈을 쉽게 그들의 소유로 만들까 하는 것만이 중요했습니다.

　그날은 비가 부슬부슬 내리고 있었습니다. 누군가가 문을 두드리는 소리가 들려 문을 열었더니 엄마가 문밖에서 서서 계셨습니다. 엄마의 모습은 마치 빚쟁이나 다름없었습니다. 표독스런 모습으로 방으로 들어오시더니 갖은 욕설과 저주를 하시면서 돈이 그렇게 식구보다 중요하냐고 따지셨습니다. 그리고 갑자기 머리를 풀어 헤치면서 정신 나간 사람처럼 나에게 달려들었습니다. 나는 너무도 놀라 어쩔 줄을 모르고 있었습니다. "아버지, 나는 저들의 불쌍함을 그냥 볼 수 없습니다. 차라리 내가 돈을 포기하겠습니다." 겨우 엄마를 진정시켜 집을 해약하겠다고 약속해 주었습니다. 엄마는 진정을 한 상태에서 거듭 약속을 꼭 지키라고 하시며 집으로 가셨습니다.

　그동안 나에게 집을 판 집주인은 곧 그 지역이 도시계획에 들어서 그 지역이 금싸라기 땅이 된다는 것을 알았습니다. 그래서 자기가 받은 계약금과 중도금 외에 웃돈을 얹어서라도 돈을 돌려주겠다고 하며 해약하기를 바랐습니다. 그래서 나는 그 집이 줄 수 있는 충분한 이익이 있음을 알고도 그냥 계약금과 중도금만 받고 해약을 해 주었습니다. 그 집주인은 해약함과 동시에 내가 혹시 마음이라도 변할까봐 고맙다는 말과 함께 쏜살같이 가버렸습니다. 그때의 허탈함은 마치 쓴물이 입 안 가득히 고여 있는 것 같았습니다.

　진정할 수 없는 쓸쓸한 마음을 안고 집으로 돌아 왔습니다. 집에서는 엄마와 오빠가 나를 기다리고 있었습니다. 돈이 그들 수중에 들어가기 전에 그들은 마치 다정다감한 태도로 갖은 선언을 했습니다. 엄마는 "내 이름을 걸고 맹세하니 이 돈은 필히 오빠가 성공하면 받아다가 네 손에 쥐어 줄게 엄마를 믿어." 했습니다. 그리고 오빠는 "지금 가지고 있는 내 기술과 네 돈으로 집을 짓는 사업을 한다면 커다란 이익을 볼 수 있다. 그리고 내가 네 이름과 내 이름으로 사업을 하여 꼭 이 돈을 갚아줄게." 그들 모자는 그야말로 감원이설로 나를 설득하려고 했습니다. 그들을 아주 멀거니 바라보며 내가 그들에게 돈을 쥐어 주는 순간 그들은 그 돈의 출처조차 기억 안 할 모자라는 것을 알면서도 하나님이 내게 허락하신 생업의 축복에 감사하면서 그 돈을 건네주었습니다. 절제하며 열심히 번 돈을 돈에 얽매이지 않고 그들에게 줄 수 있는 것은 가족을 사랑하지 않고는 절대 줄 수 없을 것입니다. "아버지, 그들을 불쌍히 여겨 주소서!" 하고 나는 그 돈에 대해 그 이상의 생각을 버렸습니다. 그리고 나는 아직도 남아서 부어야 하는 계를 계속 붓고 계를 끝냈습니다. 그 이후 나는 나에게도 필요한 것이 있으면 망설이지 않고 사는 나를 보았습니다.

가끔 집에 들르면 오빠는 껄끄러운 얼굴을 하고 내게 욕설을 하며 빨리 내가 사는 곳으로 가라고 윽박질렀습니다. 이미 나는 이런 시간이 기다리고 있었음을 알고 있었지만 현실로 내가 겪어야 하는 순간순간 나는 하나님 아버지께 불쌍한 저를 붙들어 주시고, 불쌍한 저 모습을 하는 오빠와 엄마를 용서를 해 달라고 마음속으로 엉엉 울며 기도하면서 돌아오곤 했습니다. 엄마도 역시 오빠와 똑같이 준 돈에 대해 잊어버리라고 마치 내가 빚독촉으로 집을 찾아간 것같이 온갖 욕설과 저주로 윽박지르셨습니다. 엄마는 내가 마치 감정도 없는 동물만도 못한 존재로 취급을 하셨습니다. 나는 그들의 생각없는 행동에 인간의 죄성을 보았습니다. 내가 이런 아픔들을 갖고 변함없이 그들을 사랑할 수 있었던 것은 하나님이 주시는 사랑 없이는 결코 감당할 수 없는 일이었습니다. 나는 그때까지 외국인과 결혼하여 미국으로 오는 꿈을 꾸지 않았지만 서서히 나는 그때 내 마음에 변화가 있었음을 기억합니다. 아마도 나는 멀리 가족들과 헤어지고 싶었을 것입니다. 나를 철저하게 방황케 하는 가족들, 나를 처절하게 비참하게 만드는 가족들을 떠나고 싶었던 것입니다. 이런 환경 속에서 실성하지 않고 살 수 있었던 은혜는 하나님의 붙드심이 있으셨기 때문입니다. 내가 정신적으로 현실적으로 방황을 하였을 때 하나님은 내손을 꼭 붙드시고 인도하셨습니다. 그리고 가난 때문에 내 자신을 버리지 않게 하셨습니다. 후에 오빠는 내게 가져간 돈으로 결혼생활을 방관하고 방탕한 생활에 허비했다는 것을 알게 되었을 때 나는 그만 웃지 않을 수 없었습니다.

③ 나, 그리고 인도의 하나님

나는 더 이상 가족들을 위해 희생을 하고 싶지 않았습니다. 연약한 인간이기에 보이지 않는 분노가 나를 은연중에 사로잡았습니다. 이러한 나의 방황은 사랑하는 자들에게 배신을 받았을 때 가지는 심리적인 갈등이었습니다. 이러한 나를 주님은 나를 끊임없이 바른길로 온전한 길로 인도하시기를 바라셨지만 나는 심히 부족한 인간이었기에 가족들에게서 벗어나기를 바랐으므로 눈을 감았습니다. 내가 영의 눈을 감았었기에 내 마음에 지혜가 머무를 수 없었습니다. 나는 왜 이런 잔인한 경험을 했어야 하나 하는 아픔을 가지고 온통 저들에게서 멀리 멀리 떠나야 한다는 마음뿐이었습니다. 이런 나의 심리적인 갈등이 있음에도 불구하고 엄마는 당신이 내게 주신 불신의 아픔이 무엇인지조차 짐작도 못한 채 당신이 필요한 돈이 있으면 빚 독촉을 하듯 빨리 해 놓으라고 독촉을 하셨습니다. 그래서 하루하루의 삶은 나에게 짐스러웠습니다.

이러한 가운데 같이 근무 하던 몇 살 연하인 써니(SUNNEY)가 자기 가족들과 함께 살면서 하숙 비슷한 것을 해보지 않겠냐는 제의를 받았습니다. 식구들은 아니지만 그래도 어울리다 보면 외로움이 덜어져서 내 아픔에 치유를 받을 것 같았습니다. 그래서 생각 끝에 같이 살기로 결정했습니다. 이사를 하던 날 나는 그동안 틈틈이 모아 놓았던 미래의 혼수품들을 집으로 모두 보내고 달랑 침대만 들고 그 친구 집에 들어갔습니다. 어차피 나는 미국사람을 만나 결혼할 것을 결심하였기에 가지고 있는 짐들이 필요 없다고 생각했습니다. 가끔 집에 들렀을 때 내 짐으로 채워진 집은 귀티가 나서 윤택하게 보여서 마음은 기뻤습니다. 마치 내가 누구를 시집을 보낸 기분이듯이 가슴이 뿌듯했습니다. 무엇보다 동생들은 집에 텔레비전이 생겨 기뻐했습니다. 그때 당시 텔레비전을 소유한 집은 중류층 정도 가정들이었기 때문입니다.

워낙 밝고 명랑한 성격이라서 점차 나 자신을 수습할 수 있었습니다. 써니와 나는 자매처럼 같이 직장을 출퇴근을 했습니다. 써니네 집은 방이 두 개였는데 큰 방은 써니 부모님과 써니 남동생들이 사용했고, 작은 방은 나와 써니와 써니 여동생이 사용을 했습니다. 가난했지만 서로가 서로를 배려하는 화목한 가정이었습니다. 거기에는 웃음이 있었고 찐득찐득한 가정애가 넘쳐흘렀으므로 가난에도 결코 그들은 위축되지 않았습니다. 가을과 겨울이 지나 봄이 되었고, 어느덧 초여름이 고개를 내밀 때 써니와 나는 거의 같은 동시에 남자들에게 청혼을 받았습니다. 우리 두 사람은 보이지 않는 미래를 향하여 자신들의 발걸음을 내딛기로 했습니다. 우리 두 사람은 미국으로 결혼을 하러 가기 때문에 혼수를 따로 장만할 필요가 없었으므로 부모님들에게 혼수로 인해 마음의 부담을 덜어 줄 수 있었습니다. 우리 두 사람은 결혼을 거의 같은 시기에 할 수 있어 우리들의 인연에 하나님 아버지께 감사를 드렸습니다. 써니는 약혼 초청으로 미국에 가서 결혼을 할 것이고, 나는 이곳에서 결혼식을 하고 남편감을 미국으로 먼저 보낸 다음 직장생활을 좀 더 하다가 적절한 시기에 미국에 가기로 했습니다.

그날도 퇴근 후, 나는 지친 가운데 잠깐 잠이 들었습니다. 누군가가 나를 부르는 듯하여 돌아보니 내 모습은 여리고 여린 열두 살 소녀였습니다. 내 앞에 어렴풋이 무엇인가가 보였습니다. 눈처럼 하얀 수염이 오색영롱한 무지갯빛을 발했습니다. 눈처럼 하얀 오색영롱한 무지갯빛을 발하는 수염은 마치 미풍의 바람이 나를 스치고 지나는 것같이 부드럽게 나를 어루만졌습니다. 그리고 그 수염의 할아버지는 눈같이 흰 수염 속에서 한 켤레의 신발을 꺼내 내게 주셨는데 내 발에 꼭 맞는 신발이었습니다. 그 짝이 다른 신발은 잘생긴 양구두와 곱게 생긴 꽃고무신이었습니다. 그렇지만 그것을 신고 밖으로 나갈 수는 없었습니다.

꿈에서 깨어난 나는 그것이 내가 해야 할 결혼을 의미하는 것을 영으로 알았습니다. 그러나 내 마음이 요동치 않음에 또다시 육신적으로 탈진한 나는 깊은 잠에 빠졌었습니다. 꿈속에 홀연히 내가 서 있었던 곳은, 작열하는 태양 아래에서 미미하고 건조한 바람이 부는 아주 끝없이 넓은 광대무변한 습도 짙은 허허벌판 광야였습니다. 여기서도 현실 속 내가 아닌 여리고 여린 열두 살 소녀의 모습이었습니다. 긴 시간과 함께 얼마를 광야 끝에 서 있었나, 두 마리의 짐승이 거품을 일으키며 짙은 먼지와 함께 달려왔습니다. 그것은 두 마리의 검은 양들이었습니다. 육안으로 겨우 의식을 할 찰라, 두 마리의 검은 양들은 돌격을 하듯이 내게 전진하며 달려들었습니다. 달려

드는 검은 양들의 무게에 서 있었던 자신이 나자빠지는 의식 가운데 허공을 허우적허우적 거리며 깊은 잠에서 깨어났습니다. 꿈에서 깨어났을 땐 온몸이 땀으로 흠씬 젖은 채로 일어났습니다. 마치 생시처럼 선명한 꿈이, 무엇을 의미하는지 영적으로 이해할 수가 있었습니다. 그것은 내가 해야 하는 결혼을 주 하나님은 반대하셨던 것이었습니다.

순간 나는 잠에서 완전히 깨어났습니다. 그리고 그것이 하나님이 내게 주시는 삶의 경고의 메시지라는 것을 알았지만 그 당시 나는 나의 현실을 바꿀 만큼 지혜와 용기가 없었습니다. 알 수 없는 망설임이 있었지만, 내가 해야 할 결혼을 물릴 용기가 없었기에 하늘에 계신 아버지께 소리쳐 말씀드렸습니다. "하늘에 계신 아바 아버지. 제게는 이 결혼을 물릴 용기가 없어요. 어떡하면 좋아요. 저 사람을 실망시킬 수가 없어요." 그리고 아버지가 주시는 그 사랑의 메시지를 외면을 했습니다. 나의 지혜 없는 한순간의 결정이 내 인생에 얼마나 지대한 삶의 고통과 절망을 준다는 것을 알았다면 과연 나는 또 그런 결정을 할 수 있을까 하는 물음 앞에 앞날을 예측할 수 없는 능력이 없는 보잘것없는 인간이기에, 인간인 내가 얼마나 연약한 존재인가를 절실하게 깨달았습니다.

이러한 마음의 소용돌이 가운데 그저 막연히 알 수 없는 미래에 나는 나를 의탁하며 준비된 결혼을 진행시켰습니다. 나는 결코 아버지의 사랑을 받을 자격이 없는 딸이었다는 것을 세월이 지나면서 삶의 가시가 무수히 나를 찌를 때마다 아픔을 가슴에 안은 채 절규하면서 아바 아버지를 불렀습니다. 사랑하는 아바 아버지의 메시지를 마음에 두고 결혼식을 올린 후 얼마 후, 또 다른 꿈을 꾸었습니다. 그 꿈속에 나는 거대한 산 앞에 서 있었습니다. 그 산은 그야말로 아름다운 산이었습니다. 산의 아름다움에 취해 있는데 알 수 없는 굉음이 들렸습니다. 세상을 뒤흔들 듯한 굉음과 함께 정말 믿을 수 없이 그 산이 하늘에서 땅으로 두 동강이가 나 쪼개졌습니다. 그때 쪼개진 산 사이로 시뻘건 흙과 지층 단면이 보였습니다. 쪼개진 산 사이에는 얼마간의 공간이 있었습니다. 나는 쪼개진 산의 양쪽을 영적인 세계에서 오르락내리락 하며 가슴이 찢어지는 아픔을 안고 서럽게 울어댔습니다. 얼마나 울었던지 꿈에서 깨어나서도 어깨를 들먹이며 통곡까지 하며 울어댔습니다. 그것은 하늘에 계신 하나님 아버지가 내게 주시는 당신의 아픈 마음을 꿈으로 표현하셨던 것입니다.

그래도 나는 일단 결혼한 것을 이혼이라는 것을 하고 싶지 않았습니다. 나는 세상적으로 영리하지 못한 구투적인 사고를 가진 여자였습니다. 그래서 일부종사를 믿었던 내가 생각하는 이혼이란 치명적인 나의 자존심이었습니다. 그러나 어렴풋이 나는 잘못된 길을 가고 있다는 예감을 가진 채 남편이 있는 미국으로 비행기에 몸을 실었습니다.

4 병중의 결혼생활과 영의 인도

남편이 미국으로 떠난 후, 나는 계속 살았던 곳에 살면서 직장을 다니다가 남편이 살고 있는 미국으로 들어 왔습니다. 소리없이 지나가는 세월 속에 결혼은 나이에 밀려 해야 했고, 또 다른 이유 중의 하나는 그저 가족을 떠나고 싶은 충동에서 했던 결혼이지만 일단 결혼을 했기에 잘살아 보려고 꿈도 꾸었습니다. 그러나 행복은 마음만 가져서 갖는 것이 아니라는 것을 알았습니다. 내가 이방 여자라는 이유 때문에 결혼부터 헤어질 때까지 시아버지가 우리의 결혼생활을 방해하셨습니다. 매 주마다 드나드시는 아들집 나들이에 미모의 여자들을 동반하고 아들의 마음을 회유했습니다. 남편은 그런 자기 아버지를 경멸했습니다. 그리고 심지어는 부자의 왕래를 끊고자 나에게 의논을 했습니다. 그러나 극히 보수적인 사고방식을 가진 나는 남편의 의견에 동의 할 수 없었습니다. 내게도 친정이란 가족이 있고 비록 가족이란 이름으로 나에게 무수히 내 희생을 요구했지만 그런 것이 가족이라고 믿었기에 그를 만류했습니다. 지금 생각해 보면 나의 선한 마음이 시아버지에게는 기회가 되었습니다. 그리고 나는 그때부터 정신적으로 시달렸습니다.

어느 때부터인가 알 수 없는 병에 시달리며 시름시름 앓기 시작했습니다. 남편은 불평없이 나의 병수발을 들며 나의 병이 나아지기만 학수고대했지만 별 차도가 없었습니다. 남편 쪽으로는 로마 카톨릭 집안이었습니다. 우리는 주일이면 카톨릭교회를 다녔습니다. 남편의 믿음은 빈껍데기 신앙으로 교회를 가는 것은 그저 조상의 믿음으로 형식적인 주일 행사였습니다. 결혼생활을 하면서 그와 내가 다른 영을 가졌다는 것을 알게 되었습니다. 그래서인지 무엇인가 설명할 수 없는 것에 짓눌림을 당하고 있었음을 알게 되었을 때는 나의 병은 깊어만 갔습니다. 육신적인 삶으로는 인생의 도리라는 것이 나의 발목을 잡았고 영적으로는 나는 죽어가면서 신음을 했습니다. 이상했던 것은 남편과 내가 따로 따로 있었을 때는 내가 그래도 정신을 차릴 수 있었는데 같이 있을 때는 꼭 마취에 걸린 사람처럼 기운없이 지쳐 있었습니다. 어느 날 영국의 황태자비가 임신을 하였다는 텔레비전 보도를 보고 "아버지, 나도 만약 아이가 생긴다면 아이 때문이라도 건강해 질 것 같아요." 영국의 황태자비의 임신을 부러워서 그냥 입속으로 혼자 중얼중얼 거렸습니다. 남편이 아이를 가질 수 없는 사람이라 나의 소망은 이루어질 수 없는 일이었기에 그저 한 가닥의 희망사항이었고 바람일 뿐이었습니다.

어느 날 갑자기 남편이 만약 네가 아이가 생긴다면 건강해질 수도 있을 거라 하며 자기가 병원에 가서 가능성이 있는지 정밀검사를 받아야겠다고 말을 했습니다. 부탁도 하지 않았는데, 마치 독심술이라도 하여 내 마음을 들여다보았다는 기색이었습니다. 그 기세가 하도 정색이라 나는 그저 자기가 하고 싶은 대로 하라고 했습니다. 왜냐하면 잘못 말을 하게 되면 남편의 자존심을 건드릴 수 있었기 때문에 되도록이면 신경을 안 건드리고 남편의 자존심 상하지 않게 짧고 간단하게 부담 없이 얘기를 했습니다. 내가 강요한 것이 아니라 자기가 자진으로 하겠다 하니 아마도 하나님의 은총인가 싶었습니다.

그러던 어느 날 내 몸에 이상이 생겼습니다. 처음에는 자주 몸이 아팠으니까 그저 병치레인가 하고 간단하게 생각했는데 꼭 죽을 것만 같이 식은땀을 흘리면서 아팠습니다. 남편이 허겁지겁 나를 급하게 병원으로 데리고 갔습니다. 의사에 의해 검사를 한 결과 우리에게 하나님의 기적이 일어났습니다. 믿을 수 없는 일이 생긴 것입니다. 의사의 말대로 내가 정말 임신한 것이었습니다. 남편이 정밀 검사를 한다고 했었던 것이 엊그제 같았는데, 남편이 진짜로 병원에 가서 정밀검사를 했다는 것을 확인하기가 두려워서 물어보지도 않았는데, 또 남편은 정밀검사를 했다고 나에게 얘기해서 내가 너무 임신되는 것에 집중하며 기대할까 봐서 정밀검사 한 것에 대해 일언반구조차도 나에게 하지 않았습니다. 그래서 우리 두 사람은 매우 기뻐했습니다.

우리는 자연히 우리의 행복을 시집 식구들에게 알렸습니다. 불행은 임신 전이 아니라 임신 후부터였습니다. 시아버지는 자기 아들이 아이를 가질 수 없다는 것을 아들이 고등학교 시절 미식풋볼 시합에서 사고 후 병원에서 확인하였기에 그런 줄만 알았는데 아이를 가질 수 있다는 사실에 기뻐하기보다 백인 우월주의인 욕심을 나타내기 시작했습니다. 어떡하든지 자기 아들을 미모의 백인 여자와 연결시켜 줄려고 갖은 노력에 노력을 다 했습니다. 얼마 동안은 그런대로 건강이 유지돼는 것 같더니 또다시 시아버지로부터 시달림을 격고 보니 건강이 나빠지기 시작했습니다. 내가 입덧과 체력의 연약함으로 고통을 무시로 받았을 때 몸이 연약하다 보니 자꾸 늪 가운데로 들어가듯 쳐지기 시작했습니다. 남편은 늘 내 걱정을 했습니다.

꿈을 꾸었습니다. 꿈속에서 나는 잠을 자고 있었습니다. 얼마를 잤을까, 누군가가 나를 들여다보는 것 같아 인기척에 게슴츠레 눈을 뜨고 주위를 보았습니다. 눈처럼 하얗고 영롱한 무지갯빛을 발하는 부드러운 하얀 수염이 나를 스치고 있었습니다. 그리고 그 수염의 할아버지는 눈같이 하얗게 빛나는 흰 수염 속에서 두 컬레의 신발을 꺼내 내게 주시려고 하셨습니다. 한 컬레는 칠피 군청색 이었고 또 다른 한 컬레는 군청색 바탕에 빨간 무늬가 있는 칠피 구두였습니다. 마치 이제 막 제조된 구두 같았습니다. 순간 이신발의 의미는 나의 태몽이라는 것을 지혜로 느꼈습니다. 순간 나는 할아버지에게 이렇게 소리를 쳤습니다. "저는 연약해서 아이들을 한꺼번에 둘을 못 키워요. 우선 하나만 키우고 나중에 또 키울게요." 하면서 칠피 군청색 구두 한 컬레만을 달라고 했습니다. 할아버지는 눈같이 하얗게 영롱한 무지갯빛 나는 하얀 수염 속에 다른 한 컬레의 군청색 바탕에 빨간 무늬가 있는 칠피 구두를 넣으시고 칠피 군청색 한 컬레만 내게 주셨습니다. 그리고 꿈에서 깨어났습니다. 꿈속의 할아버지는 왜 내게 신발을 그렇게 주시려고 하시나 하는 의문을 가진 채 잠에서 깨어났습니다.

내가 임신 넉 달이 되었을 때, 나는 다른 사람보다 유난히 배가 장태만큼 컸습니다. 마치 산달이 되어서 곧 아이가 태어날 것같이 보였기 때문에 모두들 곧 애를 낳을 거냐고 물어 보았습니다. 임신 비만으로 초음파 검진 결과 양수가 많아서 마치 작은 아이 하나가 커다란 배속에서 유유히 헤엄을 치고 있다고 했습니다. 내가 아무리 사람들에게 애가 하나 들었다고 하여도 믿지 않았습니다. 사람들은 한결같이 세쌍둥이라고 했습니다. 그런 가운데 입덧을 할 때마다 남편까지 같이 입덧을 하니 우리는 애가 빨리 세상에 나오기를 손꼽아 기다렸습니다. 검진하였던 의사는 내 몸은 아이를 낳을 수 없는 구조라고 하면서 어떻게 임신이 되었는지 기적이라고 했습니다. 만약에 또 임신을 한다면 생명에 위험할 수도 있으니 병원 근처에 반드시 있어야 한다고 했습니다. 그렇지 않으면 해산 후 불임수술을 하라고 권고했습니다. 그러나 남편은 아이 욕심이 있어서 불임수술은 극구 반대했습니다.

임신비만으로 육신의 불편한 가운데에서도 나는 정신이 나면 틈틈이 공부를 하였었고 또 미국 시민권 공부도 했습니다. 무엇인가 하지를 않으면 자신이 나락으로 떨어질 것만 같았습니다. 미약한 시작이나 쉬지 않고 한다면 하늘에 계신 아바 아버지께서 힘주실 것을 믿었습니다. 그리고 쉬지 않고 기도를 하며 주 하나님을 의뢰를 한다면 나의 연약함을 도우시리라고 믿었습니다. "믿음의 기도는 병든 자를 구원 하리니 주께서 저를 일으키시리라. 혹시 죄를 범하였을지라도 사하심을 얻으리라"(약5:15) 말씀으로 치유를 얻기를 간구했습니다.   얼마 후 아이가 태어났고 나의 건강은 쾌차하였다가도 또다시 연약하여지고 자꾸 늪 가운데로 들어가듯 쳐지기도 했습니다. 어렴풋이 나의 육적인 고통을 겪는 것이 영적인 침체와 연결이 된 것이 아닌가 하는 생각도 들었습니다.

　시아버지의 끝없는 자식에 대한 욕심은 그 집착의 정도가 크고 지나치다 보니 남편은 마침내 우리 세 식구가 살던 곳을 떠나 아주 멀리 살아야 한다는 결론을 가졌는지 다른 나라를 가자고 했습니다. 남편은 이미 자기의 마음을 결정했습니다. 그리고 내게 물었습니다. "유럽으로 가고 싶으냐, 아니면 한국으로 가고 싶으냐?" 하고 물었을 때 순간 나는 이왕에 갈 것이면 유럽으로 가자고 했습니다. 그것은 다른 나라에 대한 순수한 나의 동경심이었습니다. 그 작은 나의 결정은 우리의 결혼 생활에 결코 도움이 되지 못했다는 것을 우리가 그곳에 정착 하였을 때야 비로소 실감하기 시작했습니다. 우리가 살고 있는 집을 시아버지 편에 세를 주고 서둘러서 짐을 챙겼습니다. 시아버지는 떠나기 전에 자기 집에서 당분간 있다가 가라고 간곡히 부탁을 했습니다. 보기가 너무 안쓰럽고 애처로워서 남편을 설득하며 그렇게 한다고 했습니다. 나는 되도록 집안의 화목을 위해서 나의 주장을 강하게 표현을 하지 않았습니다. 그저 좋은 것이 좋다고 집안 형편에 협력을 했지 부정을 하고 불화를 일으키지를 않았습니다. 이런 내 모습이 시아버지 눈에는 그저 바보 천치로만 보였습니다. 그리고 나의 보수적인 성격과 가정적인 성격이 미개한 나라에서 왔다는 잘못된 생각을 했습니다. 때로는 부족한 사람들의 생각의 장애로 인하여 수없는 가정들이 파괴되고 많은 가정의 비극을 초래하여 그 가족들이 격어야 하고 또 주위까지 그 여파를 맞을 때도 있다는 것을 어렴풋이 짧은 삶을 통해 시아버지를 통해 알게 되었습니다. 시아버지는 참으로 모질게도 우리의 결혼 생활을 방해하셨습니다. 이제는 돌이킬 수 없는 세월이 지났지만 지금 생각해 보면 짧은 생애 동안 살면서 그렇게 모질게 산다는 것이 얼마나 죄악이라는 것을 새삼 생각해 봅니다.

우리가 유럽으로 떠나기 전에 나는 신체검사를 했습니다. 엑스레이도 깨끗해 보였고 결과는 양호했습니다. 남편은 신체검사가 양호한데 너는 왜 그렇게 아프냐고 푸념을 했습니다. 떠나기 전 병원에서 다시 연락이 왔습니다. 한 번 더 결핵을 검사해 보자고 했습니다. 그래서 양성반응 테스트를 하기 위해 팔에 투베르쿨린 반응 약물 투여를 했습니다. 그 결과 내가 결핵이 있다는 것을 알게 되었습니다. 반지름 1센티미터 플러스의 반응이었습니다. 엑스레이에 나타나지 않은 결핵반응이라서 같이 출국할 수 있었습니다. 그리고 나의 병원 카드에는 TB-양성반응 기록이 나왔습니다. 남편은 병은 모르는 것보다 알아서 치료를 받는 것이 축복이라면서 위로를 해 주었습니다. 어떡해서든지 건강해져야겠다는 일념으로 열심히 치료를 받아 아이를 위해서라도 살아야겠다는 강한 모성애가 생겼습니다. 건강은 건강이 있을 때 감사함을 모릅니다. 건강이 좋지 않아 시도 때도 없이 병에 시달릴 때 우리는 건강의 중요함을 알게 됩니다.

우리는 유럽으로 떠나는 모든 준비를 다 마치고 플로리다 팜베이에서 올렌도인 시아버지 댁으로 향했습니다. 시아버지 댁으로 향하는 중 남편은 나를 다짐시켰습니다. 당분간 떨어져 살다보면 아버지 마음이 바뀔지도 모른다고 아버지가 연로하니 우리가 참자고 말을 했습니다. 그래서 걱정하지 말라고 얘기를 해 주었습니다.

시아버지 댁에 도착한 후 불현듯 남편이 군관계로 출타를 해야만 했습니다. 삼일을 출타를 하면서 남편은 걱정이 되어서 혹시 아버지가 말로 마음을 상하게 하더라도 참고 있어달라고 하며 부탁을 했습니다. 그래서 걱정하지 말라고 하면서 자기 일이나 잘 보라고 했습니다. 그러나 그것이 청천벽력 같은 계기가 될 줄이야 꿈에도 나는 상상도 못했습니다. 남편이 잠시 출타를 한 후 시아버지는 무슨 마음을 먹었는지 나를 겁간을 하려고 시도를 했습니다. 너무 완강한 나의 태도에 그의 불륜의 의도가 꺾이자 나를 협박했습니다. 그래서 나는 할아버지가 아무리 어리더라도 손자 보는 앞에서 이 무슨 해괴망측한 짓이냐면서 도리어 내가 으름장을 놓았습니다. 내가 하도 서슬이 시퍼러니까 시아버지가 기가 질려서 아들이 올 때가 가까웠으므로 자기가 잘못했다고 싹싹 빌면서 제발 나에게 조용히 하라고 사정사정을 했습니다. 그리고 이 문제는 무덤까지 둘이 가져가야 한다고 다짐에 다짐을 시켰습니다. 나는 시아버지의 눈동자를 바라보며 고개를 끄덕끄덕 했습니다. 나는 그동안 잊고 있었던 주 하나님이 결혼 전에 말리셨던 꿈들을 생각했습니다. 나의 마음을 돌이키시려고 두 번이나 꾸게 하셨던 꿈들이 기억나면서 나는 소리없이 가슴을 쳤습니다. 그리고 오래된 나의 불순종을 보았습니다.

결혼하여 갓 미국에 들어온 후 처음으로 시아버지의 누나가 우리 사는 집을 방문하였을 때 자기들끼리 앉아서 옛 애기를 하는 중 시아버지가 얼마나 망나니짓을 하였는지 시할아버지가 장남의 자리를 차남에게 주었다는 소리를 하는 것을 들었습니다. 아들로서 인정할 수 없었던 아들이었지만 며느리를 아끼고 사랑하였으므로 며느리 때문에 아들과의 관계를 유지했다는 대화들을 기억하면서 그때 그들의 대화가 사실이었음을 인정할 수 있었습니다. 아름다운 미모의 시어머니는 당신 시아버지의 인품에 그 아들을 남편으로 삼고 한 가족의 일원으로 살기를 원했었던 아주 착한 여자였습니다. 당신 자신보다 남을 먼저 배려했고 자기 희생하는 것을 그저 작은 일이라면서 견뎠던 아주 착한 성품의 소유자였습니다. 그러한 착한 시어머니는 평생을 남편 때문에 가슴을 아파하면서 살아야 했습니다. 이제 생각하면 성경 말씀 중에 뱀같이 지혜로우며 비둘기 같이 착하라는 말씀이 있듯이 우리는 주 안에서 뱀같이 지혜롭게 배우자를 선택해야 하고 비둘기같이 착하게 가정을 가지는 것이 얼마나 축복된 미래의 가정을 갖는 지혜라는 것을 어렴풋이 이해하기 시작했습니다. 누구를 위해서가 아니라 자신을 위해서 장래에 태어날 자녀들을 위하여 오직 주 안에서 말씀에 순종하며 주의 사람을 만나서 가정을 가진다는 것이 온전한 축복이라는 것을 깨달았습니다.

미국은 정말 좋은 나라입니다. 독일에서 네덜란드로 치료를 받으러 다니는 번거로움이 있었지만 철저하게 외지에서도 결핵을 치료해 주었습니다. 우리가 정착한 그곳은 독일의 작은 고적의 도시(KALKAR)였습니다. 그곳은 공기가 아주 맑고 깨끗했습니다. 사람들도 친절했고 매우 우호적이었습니다. 우리 식구들이 살 곳에 정착하기 전에 작은 시골 호텔에서 한 달을 머물렀습니다. 꼬맹이 아들과 나는 수시로 모아놓은 빵을 가지고 호텔 가까운 어린이 놀이터에 있는 연못으로 가서 한가로이 노는 백조와 오리들에게 먹이를 주면서 지냈습니다. 그곳에는 동네마다 어린이 놀이터들이 있었고 마치 디즈니월드처럼 고적의 아름다운 도시에는 한국의 시골처럼 매주에 두 번씩 시청 앞에서 시골 장이 섭니다. 회색빛 거리를 꼬맹이 아들과 함께 쏘다니면서 서툰 독일어를 말하고 그들과 대화를 하며 구경도 하고 시골 장도 보았습니다. 때로는 나의 한국식 발음으로 하는 서툰 독일어에 그들의 박장대소를 하며 웃는 시원한 모습에 나는 병이 점점 쾌차하는 것 같았습니다.

호텔에서 우리는 군인 아파트로 이사를 하여 거주하게 되었습니다. 살고 있었던 아파트 바로 위층에는 캘리포니아에서 온 십대의 백인 가정주부가 남편과 어린 딸과 살고 있었습니다. 그 여자의 남편이 출근한 후 대낮이 되면 군인들이 수시로 그 집을 방문하곤 했습니다. 그럴 때마다 위층에서는 이상한 소리가 났습니다. 혹은 그 여자의 남편이 출장을 가면 아예 군인들이 밤과 낮을 가리지 않고 드나들었습니다. 조금 이상하다 싶었지만 거기까지만 내가 알고 있었을 뿐 그 여자를 더 이상 알 수는 없었습니다. 남편은 으레 집에 와서 가족과 함께 점심을 하는 것을 즐겨했습니다. 남편은 점심때 집에 와서 자기가 아들 점심을 먹여주고 내가 잘 있나보고 그리고 직장으로 가기를 좋아했습니다.

그러던 어느 날 점심때 위층에서 바닥을 긁는 듯한 쇳소리에 남편이 더 이상 참을 수 없다고 불평을 했습니다. 나도 역시 남편의 말에 동의를 했습니다. 그날 저녁에도 여전히 참을 수 없는 소리가 들렸습니다. 순간 남편은 말릴 겨를도 없이 후다닥 이층으로 향했습니다. 채 5분도 되지 않아서 남편이 돌아왔습니다. 얼굴이 벌개가지고 황당하듯이 내게 하는 말이 아무래도 다른 곳으로 이사를 가야겠다고 했습니다. 남편의 말로는 그 여자가 남편이 없을 때마다 군인들과 매춘을 하고 있었다고 했습니다. 실오라기 하나 걸치지 않은 몸으로 문을 열었을 때 집안에 남편이 아닌 남자가 있었다고 했습니다. 그리고 자기에게 시간이 나면 들리라고 하며 추파를 던졌다고 했습니다. 그 후 나는 그 여자의 마비된 윤리와 도덕성에 저주를 했습니다. 어떻게 어린 딸 앞에서 그런 짓을 할 수 있나 생각하면 용서할 수 없었습니다.

그런가 하면 서울에 있는 서울 친정집에서는 수시로 내게 장거리 전화를 했습니다. 부모님은 매번 내가 식구들을 위하여 무엇인가 그들에게 해야 할 것들을 강요했습니다. 때로는 그 강요들은 짓이기는 돌과 돌 사이에서 흐르는 식물의 녹색 액체처럼 내 가슴을 너무도 아프게 했습니다. 아픈 나의 상태를 알기보다는 부모님은 그들의 삶의 탈출구의 도구로써 나의 필요가 급급하였을 뿐이었습니다. 거기에는 언제나 사랑이 없는 의무만을 지시할 뿐이었습니다. 그런 후 전화를 끊곤 했습니다. 부모님들의 절박한 현실은 에스겔의 환상에서 에스겔이 소망이 없는 마른 뼈들만 가득한 곳을 바라보듯 메마른 그들의 사랑이 내게 전하여졌습니다. 만약 내가 남들처럼 건강하였다면 섭섭한 마음이 덜하였을 것입니다. 그러나 그때 나는 쾌차를 위해 하루하루와 싸우고 있었던 나였기에 부모님의 요구는 충분한 우울증의 요소가 될 수 있었습니다.

　얼마의 나날이 지났을까, 막 겨울의 문턱을 지나고 있을 때 요란하게 누군가가 문을 흔들었습니다. 그들은 남편의 밑에서 일을 하는 사람들이었습니다. 남편이 반갑게 그들을 맞이하고 집안에 좌정을 하면서 그들의 하는 말에 깜짝 놀랐습니다. 위층 여자가 지금 막 차 사고를 당했는데 남편이 아닌 다른 남자와 같이 차를 타고 파티에 가다가 달리는 차 안에서 더러운 짓을 하다가 차가 사고를 당했다고 했습니다. 운전하던 그 남자는 안전벨트를 하여서 다치지 않았는데 그 여자는 안전벨트를 하지 않아서 크게 사고를 당했습니다. 그래서 출장 간 남편에게 연락을 하고 지금 왔다고 말했습니다. 순간 나는 커다란 죄책감에 빠졌습니다. 나는 그 여자가 미워서 그런 삶을 살려면 차라리 죽는 것이 나을 거라고 저주를 하였던 것입니다. 미워한다는 것은 사랑하는 것보다 더 무거웠습니다. 진실로 진실로 회개하며 울었습니다.

　군 목사님과 그 문제로 상담을 하여서 내 고통을 아신 군 목사님은 그것은 그 여자의 죄이니 너무 자책하지 말라고 위로의 말씀을 하셨습니다. 그리고 군 목사님과 함께 기도를 하며 그 여자가 빨리 쾌차하기를 기도했습니다. 후에 그 여자는 두 다리를 절단을 해야 하는 비극을 맞보아야 했습니다. 군부대에서 그 여자에게 의족을 해 주고 그 가족들은 다른 곳으로 이동을 하게 했습니다. 이동하기 전 그 여자는 자기가 한 일에 일말에 양심이 있었는지 내가 출타를 하는 시간을 알려 달라고 하며 그 시간에 이사를 하겠다고 요청을 하여 부랴부랴 우리 가족은 벨지움으로 그 여자의 편의를 위해서 짧은 여행을 떠나게 되었습니다.

　여행에서 돌아온 후 시아버지가 독일에 오신다는 전갈이 왔습니다. 나는 나도 모르게 정신적으로 자지러짐을 느꼈습니다. 급기야 나의 병은 깊어만 갔습니다. 시아버지는 미국과 독일의 거리를 마다하지 않고 비행기로 매 주마다 미국에서 독일로 놀러 오셨습니다. 그럴 때마다 남편은 시아버지를 이곳저곳을 안내해 주었습니다. 같은 미국 내가 아니라서 관광으로 오셨다 하여 안내를 남편이 한다는 것은 매우 자연스런 시작이었습니다. 아마도 시아버지는 그 점을 이용하려는 계획을 철저히 세우고 작정한 사람처럼 매주 시간과 물질을 투자했습니다. 곁에서 보기에도 실로 눈물이 날 정도로 열성이셨습니다.

　남편은 시아버지와 매주 화기애애하게 다니면서 자신도 모르게 시아버지를 닮아가고 있다는 것을 모르고 있었습니다. 성실한 삶을 살았던 그에게 시아버지와 함께 술

집을 찾는 그의 모습을 보게 되었고, 예전에는 아버지의 방탕한 삶을 비난하였는데 어느 때부터인가 남편은 시아버지가 비난의 대상이 아니라 자유롭게 사는 그의 모습이 선망의 대상으로 바뀌고 있었습니다. 쾌락주의와 물질주의인 시아버지는 그 아들을 철저히 자기 모습으로 변모시키는 데 전력을 다했습니다.

마침내 시아버지는 유언장을 변호사에게 작성시켜 독일로 보내 왔습니다. 그것을 우연히 내가 보게 되었습니다. 내용인즉 만약 남편이 나와 결혼생활을 계속한다면 유산 상속자는 자기의 여동생에게 모두 돌아가고 자식은 한 푼도 상속 받을 수 없다는 내용이고 나와 헤어진다면 모든 유산은 남편이 상속을 받는다는 내용이었습니다. 나는 너무도 기가 막혀 남편에게 어떻게 이런 유산을 당신 아버지는 작성할 수 있느냐고 반문을 했습니다. 의사에게 위암 말기 선언을 받고 죽기 전에 백인 여자에게 손주 보는 것이 소원이라면서 유언장까지 작성하여 자기를 힘들게 한다고 했습니다. 부모의 사랑이란 그저 책과 드라마에서 보고 사람들에게 말로만 듣던 그런 절대적인 사랑이 나와 남편의 사이를 다르게 하여 나를 이렇게 초라한 경험을 하게 하는 이런 아픔을 겪을 줄 상상도 못하였지만 나는 나도 모르게 남편이 너무도 부러웠습니다. 비록 불균형적인 자식 사랑하는 시아버지지만 아들에게 모든 마음을 거는 그의 정성에 감복하여 미워하는 마음대신 감탄이 앞섰습니다. 자식의 형편이나 상태는 전혀 고려치 않고 자식의 의무만을 강조하는 나의 부모님과 너무도 대조적인 부모 사랑을 보면서 자식을 사랑하면 저렇게 무분별하여지는구나 하는 것을 실감을 했습니다.

어느덧 수없는 갈등들이 내 마음 속에서 소용돌이치면서 내 영혼은 지칠 대로 지치고 있었습니다. 감당할 수 없도록 견디지 못하고 있는 현실 앞에 나는 마침내 남편에게 입을 열었습니다. 나에게 정신과 의사가 필요한 것 같다고 했습니다. 남편은 내가 이렇게 잘해 주고 있는데 왜 정신과 의사가 굳이 필요하냐고 이해를 못 했습니다. 하지만 무엇인지 모르지만 누구인가가 내 인생에 대해 설명을 듣기를 바랐습니다. 지극히 현실적이고 성실한 삶을 살고 있었던 내가 무엇을 어떻게 내 인생에게 잘못을 했었는지 진실로 알고 싶었습니다. 나는 가족에게 끊임없이 희생의 요구를 강요당하는 반면에 남편은 잘못된 사랑이나마 끊임없이 주려는 사랑을 받나하는 갈등이 나를 뼛속 깊이 저며 오는 외로움이 나를 우울하게 했습니다. 주체할 수 없는 나의 갈등의 심각함에 남편의 주선으로 정신과 의사를 만난즉 나의 심경의 혼돈은 극히 정상이라고 했습니다. 오직 내가 할 일은 주 하나님을 신뢰하면서 하나님이 주시려는 진정한 뜻을 생각하면서 오직 마음을 강하게 하는 것뿐이라는 것입니다. 정신과 의사의 입을 통해 말로 위로를 받고 집으로 돌아 왔습니다.

이렇게 자신을 스스로 추스를 수 없었던 암흑과 얼음처럼 혹독했던 시간들 가운데 주님은 나를 만나 주셨습니다. 내가 너를 사랑하노라 하시며 내 곁에 서 계셔 주셨습니다. 그때 나는 육신적으로는 탈진함과 자학으로 가슴에 피멍이 들었고 영적으로는 심한 혼돈 가운데 있었습니다. 육신적인 고통보다 정신적인 고통이 내 가슴을 계속해서 짓누르고 있었습니다. 내가 더 이상 견딜 수 없는 힘을 보시고 내가 겪어야만 하는 정신적인 고통을 한 달을 나누어서 주셨습니다. 그것은 가슴에 알 수 없는 짓누르는 긴 고통이었습니다. 고통의 긴 시간이 지난 후 비몽사몽간에 남자의 음성이 들렸습니다. "Elizabeth, Please Read Bible Psalm 23. Whenever you need help and it will help your distress." 분명한 영어 발음이었습니다. 그때 나는 들려오는 음성에게 "주여! 내가 어디를 가면 또 주님을 뵈올 수 있습니까?" 잠시 조용하더니 멀지만 은은히 그리고 분명하게 "If anyone tells you that you are younger looking than your age than you will know you are always with me." 하고 들렸습니다. 순간 나는 정신을 차려 성경을 뒤지기 시작했습니다. 그러나 나는 영어 성경에 익숙하지 않았기 때문에 오직 내가 들을 수 있는 대목은 "쌈 23"뿐이었습니다.

찾다가 솔직히 어느 성경구절인지 잘 몰라서 군 목사님에게 어떻게 내가 이 구절을 알아야 하는지 그 경위를 설명을 하고 "쌈 23"이 어디에 있는지 물어 보았습니다. 나의 발음과 경험을 통해서 군 목사님은 잠시 생각하시더니 그 성경의 장은 바로 시편 23편이라고 성경을 펼쳐 보여주시고 내게 읽어 주셨습니다. 그리고 곧 나는 집에 돌아와서 영어 타자기가 있었으므로 영어로 시편 23편을 타자로 쳐서 읽기 좋게 냉장고에 붙였습니다. 그리고 매일 그 장을 묵상했습니다.

시편 23편이 냉장고에 붙여 있는 것을 보고 남편은 시편 23편은 장례식 때나 사용되는 것이라고 하며 누가 죽었냐고 하면서 놀려댔습니다. 나는 아랑곳없이 그 시편을 읽고 또 읽었습니다. 가슴의 고통이 거의 사라져 갈 때 어느 날 나는 꿈을 꾸었습니다. 그곳에는 남편과 내가 서 있었고 또 한쪽에서는 겉옷 모자를 푹 뒤집어 쓴 더러운 옷을 입은 쭈그러져가는 노인이 빨간 머리의 백인 여자와 함께 있었습니다. 겉옷 모자를 푹 뒤집어 쓴 더러운 옷을 입은 쭈그러져 가는 노인이 빨간 머리의 백인 여자를 냅다 남편 앞으로 들이 밀어 댔습니다. 남편이 황당하다는 듯이 나를 보고 그 빨간 머리 여자를 겉옷 모자를 푹 뒤집어 쓴 더러운 옷을 입은 쭈그러져가는 노인 쪽으로 냅다 밀어 댔습니다. 꿈에서 잠시 깨어서 일어나서 별 희한한 꿈이었네, 하면서 다시 잠이 들었습니다. 또다시 꿈은 겉옷 모자를 푹 뒤집어 쓴 더러운 옷을 입은 쭈그러져 가는 노인이 빨간 머리의 백인 여자와 함께 있는 것을 보았습니다. 겉옷 모자를 푹 뒤집어 쓴 더러운 옷을 입은 쭈그러져가는 노인은 빨간 머리의 여자를 냅다 남편에게 밀어 보냈습니다. 이번에는 너무 세게 밀어 보냈는지 남편이 휘청하면서 빨간 머리 여자를 받았습니다. 그 순간 겉옷 모자를 푹 뒤집어 쓴 쭈그러져가는 노인은 없어지고 어느새 침대 위에 그 빨간 머리의 여자와 남편이 함께 누워 있었습니다. 비록 꿈이었지만 꿈속에서 나는 마치 생시처럼 분노로 부들부들 떨고 있었습니다. 생전 만져 보지 못했던 권총이 어느새 내 손에 쥐어져 있었고 금방이라도 겨냥하여 쏘려고 얼음처럼 얼어붙은 마음은 분노에 치를 떨며 방아쇠를 당기려는 순간이었습니다.

그때 누군가가 내 오른쪽 어깨에 손을 얹었습니다. 그 순간 내 어깨를 잡은 그 손의 온도가 얼음처럼 얼어붙은 내 몸을 순식간에 따뜻하게 녹여 주었습니다. 뒤를 돌아보았습니다. 거기에는 부드러운 다갈색 머리카락이 어깨에 다을 듯 하게 하얀 도포를 입으신 예수님이 빛 가운데에 서 계셨습니다. 짙푸른 눈동자가 호수처럼 맑은 인상 깊었던 예수님이 밝은 광채 가운데 서 계셨습니다. 그리고 말씀하셨습니다. "Do not revenge him and leave him with peace. I prepared everything for you. Go without him." 비록 꿈이었지만 생생한 예수님의 목소리는 나에게는 생시나 진배가 없었습니다. 나의 어깨를 가볍게 얹으신 예수님의 손의 따뜻함 속에 마음이 녹아 눈물을 흘리면서 그렇게 하겠다고 했습니다.

잠 속에서 울면서 허우적대니까 남편이 흔들어 깨웠습니다. 꿈에서 일어나 남편이 무슨 꿈을 꾸기라도 하였냐고 묻기에 두 번 꾼 꿈의 얘기해 주었습니다. 그때 내 꿈 이야기를 들은 남편의 얼굴은 하얗게 낯빛이 변하더니 정색을 하면서 우리 당분간 헤어져 살면 어떠하냐고 물었습니다. 사연인즉 시아버지가 울며불며 자기의 유언대로 하여 줄 것을 간곡히 얘기를 해서 아버지가 불쌍해서 잠시 헤어져 살다가 아버지가 돌아가시면 다시 화합하자는 제안이었습니다. 주님은 그 부자의 악한 계획을 아시고 어이없이 당할 내가 불쌍하여 그로 인해 당하는 고통의 무게가 너무도 과중하기 때문에 한 달을 나누어 고통을 겪게 하신 후 그 일이 더 구체화 된 후 나를 남편 곁에게 떠나라고 말씀하셨습니다. 떠나기 전에 이웃의 한 여자가 전해 주는 말이 남편의 상대가 빨간 머리의 여자라는 것이었습니다.

비록 실제가 아닌 꿈속이었지만 나는 주 예수님의 말씀을 철썩 같이 믿었습니다. 그리고 담대하게 헤어질 것을 결심했습니다. 그리고 내가 미국에 들어가면 당분간 홀로 서기 전까지 도움이 필요하여서 남편에게 나를 도와주어야 한다고 말을 했습니다. 남편은 자기의 수입의 삼분의 이를 내게 매달 주기로 종이에 써주고 서명을 해 주었습니다. 그리고 눈물을 흘리면서 자기없이 건강하여 달라고 했습니다. 나는 그 종이를 군 목사님과 나를 보았던 정신과 의사에게 보여 주었습니다. 그들은 남편이 서약한 종이를 바탕으로 법적으로 별거를 작성하여 별거를 하게 했습니다. 그들의 말에 의하면 다른 사람들의 경험으로 미루어보아 법적이 아니면 때로는 속수무책으로 여자가 당한다고 했습니다. 그래서 법적인 보호를 받아야 한다고 했습니다. 내가 법적인 별거를 하고 군부대에서 주는 비행기 표를 가지고 짐을 모두 부친 후 아들과 남편과 함께 비행장에 도착했습니다.

내가 비행장에서 남편과 헤어져서 아들과 함께 열 걸음도 채 걷기 전에 나는 내 몸의 병이 떠나갔다는 것을 알게 되었습니다. 그 후 시편 23편은 나의 새로운 삶의 지팡이가 되었습니다.

여호와는 나의 목자시니 내가 부족함이 없으리로다. 그가 나를 푸른 초장에 누이시며 쉴만한 물가로 인도하시는도다. 내 영혼을 소생시키시고 자기 이름을 위하여 의의 길로 인도하시는도다. 내가 사망의 음침한 골짜기로 다닐지라도 해를 두려워하지 않을 것은 주께서 나와 함께 하심이라. 주의 지팡이와 막대기가 나를 안위하시나이다. 주께서 내 원수의 목전에서 내게 상을 베푸시고 기름으로 내 머리에 바르셨으니 내 잔이 넘치나이다. 나의 평생에 선하심과 인자하심이 정녕 나를 따르리니 내가 여호와의 집에 영원히 거하리로다.(시 23:1-6)

어느 날 우연히 알게 된 옛날 직장의 동료가 준 또 다른 옛날 친구의 연락처로 전화가 연결이 되어서 통화를 하는 중 서로 보고 싶은 마음에 그 친구가 자기 집에 오라고 간청에 간청을 하는 바람에 플로리다 멜본에서 플로리다 템파로 아들과 동에서 서로 네 시간의 짧은 여행을 했습니다. 우리 모자가 도착하였을 때는 그곳은 장마로 오통 물난리를 겪고 난 후라 거리가 지저분했습니다. 지도와 주소로 찾은 친구의 집은 그렇게 힘들지 않았습니다. 연약한 체력이라 무척 피곤하기가 이루 말할 수 없었지만 서로 상봉하니 기쁘고 반갑기가 그지없었습니다. 그날이 마침 수요일이라 일찍 저녁을 끝낸 후 친구가 자기가 다니는 교회에 가자고 권하였으므로 피곤을 무릅쓰고 그 친구를 좇아 그 친구가 다니는 교회를 갔습니다. 질척한 거리를 이리 누비고 저리 누비면서 그 친구의 교회에 도착했습니다. 우리는 차를 교회 가까운 곳에 주차를 하고 교회로 걸어 들어가면서 서로 얘기를 했습니다. 그 친구는 기쁨으로 교회를 다니며 담임 목사님의 말씀에 은혜가 된다고 말했습니다.

친구와 나란히 교회를 들어서려고 교회 문에 발을 디디었을 때 순간 교회 안쪽에 계신 목사님을 단번에 누구인지 알아보았습니다. 그분은 내 생애에 몇 번 보았을 뿐 기억을 쉽게 하기란 너무 긴 세월이 흐른 뒤였습니다. 그것도 나의 이십대 초였을까 그때 나는 사춘기로 나 자신의 삶의 진로로 방황을 하고 있었을 때였습니다. 그때 목사님의 교회에서 부흥회가 있어서 가족들과 함께 참석하였던 교회 목사님이셨습니다. 그리고 그 교회의 부흥회 때 알 수 없는 성령의 바람으로 내가 입신을 한 기억이 되는 어언 십삼 년 수년이 훨씬 지난 세월이었습니다. 그럼에도 불구하고 나는 그분을 한순간에 알아보았습니다. 그리고 더 기이한 일은 그 목사님이 또한 나를 내가 누구인지를 영적으로 알아 보셨습니다. 교회 안에 계신 목사님과 교회 문에서 들어서려는 나의 거리는 서로 친분이 있는 사이가 아니고는 오래 잊었던 사이의 얼굴들을 쉽게 알아볼 수 있는 거리는 아니었습니다. 그러나 목사님은 나를 분명히 영적으로 알아보셨고 나도 역시 분명히 영적으로 목사님을 알아보았습니다. 나를 알아본 목사님은 갑자기 소리를 내어 엉엉 우셨습니다. 목사님의 그런 모습을 성도들에게 보이게 하셨을 때는 교회 문을 들어서려는 나의 모습에서 무엇을 보신 것 같았습니다. 목사님에게 비친 나의 모습은 무엇이었을까, 왜 목사님은 신도들조차도 아랑곳 하시지 않고 그렇게 서럽게 우셨을까, 마치 부모님상을 당하신 것처럼 비통하게 우셨을까, 때로는 영적인 세계에 대하여 생각하면 신비하기도 하지만 그와 함께 그때를 생각하면 왜 나는 이런 경험들을 해야 할까 하는 나에 대한 의문을 가지게 됩니다.

그곳에서 목사님 어머니이신 전도사님을 보게 되었습니다. 나는 나를 소개를 하고 반가워하면서 손자들도 같이 미국에 왔느냐고 여쭈어 보았더니 전도사님이 머뭇머뭇거리시며 아직 한국에들 있다고 대답하셨는데 얼굴에 지나치게 경계심과 두려운 내색을 하셔서 더 이상 묻지를 못 했습니다. 목사님이 너무 슬픔에 젖어 우셨으므로 예배를 인도를 하실 수 없어서 우리는 그만 헤어지고 말았습니다. 돌아오는 길에서 내 안에 있는 영안이 떠지는 경험과 또 목사님도 나와 같은 경험을 하신 것에 대해 나는 마음속으로 생각을 했습니다. 이 세상과 하나님의 세계는 분명히 있다는 것을 더욱 확신했습니다. 피곤을 무릅쓰고 찾아간 교회였건만 슬픈 해후상봉을 한 것 같았습니다. 인사를 마치고 막 교회를 떠나려고 할 때 전도사님이 언제 집에 돌아가느냐고 물으시기에 나의 어머니가 돌아오는 토요일에 한국에서 초청이민이 되어 오시기 때문에 내일 떠나야만 한다고 말씀을 드렸습니다. 그때 전도사님이 적어준 전화번호를 가방에 집어넣고 친구 집에 돌아갔습니다.

그 이튿날 친구 남편의 호의로 잠간 템파 나들이를 하고 친구 집에 돌아가는 길에 친구 남편이 운전을 하고 나는 친구 아들들과 내 아들과 뒷좌석에 타고 친구는 앞좌석에 탔습니다. 갑자기 첨벙하는 굉음과 함께 젖은 흙들이 사방으로 튀겨서 온통 차밖을 뒤범벅이 되었습니다. 그로 인해 앞 창문이 가려 친구 남편은 차를 빨리 몰 수가 없었습니다. 순간 일어난 일이라서 우리는 어리둥절하고 있었는데 그 친구의 남편이 "여보, 우리 하마터면 몽땅 깔려서 죽을 뻔했어." 라고 소리를 쳤습니다. 우리는 일시에 "왜요?" 라고 반문을 했습니다. 친구 남편은"차 뒤를 봐." 라고 소리를 쳤습니다. 우리는 차 창문 뒷쪽을 돌아보았습니다. 그래도 잠간은 달렸지만 젖은 흙으로 뒤범벅이 된 희미한 뒷차창 밖으로 보이는 육중한 부서진 기중기가 땅에 떨어진 것이 보였습니다. 그 길을 질주하던 차는 오직 친구 남편이 모는 차여서 다른 사람들에게는 피해가 없어서 다행이었습니다. 친구의 남편은 친구에게 당신이 그동안 교회에 열심히 다녀서 하나님이 우리들의 사고를 막아주셨고 우리들이 기적같이 살았다고 말을 했습니다. 그리고 친구에게 고맙다고 말을 했습니다. 우리는 모두 하나님의 보우하심을 목격하였으므로 하나님께 감사기도를 드렸습니다.

해가 지기 전에 집으로 돌아가야 하므로 부랴부랴 챙기고 친구는 잘 가라, 하고 나는 친구에게 잘 있어라, 하며 헤어져서 아들과 함께 차를 몰며 집으로 향했습니다. 얼마를 달렸을까 어느덧 '95 하이웨이(High Way)'가 멀리서 보였습니다. 플로리다는 습기가 높은 무더운 날씨였으므로 나는 지칠 대로 지쳐서 짐도 내리기 전에 아들하고 침실에서 몸만 들이댄 채 깊은 잠에 빠져들었습니다. 마치 뼈를 녹이는 듯한 곤한 잠이었습니다.

얼마를 잤을까, 잠결에 아들이 시리얼을 내입에 떠주면서 일어나라고 했습니다. 아마도 족히 하루를 넘게 잔 것 같았습니다. 아들은 자는 엄마를 깨우다 지쳐서 자기가 알아서 찾아 먹고 엄마 곁에서 혼자서 고물고물 놀다가 자는 엄마가 하도 일어나지를 못하니까 어린 생각에 엄마가 늘 저에게 하던 것처럼 시리얼을 우유에 담아 엄마를 먹여주고 있었던 것이었습니다. 정신을 차려서 일어나서 우리는 긴 목욕을 했습니다. 그리고 아침 겸 점심, 시간이 되어 저녁을 같이 챙겨 먹고 보니까 또 밤이 되었습니다. 그토록 자고도 우리는 그 이튿날 토요일 아침까지 잘 자고 일어났습니다. 서울에서 엄마가 오시면 내가 연약해서 짐을 나를 수가 없어서 이웃에서 사는 남편의 친구의 도움을 청하여서 같이 플로리다 멜본 비행장으로 나갔습니다. 고국을 떠난 지 불과 육년 가까운 세월이어서 엄마를 만나보니 반가웠습니다. 공항에서 엄마도 손자를 보시고 좋아하셨습니다. 아들도 처음 보는 외할머니를 보고 좋아했습니다. 우리는 엄마의 이민 짐을 싣고 공항에서 집으로 돌아 왔습니다.

우리 모녀는 이 얘기 저 얘기를 하다가 문득 엊그제 만났던 전도사님 생각이 나서 전도사님이 아들 목사님과 함께 템파에 사신다고 하고 전도사님께 받은 전화번호를 엄마께 드렸습니다. 엄마는 너무도 반가워서 단번에 전도사님께 전화를 하셨습니다. 그리고 당장 만나 보시기를 바랐습니다. 엄마는 우리 있는 멜본에서 템파의 거리가 서울 시내 거리이신 줄 아셨는지 당장 전도사님을 만나러 가시자고 재촉을 하셨습니다. 그러나 나에게는 연약한 몸으로 또 다른 여행은 무리한 요구였습니다. 그때까지도 나는 무리를 할 정도로 건강한 상태가 아니었기 때문이었습니다. 아무리 내가 거리가 멀어서 시간을 더 보자고 설명을 하여 드려도 엄마는 내가 당신을 모시고 템파에 당장 가지 않는 것에 대해 섭섭한 마음을 금하지 않으셨습니다.

엄마가 오신 지 일주일일까 열흘일까 쯤 되었을 때, 나는 어떤 알 수 없는 꿈을 꾸었습니다. 그 꿈의 내용은 내가 어떤 곳에 서 있었는데 그곳에 아주 집채만 한 감자가 있었습니다. 내가 하도 신기해서 그 집채만 한 감자를 돌아보면서 이 세상에서 이렇게 큰 감자는 본적이 없다고 말하면서 그 감자를 만지려고 하는데 커다란 굉음과 함께 그 감자가 마치 잘 드는 거대한 칼로 쪼갠 듯이 별안간 반이 쭉 쪼개졌습니다. 반이 쪼개진 감자 사이를 내가 기어 올라갈 때 감자의 싱싱한 국물이 감자 안에서 흘러내렸습니다. 감자를 기어 올라가 보니 감자 안에는 커다란 시커먼 벌레가 꾸물꾸물 움직이고 있었습니다. 감자 안에서 얼마나 오래 살았는지 커다란 벌레가 앉은 자리는 아예 시커먼 벌레집이 되어버렸습니다. 그만 기겁을 하고 몸을 비키려고 하는데 갑자기 요란한 전화의 벨이 울려서 꿈에서 깨어서 그리고 잠결에 전화를 받았습니다. 그때가 새벽 여섯시 쯤이었습니다. 전도사님이 템파에서 전화를 엄마에게 다급하게 하셔서 주무시는 엄마를 깨워 전화를 바꿔드렸습니다. 전화를 놓은 엄마는 템파에 당장 가자고 조르셨습니다. 그래서 왜 갑자기 템파에는 가야 하냐고 물어 보니까 목사님이 갑자기 심장 마비로 돌아가셨다고 하셨습니다.

엄마가 아무리 졸라도 나는 그곳에 지금 당장 갈 수 없다고 하면서 간밤에 꾼 꿈을 얘기하여 드렸습니다. 나의 꿈을 들으시고 꿈이 예사롭지 않음에 엄마가 입을 여셨습니다. 그것은 상상을 초월하는 목사님의 과거였습니다. 처음 목사님이 결혼을 하셨을 때 목사님의 준수하심에 처제가 열애를 하였으므로 본의 아니게 불륜의 관계에 이르러 처제가 임신을 하게 되었습니다. 그로 인해 언니 사모님이 급기야 목사님과 합의이혼을 하게 되었습니다. 그때 그 사모님은 임신을 하였다고 했습니다. 아무튼 언니 사모님에게 목사님 아들이 있고 또 처제에게도 목사님 아들이 있었습니다. 순간의 정욕을 자제를 못한 비극은 또 비극을 불러 일으켰습니다. 언니를 제쳐 놓고 차지한 형부는 남편이 아니고 언제나 형부였다는 것입니다. 되돌릴 수 없는 불륜의 비극으로 맺어진 인연은 본인들에게도 결코 행복을 허락하지 않았었다고 했습니다.

내가 그때 그 목사님의 교회에서 동생 군목 목사님이 부흥강사로 하실 때 그 부흥회에 참석 했다가 성령의 바람으로 입신을 하였고 입신에서 깨어난 후 나도 모르는 사이에 전도사님의 의견에 좇아 목사님 댁에 잠시 머물렀던 기억이 났습니다. 그때 나는 목사님 댁에서 얼굴 면적이 크고 붉고 노랗고 퍼런 얼룩덜룩한 색상을 한 얼굴만 보이는 마귀를 보게 되었던 기억이 났습니다. 그때 나는 거실 안쪽에 있는 컴컴한 벽난로 곁에 있었고 그 마귀는 햇빛이 쪼이는 환한 슬라이딩 문 밖에 있었습니다. 그때 그 마귀는 씨익 나에게 웃으면서 여유작작(餘裕綽綽)하게 나에게 농담을 하며 "이리 나오라"고 했습니다. 자기가 있는 곳이 화사한 꽃이 핀 작은 화단 곁이고 그리고 밝은 곳이라 나에게 자기가 있는 곳이 마치 자랑스럽다는 듯이 말을 했습니다. 세상에 태어나서 처음 보는 마귀의 모습에 나는 고함을 쳤습니다. 급기야 목사님 식구들이 모였습니다. 내가 더듬더듬 거리며 손으로 슬라이딩 문쪽을 가리키니까 왜 그러냐고 나를 다그쳤습니다. 내가 얼굴의 면적이 크고 붉고 노랗고 퍼런 얼룩덜룩한 색상을 한 얼굴만 보이는 마귀를 보았다고 하니까 전도사님은 당장 엄마께 연락을 하여 집에 되돌려 보내야겠다고 하셨습니다. 전도사님이 어느새 집에 연락을 하였는지 엄마가 곧 오셨고 그때 나는 엄마와 집으로 돌아가게 된 것을 기억합니다.

그리고 나는 그때 영문도 모르고 있다가 엄마를 다시 만날 때까지 아무것도 모르고 살았습니다. 그 후 전도사님은 성스러워야 하는 목사님 댁에서 내가 마귀를 보았다고 하니까 자신들의 사생활의 비밀을 은폐하기 위해 내가 마귀가 들렸다고 엄마에게 말을 했고 엄마는 그 말을 그대로 믿고 살았다고 했습니다. 너무도 기가 막힌 것은 엄마가 자기 딸이 안 지 얼마 안 돼는 전도사님이 마귀 들렸다고 하니까 그 말을 믿고 살았다는 이 엄마는 어려울 때마다 나에게 달려와서 도움을 청했던 엄마였습니다. 가슴에 알 수 없는 분노가 있었지만 모처럼 만난 만남이었기에 그냥 어처구니가 없어서 "허" 하고 그저 듣고만 있었습니다. 그때 불현듯이 깨우치는 마음이 있었습니다. 이런 부모님 밑에서 어떻게 내가 여태까지 감당하고 살 수 있었던가, 그것은 예수님이 나를 믿음으로 붙드셨기 때문이었다는 것을 어렴풋이 알게 되었습니다.

내가 마귀가 들렸다고 엄마에게 말을 해 모녀간에 보이지 않는 강을 심어준 그 전도사님은 결국은 어떻게든지 온몸을 다 해서라도 평생을 바쳐 사랑하는 자식을 위해 자식의 불행을 막아줄려 했었는데 마침내 하나님의 부르심을 입어 심장마비로 돌아가셨습니다. 목사님은 사랑하는 어머니와 세 번째 부인과 귀여운 딸을 뒤에 두고 홀연히 그들 곁을 떠났습니다. 때로는 맹목적인 사랑이 주는 사랑은 결코 위대한 사랑이 아니라는 것을 알게 되었습니다. 왜 이런 불행이 주님을 영접한 우리의 삶속에 일어날 수가 있는가를 생각해 봅니다. 하나님은 목사님의 운명하시는 것을 왜 내게 알게 하셨을까, 그리고 지금도 잊을 수 없는 것은 목사님이 나에게서 무엇을 보셨을까, 그때 왜 목사님은 그렇게 서럽게 우셨을까, 이런 물음의 의문이 꼬리에 꼬리를 물었을 때 살아계신 하나님은 당신을 기만하고 당신을 두려워하지 않는 우리의 빈껍데기의 신앙을 미워하셨습니다. 그리고 자신의 죄를 더 이상 부끄러워하지 않는 거듭되는 우리의 죄악을 결코 용서치 않으신다는 것을 알게 되었습니다. 우리가 우리의 죄를 회개할 때 우리는 거듭되는 죄악을 짓지 말아야 하고 하나님 아버지를 마치 업신여기듯이 반복되는 죄를 삶속에서 우리는 스스로 다스리려는 경건의 훈련이 절실히 필요하다는 것을 깨달았습니다. 그래서 돌아가신 그 목사님과의 짧은 만남을 통해 겪은 이 교훈은 필히 글로 표현되어 사람들에게 읽혀져야 하는 예수 그리스도께서 주신 나의 의무가 있음을 고백합니다.

⑥ 직장과 학교 그리고 이혼모의 생활
🎈 1986년~1987년 이야기

　아들과 독일에서 미국으로 돌아온 후, 우리가 미국을 떠나기 전에 살던 집으로 돌아와서 살면서 직장을 구하러 다녔지만 아무도 나에게 직장을 주지를 않았습니다. 그동안 남편과 함께 살면서 병중에 집에서만 있었으므로 아무 일한 경력이 없었습니다. 미국에서는 직장을 구하려면 일을 했었던 경력이 있어야 하는데 오랫동안 일한 경력이 없었으므로 직장을 구하는 데 막막하기만 했습니다. 미국에 들어와서 얼마간 직장이 없었던 중 세븐일레븐에서 종업원을 구하였으므로 그곳에 이력서를 넣고 기다렸다가 직장을 구하여 세븐일레븐 스토아에서 일을 하기 시작했습니다. 그곳에서 일을 하면서 전자회사에 들어가기 위해 저녁이면 가까운 컬리지에서 일렉트로닉 클레스에 들어가서 공부하여 사십팔 시간 수료증을 취득하였으므로 전자회사에 이력서를 낼 수 있었습니다. 전자회사에서 드디어 나에게 전화를 하여 인터뷰를 하기를 원했습니다. 나는 뛸 듯이 기뻤습니다. 그리하여 세븐일레븐 스토아보다 더 수입이 많은 전자회사에 들어가 일할 수 있는 기회가 생겼습니다.

　전자회사를 처음 다니기 시작했을 때 그곳에서 갓 입사한 우리에게 회사 중역 중의 한분이 제시한 한마디는 우리들을 잠시 긴장하게 했습니다. "앞으로 칠년 후에 여러분은 어떤 사람이 되겠습니까? 우리 회사에서는 'COLLEGE PROGREAM'이 있습니다. 낮에는 열심히 일을 하고 틈틈이 자신의 힘을 키우십시오. 그것은 배우는 자만이 가질 수 있는 힘입니다." 나의 두 눈에는 반짝하고 빛이 났습니다. 그리고 직장을 다니면서 틈틈이 가까운 컬리지에서 저녁 클레스를 다니기 시작했습니다. 대학을 가기 전 일종의 언어 코스와 일종의 GED 코스였습니다. 수업들은 읽기(English Reading), 쓰기(Writing), 역사(History) 그리고 수학 강의(Math Classes) 등이었습니다. 일주일에 두 번 저녁학교에 출석하면서 집에서 열심히 숙제를 했습니다.

그러는 가운데 나는 서울 집에서 자주 걸려오는 부모님의 전화의 요청에 의해 동생들의 이민을 위해서 엄마를 먼저 초청해야 하기 때문에 서류를 시작했습니다. 서울에 계신 아버지는 내가 혹시 가족이민에 동의를 하지 않을까 하여 염려하셨는지 온갖 감원이설로 가족이민만 성사되면 내게 일확천금을 내게 안겨 줄 것이라는 호언장담에 나는 그저 쓴웃음을 지을 수밖에 없었습니다. 불 보듯 훤히 들여다보이는 아버지의 몸부림을 보았기 때문입니다. 아버지의 거짓말로 나는 가족들의 실정을 직감할 수 있었습니다. 그러나 내가 살던 곳은 외국에서 이민을 하여 오는 곳이 아닌 여행객들이 모여드는 곳이기에 이민에 대해서 아는 사람들이 별로 없었습니다. 사는 곳에서 두 시간의 거리인 올렌도에 있는 관공서 이민국에 이민 서류를 전화로 요청을 했습니다. 그곳에 이민서류를 요청할 수 있었던 것은 그곳에서 내가 미국 시민권을 받은 곳이었기 때문입니다. 그 후 올렌도 관공서 이민국에서 이민서류가 왔었고 서류에 필요한 절차를 밟았습니다. 미국 시민권을 받았을 때도 역시 혼자 서류를 작성하여 보냈었고 혼자 시험을 보러 갔던 경험이 있어서 아무의 도움없이 서류를 작성하는데 대충 필요한 것에 대해 알고 있었다는 것이 이민서류 작성하는 데 도움이 되었습니다.

이런 과정 속에서 남편은 아이를 보러 독일에서 미국으로 나름대로 자주 들렀습니다. 그리고 겉보기에 건강해진 나의 모습에 남편은 기뻐하기보다는 의아해 했습니다. 그래서 남편은 알 수 없는 오해로 나를 추궁하기 시작했습니다. 그동안 자기가 얼마나 병간호로 힘들어 했었는데 자기의 보살핌 없이 이렇게 건강해질 수 있느냐고 의문을 가지면서 아마도 자기가 이혼이라도 해 주면 펄펄 날아다니겠다고 빈정대었습니다. 이렇게 남편이 자주 독일에서 미국으로 드나드는 것을 시아버지는 못마땅하게 보시고 생각다 못해 "Hit man"을 사기를 원해 동네에서 사는 남편의 친구에게 넌지시 의중을 떠 보았다고 했습니다. 아무리 친구의 아버지의 부탁이라 해도 그것은 엄연히 법에 저촉되는 일이고 특히 그것은 사람의 목숨을 좌우하는 일이고 보니 남편의 친구는 기가 막혀서 잠시 잘못 들었나 하여 차마 말을 잇지 못하고 시아버지의 얼굴을 바라보고만 있었다고 했습니다. 재차 시아버지의 독촉에 정신을 차려서 나는 그런 사람들을 모르고, 만에 하나 그 여자에게 무슨 일이라도 나면 자기가 바로 경찰에 신고할 것이라고 하였더니 시아버지는 혼비백산이 되어서 그에게서 떠나갔다고 했습니다.

그즈음 나는 삶은 게를 먹고 식중독에 걸려서 그 남편의 친구에게 도움을 청했습니다. 그 남편의 친구 부부는 나를 위해 구급차를 불러 주었고 아홉 대 주사를 맞고

난 후 병원에서 다시 집까지 데려다 주었습니다. 또 다른 이웃은 아이를 돌보아 주었습니다. 그때 병원에서 집으로 돌아오는 차 안에서 남편의 친구는 문조심을 잘하라고 하며 시아버지와 있었던 대화를 얘기를 해 주었습니다. 그리고 도움이 필요하면 언제든지 얘기하라고 했습니다.

그날도 남편은 독일에서 미국으로 들어와서 아들을 보러 왔습니다. 그러던 중 남편이 이혼을 제기하는 서류를 받았습니다. 서류를 보여주며 이혼을 원하냐고 물었습니다. 남편은 아버지가 암 말기이니 그냥 아버지의 의사에 따른 것이니 신경 쓸 것 없다고 했습니다. 그것은 오직 임시변통이니 참고 있으라는 것이었습니다. 그러나 나는 그때 구구하게 남편과의 결혼을 붙들고 싶지 않았습니다. 지나고 보니 왜 하나님이 우리의 결혼을 그토록 말리셨는가를 뼈저리게 겪었기 때문이었습니다. 사람을 속이고 속이면서 세상을 살고 싶지 않았습니다. 내가 남편과 합하면 그야말로 주 하나님도 원치 않으실 것이라 믿었습니다. 이혼을 하겠다고 응하자 남편은 두 눈이 붓도록 엉엉 울었다고 했습니다.

그리고 또다시 잠이 들었을 때 누군가가 나를 부르고 있었습니다. 부르는 소리에 돌아본 그곳에는 작은 크리스털 꽃병에 맑은 물에 담겨있는 빨간 장미꽃 한 송이였습니다. 꿈을 깬 후 변호사를 찾았으나 누구를 선정해야 할지 막막했습니다. 그때 국선변호사가 어떠냐고 전화속의 여자가 말했습니다. 그래서 그러라고 했습니다. 그리고 국선변호사를 만났을 때 남편을 헐뜯지 않았었고 되도록 남편의 편의대로 해줄 것을 요구했습니다. 국선변호사는 나를 물끄러미 바라보면서 "자기의 권리를 포기하면서까지 아이를 데리고 이혼을 해야 되겠습니까?" 하고 물었습니다.

이혼을 하려고 법정에 섰을 때 남편은 한 시간이나 늦게 와서 늦은 시간의 벌금을 내야 했습니다. 내가 남편을 보았을 때 그의 두 눈은 벌겠었고 얼마나 울었는지 두 눈이 퉁퉁 부어 보였습니다. 남편의 변호사는 애를 데리고 혼자 살아가는 이국의 여자의 불리한 입장을 법관에게 말을 하고 있었을 때 남편이 그것을 막고 반대를 했습니다. 그리고 내가 원하는 대로 주기를 법정에 간청을 했습니다. 시아버지를 비롯해서 모든 사람들이 이해를 하지 못했지만 나의 변호사와 법관은 자기들이 주관하는 우리 부부의 이혼이 결코 본인들의 의사가 아니었음을 직감했습니다. 그리고 법관은 말을 했습니다. 결혼이란 아이들의 장난이 아닌 진정한 사랑에서 하는 것이고 그 어떤 다른 이유가 두 사람 사이에 없어야 한다고 말을 했습니다. 그리고 이혼의 아픔으로 격어야 하는 아이들의 아픔을 실은 글을 남편이 우리 모자에게 자기 나름대로 주고자 하는 것을 내게 주게 했습니다.

법정을 나서는 길에서 국선변호사가 잠시 나를 불렀습니다. 그 이유는 법정을 같이 나가는 길에 변이 생길 것 같은 그의 불안의 배려였습니다. 그래서 결국 어언 육년의 결혼생활은 종지부를 찍고 이혼을 하고 헤어지게 되었습니다. 남편은 남편으로서 충실했지만 나의 시름시름 앓는 병과 여자로서 아내가 아닌 그저 아이 엄마였으므로 자의든 타의든 나에게도 책임은 있었기 때문에 남편에게 모든 책임을 묻지 않았고 미워하지 않았습니다. 남편의 생각의 결정으로 동의하여 이루어진 이혼이지만 세월이 갈수록 아이의 아빠가 이혼으로 겪는 고통을 보았습니다. 그 후 세월이 흐른 후 시어머니의 말에 의하면 자기의 잘못된 생각으로 한 가정이 무너졌다고 절규하는 것을 보았다고 했습니다. 물론 그의 생각의 잘못으로 헤어진 이혼이었지만 나는 그와의 결혼을 붙들고 싶지 않은 나의 결정도 있었습니다. 나는 나의 아픔을 그를 용서하는 마음과 함께 모두 주님께 드렸기에 주님의 치유가 내게 있었습니다. 그러나 그에게는 믿음이 없었기에 후회와 아픔이 있었습니다.

이혼 후 아무의 도움없이 이민서류를 수속하고 기다리고 있던 중 엄마의 이민서류 수속 중 내가 버는 수입이 너무 낮아서 미국말로 "RED TAPE"에 걸렸을 때 플로리다 주 상원의원의 친절하신 도움으로 엄마의 이민서류가 속히 진행되었습니다. 미국이란 나라는 방대한 것 같지만 국민을 위해 정치를 하는 나라란 것을 실감할 수 있었던 것은 아무 연고도 없는 작은 나에게도 도움을 줄 수 있는 나라인 것에 미국에 정착하여 미국 시민권자가 될 수 있었다는 것에 진실로 하나님께 감사드리며 정직하게 성실하게 살면서 작은 일원이지만 국민으로써 충실할 것을 마음속으로 더욱 다짐했습니다. 이런 과정 속에 "RED TAPE"에 걸린 서류 중에 마이에미 이민국에서 나와 면담을 요청했습니다. 아들을 어린이 집에 맡긴 채 살던 곳에서 다섯 시간 반을 운전을 하여 그곳을 찾아 헤매면서 물어물어 찾아 갔던 중 좋은 사람들을 만나 면담을 하고 집으로 돌아오게 되었지만 너무 늦은 시간이라 아이를 맡은 사람 중 백인 여자분 한 분이 늦을 것 같다는 나의 전화에 자기 집으로 잠시 데려고 가서 있겠다고 하여 늦은 저녁에 그분 집을 찾아가서 아이를 찾아 왔었고 그 후 그분과 좋은 인연이 되어서 그분 가족과 같은 대우를 받으며 도움을 받았고 삶을 격려 받았던 기억이 납니다. 이국의 여자에게 친절했던 그분의 가족들은 모두 진실한 크리스천이었습니다.

엄마의 이민 서류로 동분서주 끝에 다니고 있었던 회사에서 정부와 계약이 끝나서 잠시 회사에서 고용인 인원을 줄이는 대상에서 내가 포함이 되었습니다. 사실 연약한 체력이라서 아이와 함께 아침을 준비하여 집을 나가서 아이를 어린이집에 내려놓고 한 시간을 운전을 하고 회사를 가는 것은 무리였고 그 당시에는 별 다른 방법이 없어서 다녔지만 일단 그곳에서 일을 다녔던 경력이 있었기에 집에서 가까운 곳을 물색할 수 있었습니다. 여러 회사에 이력서를 넣고 기다리던 중에 집에서 15분 거리의 장소에 직장이 되었습니다. 새로운 직장에 다니면서도 학업을 계속 할 수 있었습니다. 그 후 먼저 다녔던 회사에서 다시 나올 수 있느냐고 연락이 왔지만 거절을 하고 직장을 계속 다녔습니다. 새로운 직장에서도 똑같은 COLLEGE PROGREAM이 있어서 학교도 계속 다닐 수 있었기 때문에 거리상 두 번째 직장에 결정을 할 수밖에 없었습니다. 나에게는 직장과 어린이집 그리고 교회 또 도서관과 그로서리 쇼핑쎈터로 하루의 일정으로 꽉 짜여 있었습니다. 그래도 불평할 수 없었던 것은 소망 가운데 학교를 다녔고 또 씩씩하게 살 수 있었던 것은 미래의 꿈이 있었기 때문이었습니다. 이웃에서도 저녁이면 아이를 데려다가 봐주는 편리까지 받기도 하며 학교에 열심히 다녔습니다. 때때로 힘이 들었고 체력이 달려서 아팠지만 그래도 현실을 이길 수 있었던 것은 미래의 교회를 찾아야겠다는 일념과 또 아들에 대한 책임감이었습니다.

그러던 어느 날 한국에서 전화로 기별이 왔습니다. 엄마가 미국에 오실 준비가 되어 곧 오실 수 있다는 연락이었습니다. 플로리다 상원의원의 도움으로 꼭 두 달 만에 오실 수 있는 엄마의 이민이었습니다. 마음은 기뻐야 하는데 되레 착잡했습니다. 엄마와 나는 남들의 모녀지간처럼 다정다감한 사이가 아니었기 때문이었습니다. 나에게 마음의 상처만 안겨 주었던 엄마, 그리고 무거운 삶의 짐만 지어 주었던 엄마와 살아야 하니까 조금은 고민이 되었습니다. 그러나 그것이 동생들에게 새로운 세상을 열어 줄 수 있는 계기가 될 수 있는 일에 누나로서 언니로서 감수해야 하는 일이기에 그저 마음을 다스리며 주 하나님께 기도만 할 수밖에 없었습니다. 시간은 바삐 지나 드디어 엄마가 가까운 날짜에 오신다는 전갈을 받았습니다. 그때 나는 체력의 장애로 인해 직장에 짧은 휴가를 내고 있는 동안에 전에 친하게 지냈던 친구가 네 시간 거리의 서쪽 지역 플로리다 템파에 친구를 방문하기 위해 짧은 여행을 다녀온 후였습니다. 그 곳에서 아주 오래 전에 잠시 다녔던 교회의 목사님의 가족을 보는 기회가 될 줄은 상상조차도 하지 않은 채 그곳으로 친구를 보러 갔습니다. 그때 그곳에서 엄마와 절친

했던 목사님 어머니인 전도사님도 뵈었습니다. 전도사님은 엄마가 곧 미국으로 들어오신다는 나의 말에 전도사님의 전화번호를 주셨습니다. 드디어 엄마는 미국으로 이민을 오셨고 예상대로 우리 두 모녀는 보이지 않는 갈등으로 하루하루를 살았습니다. 전처럼 나는 엄마의 요구대로 엄마에게 돈을 넉넉히 드릴 형편이 아니었기에 드릴수가 없는 실정에 엄마는 나의 궁핍한 생활을 이해하려 하지를 않았습니다. 내가 이혼을 했다는 사실에도 딸인 나를 감싸 안기보다 내가 부족하여 그랬다고 신랄하게 비난을 했습니다. 다정다감한 모녀지간의 사이가 아니었기 때문에 마음 한구석으로 걱정을 했었고, 또 스스로 감당하리라 결심도 했지만 정신적으로 너무도 감당하기 힘들어서 다니던 학교도 중도에서 쉬게 되었습니다. 모녀의 갈등 중에 내가 엄마를 위해 전도사님을 보러 엄마와 함께 템파로 가지 않은 갈등도 있었습니다. 엄마는 내성적인 성격이여서 마음속으로 섭섭함을 안고 사시기 때문에 그런 점으로 인하여 후에 형제들에게까지도 갈등을 가지게 하셨습니다.

넉넉지 못한 생활은 엄마에게는 부끄러운 딸이 되었습니다. 그즈음 새로운 한인 개척교회가 생겼었는데 엄마로 인해 개척 교회를 같이 다니게 되었습니다. 사람들 눈에는 그래도 집을 지니고 살고 있었으니 돈이 있는 여자로 보였는지 모릅니다. 그러나 나에게는 궁색한 살림 속에 엄마가 심심해서 가꾸시는 플로리다 모래텃밭에 끊임없이 뿌리는 비료비와 엄마에게 적은 용돈을 드리고 어린이집에 아이 보는 돈을 주다보면 하다못해 일불도 채 안 되는 설거지 그릇 닦는 돈도 없어 가루 빨래비누로 설거지하는 생활인 줄도 모르고 엄마는 내가 십일조 생활을 안 한다고 추궁을 했습니다. 그러한 엄마에게 내가 엄마를 어디까지 이해를 해야 할지 난감할 때가 한두 번이 아니었습니다. 엄마는 전혀 내 생활의 현실을 이해하려 하지 않으셨습니다. 왜냐하면 전처럼 엄마가 말만하면 그 돈을 엄마 손에 쥐어주는 딸이 아니었기에 이해하기보다는 나에게 바가지를 긁는 엄마가 되셨습니다.

이러한 내 생활에 엄마는 어느 날 목사님 내외를 대동하시고 살고 있는 집을 심방을 하셨습니다. 심방을 마친 후 사모님이 나에게 개인적으로 하실 말씀이 있다고 하셨습니다. 그래서 우리는 아들의 방으로 들어가서 얘기를 하기 시작했습니다. 사모님의 말씀이신즉 내가 왜 십일조 생활을 안 하고 있는지 물으셨고 내가 이혼 이후 궁색한 살림을 하노라고 할 수 없었다고 답변을 하자, 그 사모님은 어떤 신도의 생활을 예외로 말씀하시면서 그 신도의 삶을 닮으라는 기가 막힌 얘기를 하셨습니다. 그 신도는 남편과 헤어져서 살길이 막막하여 사우나탕에 취직하여 손님들에게 마사지도 하여주고 떼도 밀어주고 심지어는 매춘까지 하여 버는 돈으로 십일조 생활을 하면서 교회에 봉사한다고 했습니다. 나는 그 사모님의 두 눈을 똑바로 바라보면서 "그 여자는 나처럼 자식이 없으니까 삶에 부끄러움 없이 막 살아도 되겠지만 나는 자식을 키우는 부모입니다. 자식을 가진 부모는 부모답게 열심히 일해서 버는 돈으로 자식을 위해 사는 것입니다. 그리고 하나님은 우리보다 부자이시기 때문에 그런 불쌍한 여자의 돈을 바라시지 않으십니다."라고 말했습니다.

그 사모님은 지혜롭지 못한 사모였습니다. 내 아들이 미국 사람과 사이에서 낳은 아이라서 내가 과거에 그런 거친 삶을 살았는 줄 알고 짐작하여 막말을 하고 있었습니다. 내 두 눈에서는 눈물이 흘렀습니다. 목자의 사모로서 엄청난 말을 하여 한 어린 양을 실족의 길로 몰고 가려는 사실을 실감하지 못하는 기존의 양심조차 없는 사모는 자기가 한 말에 부끄러움이 무엇인지 또 창피가 무엇인지도 모르고 사과 조차없이 내 집을 떠나가고 있었습니다. 그리고 목사님은 막 차를 타시기 전에 엄마에게 "앞으로 언제인가는 권사님은 하나님께 부끄러운 기도를 골방에서 하시며 우실 날이 있을 것입니다." 하며 예언 비슷하게 말을 하셨습니다. 내게는 마치 십일조도 못해 자식을 잘못 키워서 그런 일이 생길 것이라고 들렸습니다. 성경은 수없이 바른 삶에 대하여 얘기하며 사람들을 말씀 안에 거하기를 누누이 전하고 있습니다. 그러나 엄마는 궁색한 딸을 사랑으로 감싸주고 이해하지 못하고 가난한 것이 부끄러운 딸로 목사님을 대동하시고 심방하면서까지 상처를 주시면서 나에게 전하고자 하시는 메시지는 뼈아픈 말들이었습니다. 그 후 나는 더 이상 그 교회를 다니지를 않고 엄마만 모셔다 드리고 모셔오곤 했습니다.

어느 주일날 그날도 엄마를 모시러 그 한인교회를 갔습니다. 그때 그곳에서 한 신도를 만났습니다. 그 여자는 나에게 나는 교회에 십일조를 못 내서 천국에 못가고 자기는 매번 십일조를 하여 천국갈 것이라 말을 했습니다. 어느새 나는 십일조도 못하는 신도로 낙인이 찍혀 별 희한한 소리를 신도들 사이에 듣게 되었습니다. 한마디로 교회에서 소문으로 신도들 사이에 십일조 못내는 나를 왕따로 만들고 있었습니다. 입안이 씁쓸했습니다. 교회라고는 그곳에서 달랑 하나이니 엄마에게 강권적으로 다니시지 말라고 할 수 없어서 그런 수모를 겪으면서 엄마를 교회에 다니시게 했습니다. 엄마도 역시 신도들에게 그런 대우를 받았을 것이라고 짐작했습니다. 그래서 어느 날 목사님 내외를 대동하시고 나를 심방하셨던 것을 기억합니다. 헌금의 출처는 그것을 다루는 사람들만이 알 수 있겠지만 그것을 논하면서 보이지 않는 가시의 눈길을 던지는 교회와 신도들은 과연 그들이 바라는 천국의 의미는 무엇인가 돈만 있으면 천국행은 기차표나 비행기표 같이 살 수 있다고 생각하는 잘못된 믿음과 신앙을 심어주는 믿음이 없는 목자의 잘못이라고 지적하고 싶었습니다. 적어도 내가 다녔던 미국교회에서는 그래도 내 마음에 평안을 주었습니다. 절대로 내가 돈이 없다고 업신여기는 사람도 없었고, 또 내가 타민족이라고 불쾌하게 생각하지도 않았습니다. 그들은 언제나 친절했습니다. 같은 동족끼리의 갈등은 타동족에게 받는 설움보다 더욱 깊은 상처를 줄 수 있습니다. 그것을 나는 나의 동족에게서 받았고 가족의 일원인 나의 엄마에게서 받은 것입니다. 그들의 잔인함은 한 영혼을 나락의 끝으로 충분히 몰고 갈 수 있었습니다. 하늘에 계신 하나님 아버지는 이런 눈먼 믿음을 외식하는 자로 바리새인의 예를 두고 말씀하고 계셨던 것을 그들은 알고 있었는지 그리고 그 후 사람들의 환심을 사기 위해 나는 위선된 헌금을 그들처럼 교회에 하지 않았고 비록 헌금할 돈이 없더라도 떳떳하게 교회에 가서 예배하는 내가 되기를 맹세했습니다. 이런 나의 꿋꿋함에 주님의 은혜가 늘 함께하셨습니다.

이것이 곧 적게 심는 자는 적게 거두고 많이 심는 자는 많이 거둔다 하는 말이로다. 각각 그 마음에 정한 대로 할 것이요 인색함으로나 억지로 하지 말지니, 하나님은 즐겨 내는 자를 사랑하시느니라.(고후 9:6-7)
너희가 모든 일에 부요하여 너그럽게 연보를 함은 저희로 우리로 말미암아 하나님께 감사하게 하는 것이라.(고후 9:11)

7 또 다른 고통과 함께

1987년~1993년 이야기

이민 초청을 하려는 한국의 가족에게서 수시로 연락이 오는 것은 자기들의 서류는 다하였는데 내가 보내는 서류에서 내가 버는 수입이 너무 적어서 서류가 안 되고 있으니 신원 보증 후원자를 찾아보라고 독촉이 왔습니다. 백방으로 노력하며 신원보증 후원자를 찾아보았으나 아무도 나를 위해, 나의 가족들을 위해 신원보증 후원을 선뜻하여 주지를 않았습니다. 그러던 차 같은 직장에 다녔던 직장동료 중 한국에서 온 혼자 사는 여자가 재산이 있어 보여서 간절히 부탁을 했습니다. 그러나 한마디로 안 된다고 했습니다. 그래서 우리 두 모녀는 매일매일 고민을 했습니다. 엄마에게 내 힘으로는 능력 밖이니 어쩌면 좋을지 모르겠다고 했습니다. 엄마도 역시 걱정이 앞서서 금식기도를 하며 하나님께 기도로 간구를 하셨습니다. 우리 두 모녀는 오직 모든 것을 하나님 앞에 내려놓고 울며불며 기도로 간구했습니다.

그러던 어느 날 나는 꿈을 꾸었습니다. 그곳은 비바람이 몰아치는 폭풍의 거센 물결의 밤바다였습니다. 칠흑같이 검은 밤바다 한가운데에서 바다 저쪽 반동강이가 난 집에 매달려 있는 식구들은 엄마와 한국에서 올 동생들이었습니다. 그리고 내 쪽에 매달려 있는 사람은 나와 아들이었습니다. 어디서 들려오는 남자의 잔잔한 음성이 있었습니다. "네가 이 고통을 감당할 수 있겠느냐?" 하였을 때 꿈속이지만 순간 이런 고통 없이는 동생들이 올 수 없음을 영적으로 직감하게 되었습니다. 그래서 "예, 아바 아버지. 제가 감당하겠습니다." 하였을 때 땀으로 흠씬 젖은 채 잠에서 깨었습니다.

꿈에서 깨어나서 출근 준비를 하기 전에 몹시도 목이 말라서 부엌으로 가서 생수를 마시려는 중 엄마와 얼굴을 맞닥뜨리게 되었습니다. 엄마는 의기가 상실 된 채 허탈한 얼굴로 부엌 쪽 슬라이딩 문 옆에 앉아 계셨습니다. 내가 냉장고에서 물을 꺼내 물컵에 물을 따르려는 순간 엄마를 보았을 때 엄마는 어느새 머리를 풀어 헤치고 정신

나간 사람처럼 빈 도마에 칼질을 하셨습니다. 하시는 모습이 너무도 처참하고 무섭고 놀라서 엄마를 붙들고 왜 이러시냐고 물었습니다. 엄마는 엉엉 우시며 아무도 네 동생들을 위해 신원보증을 서주지 않으면 네 동생들은 미국에 올 수 없다고 하셨습니다. 엄마의 얼굴은 비참할 정도로 일그러져 있어서 마치 다른 사람의 얼굴을 보는 것만 같았습니다. 그때 엄마는 "너는 한번 결혼을 하였으니 또 할 수 있지 않니?" 한마디로 이왕에 버린 몸이니 또 버려도 무방하지 않겠냐는 잔인한 요구였지만 차마 반박할 수 없었습니다. "결혼을 해서 새사람의 버는 수입과 네 수입으로 서류를 할 수 있댄다. 그러면 네 동생들이 곧 미국에 올 수 있댄다."

순간 스치고 지나가는 사람의 얼굴이 있었습니다. 그 사람은 바로 내가 동생들의 이민을 위해 신원보증 후원자를 찾고 있었던 중 같은 직장동료였습니다. 동생들의 이민을 위해 신원보증 후원 때문에 엄마와 같이 그 집에 간 적이 있었고 그래서 엄마와 서로 안면이 있어 내가 없었을 때 가끔 엄마에게 놀러와 말벗을 해줬다는 그 여자의 얼굴이 떠올랐습니다. 이치와 상식을 벗어난 일이라서 감히 생각조차 하기 싫었던 일이였지만 막상 엄마의 입으로 듣고 보니 기가 막혔습니다. 동생들을 위해 위장결혼을 강요당하는 이유 중 하나는 같은 직장에서 한 이혼 남자가 있었는데 내가 거들떠도 안 보니까 나에게 청혼을 넣기 위해 그 여자와 같이 우리 집에 같이 놀러 와서 엄마와 사귀었다고 했습니다. 엄마는 그 남자를 얘기하고 있었습니다. 곰곰이 생각을 하니 내가 꾸었던 꿈이 바로 내가 해야 할 희생이었습니다. 내가 아무리 희생을 해서 동생들을 이곳에 데려다 놔도 나는 역시 철저한 식구들의 외인이라는 것을 하나님은 꿈으로 염두에 두게 하셨지만 그 모든 희생을 하더라도 동생들의 앞날을 더 걱정했으므로 엄마에게 그러마고 약속을 해 주었습니다. 그때 엄마는 도살장에 끌려가듯 마음에도 없는 남자에게 시집을 가겠다고 하는 내게 고마워했습니다. 그래서 이 은혜는 잊지 않겠다고 거듭 나에게 말을 하면서 나를 붙들고 엉엉 우셨습니다. 나도 역시 의무로 겪어야 하는 나의 모진 인생 앞에 눈물이 나왔고, 생각지도 않았던 이유로 결혼을 결정을 하니 서러워서 엉엉 울 수밖에 없었습니다. 타의에 의해 내어 맡긴 두 번째 결혼이었지만 나는 식구들을 사랑하였으므로 되도록 엄마를 미안하게 하지 않게 했습니다.

나는 나의 앞날을 꿈으로 어렴풋이 알고 있었지만 인생의 방향을 바꿀 만큼 힘이 없었기 때문에 그저 도살장에 끌려가듯이 환경에 지배를 받으면서 수동적으로 끌려

가듯이 살았습니다. 그런 절박했던 시간들이 지나고 얼마후 그 사람과 나는 결혼을 약속했습니다. 그리고 결혼 수속이 끝나는 대로 지난해에 했던 그 사람의 Income Tax를 받아 복사를 해서 한국에 보냈는데 동생들의 비자가 만기가 되기 직전이 바로 88년 올림픽 때였습니다. 정말 기상천외로 위기를 모면하고 동생들은 하나님의 도움으로 나를 통해 미국에 들어올 수 있었습니다. 그때의 나의 희생을 주 하나님은 기억을 하셨습니다. 절박했던 그때였기에 오직 형제로서 자매로서 하나님께 진심으로 감사드렸습니다. 그리고 모든 것을 주 하나님 아버지께 나를 맡길 수밖에 없었습니다.

　일단 동생들이 미국에 들어온 후에도 역시 시련의 연속이었습니다. 동생들이 미국에 들어오자마자 엄마의 태도는 돌변했습니다. 내가 아는 엄마의 존재는 기댈 수 없었고 믿을 수 없었던 이기적인 엄마였던 것을 이미 수년전에 경험했기에 엄마의 저돌적인 태도에 짐작은 하고 있었지만 이것 역시 내게는 정신적으로 감당할 수 없는 고통이었습니다. 가족들의 편의를 위해 집을 식구들에게 내어주고 새 남편과 나는 임시로 가까운 이웃에 셋방을 살아야 했습니다. 빈손으로 미국에 이민 와서 내게 모든 것을 매달리는 식구들을 못마땅해 했습니다. 그들을 어디 멀리 보내라고 하며 나를 독촉하는 새 남편과 나에게 불평불만으로 가득 찬 식구들 사이에서 정신적인 고통과 체력의 고통을 당하고 있는 가운데 결국 목디스크가 생기고 말았습니다. 목디스크로 인해 소화불량과 마치 망치로 내려치는 듯한 두통, 눈의 시력이 저하되는 고통을 매일 매일 감당하며 살아야 했습니다. 죽을 것만 같은 고통의 하루하루를 보내는데 식구들은 마치 감정도 없고 사랑도 없는 듯이 나만 보면 내 결점만을 지적하며 질타를 했습니다. 그들이 가지고 온 돈이 없었으므로 여러 부실한 직장에라도 넣어 미국 생활에 적응하게 해야만 했습니다. 그리고 운전면허를 따야 하므로 내차로 운전연습도 시켜서 면허들을 따 주게 하고, 법적인 절차를 밟아 주어서 법적으로 하자없이 해야 하므로 그들을 데리고 동분서주하며 분주하게 살아야만 했습니다. 그러나 그들은 그러한 모든 번거로움조차 나에게는 원망의 요소들이었습니다. 그날 그 한국 직장동료의 아이디어로 새 남편은 나를 저소득층이 사는 곳으로 식구들을 이사시키면 어떠냐고 했습니다. 그리고 그것을 알선해 줄 수 있는 사람은 그 한국 직장동료의 이웃사람이라고 하며 나보고 찾아가 보라고 했습니다. 어떤 곳인지도 모르고 고개가 땅에 닿게 숙이면서 비굴하게 허락받아 찾아 간 곳은 겉으로 보기에는 깨끗한 빨간 벽돌집 새 양옥집들이었습니다. 바로 유색인종들이 살고 있는 곳이었습니다.

집으로 돌아온 후 막내 여동생이 반기를 들었습니다. 그리고 식구들은 나를 에워싸고 엄마를 비롯하여 나에게 반항을 하면서 왜 자기들을 미국으로 불렀냐고 추궁을 했습니다. 그것은 생과 사의 기로에선 사람들의 아비규환 자체였습니다. 나는 너무도 지쳤고 감당할 수 없어서 순간 밖으로 뛰쳐나갔습니다. 그리고 울며불며 하나님 아버지를 불렀습니다. 내 기도를 들으셨는지 내 아픔의 소리를 들었노라고 위로해 주셨습니다. 두려움에 나는 정신을 가다듬고 집 안으로 들어갔을 때 식구들 모두 부엌의 슬라이딩 문을 통해 뒤꼍 쪽에서 마른하늘에 타오르는 소나무 한 그루의 광경을 보고 두려움에 떨고 있었습니다.

주 하나님은 우리와 함께 하셨습니다. 우왕좌왕하는 식구들을 앞으로 살게 될 곳에서 차근차근하게 인도하셨습니다. 엄마의 교회에 다니시는 집사님 한분이 친정이 북쪽 버지니아에 가게를 하고 있었는데 그 가게에서 일을 하면서 살길을 찾는 것이 좋을 것 같다는 의견이 나왔습니다. 엄마는 그 집사님께 연락을 했습니다. 참으로 친절한 그 내외분은 식구들에게 보이지 않는 하나님의 인도자가 되 주었습니다. 나는 동생들과 함께 짐차를 빌려 짐을 실고 그리고 싸구려 차 900불 짜리 헌 승용차 한 대를 구입하여 그렇게 그들의 이민을 시작하게 되었습니다. 그들이 떠나기 전에 내가 가지고 있는 모든 현찰을 엄마의 손에 쥐어주었습니다. 그리고 하나님의 인도하심이 가족에게 있기를 간절히 기도했습니다.

식구들이 내 곁을 떠난 후 새 남편을 마음속 깊이 불신을 하게 되었습니다. 앞에서는 좋은 사위인 채 가장을 하고 뒤에서는 나를 보이지 않는 궁지로 몰고 갔던 남편은 내 눈에 비겁한 남자로 보였습니다. 새 남편은 시시때때로 나의 친정을 헐뜯고 자존심 강한 내게 모욕을 주었습니다. 이러한 고통을 안겨주고 식구들은 내 곁을 떠나갔지만 모두들 잘 있고 열심히들 살고 있는 것을 버지니아에 와서 내 눈으로 보았기에 그것 하나만으로 위로를 삼았습니다. 가족들이 내 곁을 떠난 후 주 하나님은 내 목디스크를 지혜를 주셔서 수술없이 간단한 물리치료로 전과 같이 회복시켜 주셨습니다. 어찌되었든지 새 남편과 얽어진 운명이니 사랑은 없었지만 결혼생활에 충실하기로 수시로 자신을 타일렀습니다.

그런 세월 속에 가족이 떠난 바로 이후 새 남편에게 몸에 이변이 생겼습니다. 갑자기 척추에 이상이 생겨 쇠막대기를 척추대신 대용해야 하는 대수술을 두 번이나 하게 되었습니다. 그래서 자연히 부부 생활을 할 수 없었으므로 나는 다시 다른 일에 몰두할 수 있었습니다.

　다시 돌아간 학교와 직장, 그리고 바쁜 가정 생활은 아픔을 잊기에 충분했지만 또 다른 불행에 말려들기 시작했습니다. 같은 직장동료이고 한국 여자가 달랑 둘이니 어쩌다가 점심을 같이 하게 되었습니다. 그 여자는 번번이 자기가 주선해 준 결혼이라면서 그래서 벌건 적신인 친정식구들이 왔다고 하는 말을 스스럼없이 하는 바람에 자존심이 상했습니다. 순간 내가 한번 싫은 소리를 그 여자에게 내뱉은 말에 그 여자의 자존심이 상했는지 새 남편을 자기 집에 은밀히 불러서 왜 내가 그때 결혼을 승낙하였는지에 대해 새 남편에게 모두 전해주었습니다. 새 남편은 그 여자 집을 자주 드나들면서 마치 연인인양 대하며 "그래, 사랑도 하지 않은 사람과 결혼을 왜 했느냐?"고 사실을 알고 싶다고 추궁하며 고통을 주었습니다. 피를 말리는 말로 나를 닦달질할 때마다 나는 그저 이 세상에서 없어지고 싶은 충동을 수없이 느꼈습니다. 육체적인 폭행은 외부적으로 나타나지만 말로 하는 폭행은 정신적인 고통과 함께 정신 건강에 지대한 치명을 가할 수 있다는 것을 그때처럼 절실하게 느낀 적이 없었습니다.

　그런 고통으로 저항할 수 없는 인생의 가련함에 주 하나님은 나의 인생을 불쌍해 하셨습니다. 그래서 내가 지쳐서 잠들 때마다 꿈속에서 나를 데리고 어디든지 데리고 다니시면서 마음을 위로하여 주셨습니다.

　보이시지 않는 성령님은 나를 잔잔한 강가로 늘 인도하시면서 아픈 나의 정신을 영적으로 쉬게 하셨습니다. 그 잔잔한 강은 은혜의 강이었습니다. 아름답고 절묘한 경치의 거대한 산의 쪼개진 모습으로 산 밑 사이로 은혜의 강은 흐르고 있었습니다. 그곳은 내가 한국에서 갓 결혼하여 꿈속에서 본 산의 장소였습니다. 그때 하나님 아버지는 나의 결혼을 반대하셨습니다. 하지 말라시는 결혼을 하고 신혼 때에 보았던 아름답고 절묘한 경치의 거대한 산이었습니다. 그 기억을 정확히 할 수 있었던 것은 그때까지도 그 쪼개진 산은 시뻘건 흙과 함께 지층의 여러 단면을 볼 수 있었기 때문이었습니다. 그런데 놀랍게도 쪼개진 산 사이로 그동안 맑은 물이 흐르고 있는 것이었습니다. 성령님은 내가 지치고 힘들었을 때마다 나를 그곳으로 인도하시어 그 은혜의 강물 속에 나의 발과 몸을 잠기게 하시고 위로해 주셨습니다.

　현실에서는 학교에서 PREP COURSE를 이미 끝나 대학 클레스를 들을 수 있었습니다. 내가 직장과 학교에 가면서도 집안일을 소홀히 하지 않았기 때문에 새 남편은 때로 감탄을 했습니다. 그러던 어느 날이었습니다. 그와 내가 다니던 회사가 경영난으로 독일회사에게 회사가 넘어가 졸지에 두 사람이 직장을 잃고 말았습니다. 그러나 그러한 난감할 때에도 주 하나님은 항상 피할 곳을 주셨습니다. 우리 부부가 한꺼번에 감원이 될 즈음 플로리다 법원 한 구석에서는 만약 미국회사가 피할 수 없는 경영난으로 회사를 외국회사에 팔 때 그곳에서 일하는 사람들은 법의 보호를 받을 수 있다는 법조항이 있어 우리 부부는 직장을 안 다녀도 생활비와 학비를 보조받으면서 학교를 다닐 수 있다고 했습니다. 그런 요행에도 나는 혜택의 조건을 받을 수가 없었던 것은 새남편의 의료보험 문제 때문이었습니다. 그는 결혼 이후 나에게 생활비를 주지 않았고 200불 미만의 방값이나 받으라고 하여 우리는 마치 하숙생처럼 그렇게 살았습니다. 그리고 틈만 나면 애 양육비와 내가 버는 돈을 자기에게 주면 자기가 집에서 살림을 할 테니 너는 나가 돈이나 벌라고 했습니다. 마치 기둥서방처럼 나를 혹독히 부려먹겠다는 속셈이었습니다. 내가 허물어 질것 같아 입술을 지그시 물고 참고만 있었습니다. 그리고 악몽과 같은 시간들을 그렇게 지나쳐 보냈습니다.

그러던 어느 날, 그가 내가 자기를 무시한다고 억지를 부리면서 나를 처음으로 손찌검을 하려고까지 했습니다. 나는 그의 눈동자를 똑바로 보고 "네가 나를 치면 그 순간 너와 나는 끝장이야. 내가 너한테 매 맞고 살 것 같아?" 그는 내가 결코 협수룩한 여자가 아니란 것을 알았기에 무력을 중단했습니다. "내가 너를 그런대로 봐주고 이해하려고 하지만, 너에게 매 맞고까지 너와 살지 않아. 명심해 두어!" 그는 찔끔 했습니다. 그리고 그는 내가 만약 자기를 떠나면 깡패라도 사서 가만두지 않고 죽여 버릴 거라고 씩씩 거리며 윽박질렀습니다. 나는 그의 눈을 똑바로 들여다보면서 "무슨 이유로든지 내가 너를 사랑하지 않고 결혼한 것은 내 허물이었지만 너는 나를 사랑하지 않으면서 왜 나에게 매달리며 사니? 사랑하면 모든 것을 덮을 수 있어. 너는 나의 허물을 덮어 주지도 못하고 있어. 그래서 사실 내 사랑받을 자격이 없는 것 아니냐?" 하고 응수를 해 주었습니다. 그는 그래도 A학점만을 받았던 수재였기에 내 말귀를 알아듣고 더 이상 계속하면 서로가 힘들 것을 알고 침울해 했습니다.

이런 저런 삶의 아픔 가운데 주님은 나를 많이 위로하여 주셨습니다. 내가 만일 믿음이 없었다면 주님을 향한 사랑이 없었다면 나는 아마도 그 고통의 늪을 핑계로 나락의 삶을 자초하여 타락의 그늘에서 벗어나지를 못했었겠지만 내 마음 가운데에는 언제나 사랑의 주님이 계셨습니다. 그리고 주님은 언제나 당신만을 의지하기를 바라셨습니다. 그리고 어떠한 환경에서도 온전한 삶의 길을 가기를 지혜로 인도해 주셨습니다. 어느 날 나는 내 자신에게 물었습니다. 나는 도대체 누구인가, 주님은 나를 왜 아무 이유없이 조건없이 사랑하시는가, 그리고 이 모든 관계는 무엇인가 하고 자문자답을 해 보았습니다.

새로운 프로그램에서 내가 받을 수 있었던 혜택은 학교의 등록금 전액과 책값이었습니다. 그리고 나는 새 남편의 의료보험 때문에 직장을 다시 잡았습니다. 그 일은 야간 근무였습니다. 자연히 낮에 아들과 함께 있을 수 있어서 좋았습니다. 야간 근무라 월급도 높았고 또 내가 전자 계통의 전자공학을 전공하는 대학생이라서 남들보다 월급이 높았습니다. 자연히 업무는 지식과 상식이 되어야 하는 컴퓨터를 다루는 일이었습니다. 그때 당시에는 컴퓨터가 많이 보급되었어도 전문적인 것은 아직도 경험과 경력이 필요한 때였습니다. 주 하나님은 언제나 나를 회사의 노른 자위로 인도하셨습니다. 그래서 내 마음속에는 항상 주님께 감사함이 넘쳤습니다. 감사함으로 내 마음은 항상 밝고 명랑할 수 있었고 맑은 영혼을 유지할 수 있었습니다. 그렇게 미국에서 대학을 다니면서 긍지 속에 좋은 회사에 다닐 수 있었다는 것은 전적인 하나님의 은혜였음을 고백합니다. 그러한 세월 속에 남편의 강짜는 날로 심해졌습니다. 너무 정신적으로 시달리다 보니 어느새 건망증이 생겨 때로는 내가 어디로 가고 있는지조차 생각이 안 날 때도 있었습니다. 마치 스위치와도 같았습니다. 그렇게 나는 힘든 세월을 보내야 했습니다.

어느 날, 나는 주어진 상황이 너무 감당하기 힘들어서 울면서 잠이 든 적이 있었습니다. 주님은 내게 또 보여 주셨습니다. 그곳 은 하늘 나라였습니다. 그곳에는 셀 수 없을 많큼 수많은 열두 살 또래의 아이들이 있었습니다. 각자의 품속에는 백옥처럼 깨끗한 한 마리의 양이 있었습니다. 그러나 나의 반영의 영에는 아무것도 보이지 않았습니다. 그리고 땅 아래를 내려다보면서 하염없이 울었습니다. 그 땅 아래에서는 커다란 땅굴에서 한 마리 땅거북이가 나와 백옥같이 하얀 양을 씹고 있었습니다. 그 양이 흘린 피로 땅에는 선혈이 낭자했습니다. 그것을 보자 나는 가슴이 찢어질 정도로 아파서 내 반영의 영과 함께 꿈속에서 울었습니다.

그 꿈을 꾸고 아들이 다니던 카톨릭 사립학교에 딸린 교회의 화덜 해밀톤 신부님에게 꿈 이야기를 했습니다. 그 후 며칠이 지나서 그런 꿈속에 있었던 일이 ALLSTATE INSURANCE 의 광고가 되어버렸습니다. 지역 워싱톤 포스트 뒷면 전체를 장식하는 그것을 보고 있자니 그저 허탈한 기분이 들었습니다. 마치 뒤통수를 맞듯 아니 이럴 수가 했을 뿐이었습니다.

그 후 열심히 노력한 덕에 학교를 졸업하여 미국 주류 사회에 당당히 진출할 수 있었습니다. 내가 대학을 다닐 수 있었던 것은 여호와 이레 하나님이 모든 것을 준비하여 주셔서 등록금과 책값 등을 미국 나라의 지원으로 무료로 다녔음은 우연한 기회가 아니었습니다. 그리고 내가 다녔던 학교 프로그램에서 174명이 지원했지만 오직 졸업한 사람들은 17명 정도였습니다. 1993년 5월 졸업한 이후 여러 곳에서 학자금을 줄 테니 학업을 계속해 보라는 지원이 왔지만 아들이 "엄마, 이제 너무 힘들게 살지 말자."라는 말에 나도 역시 그렇게 하기로 했습니다. 불현듯 이십여 년 전 여의도 순복음 새 성전 완성되기 전 생면부지의 남자와 했던 짧은 독백같은 대화가 내 인생여정이었음이 떠올랐습니다. "아가씨, 어젯밤 꿈에 하나님이 말씀하시기를 여기에 오면 아가씨를 만날 수 있다고 하여 왔습니다. 아가씨의 기도가 응답이 되어 아가씨를 이제 공부를 시켜서 주의 일을 하시고자 하십니다."

순간 나는 주의 일을 해야 한다는 소리에 두려워 멈칫했습니다. 즉흥적으로 그 남자에게 나의 갈 길을 피력했습니다. "우리 집이 넉넉하지 못하여 내가 벌어야 하므로 직장을 구해야 합니다. 직장을 구해서 지금은 집을 도와주어야 하고, 그 다음에 여유가 되면 결혼을 해서 아이를 낳고 그리고 학교를 가고 싶습니다." 라고 말하면서 그 남자의 얼굴을 쳐다보는 순간 어디 숨을 곳이라고는 없었던 허허벌판에서 순식간에 그 남자는 온데간데없이 눈앞에서 사라져버렸습니다. 오직 내 귓결에 남은 그 남자의 목소리는 "그 길은 아가씨가 갈 길이 아닙니다. 아가씨는 주님의 일을 해야 합니다." 이 음성은 아직도 긴 여운처럼 내 뇌리 속에 살아 간직된 채 나의 꿈을 이루었습니다. 그 사람은 누구였을까 하는 의문과 함께 안개처럼 희미하지만 때때로 그 남자는 꿈속에서 늘 나와 함께 있었습니다. 그리고 끊임없이 나의 삶에 격려와 용기와 그리고 지혜를 주시면서 주 안에서 살라고 말씀으로 인도하셨습니다. 그 어떠한 악한 환경 속에서도 나를 보호하셨고 올바른 삶을 살도록 주의 훈계로 늘 가르치셨습니다.

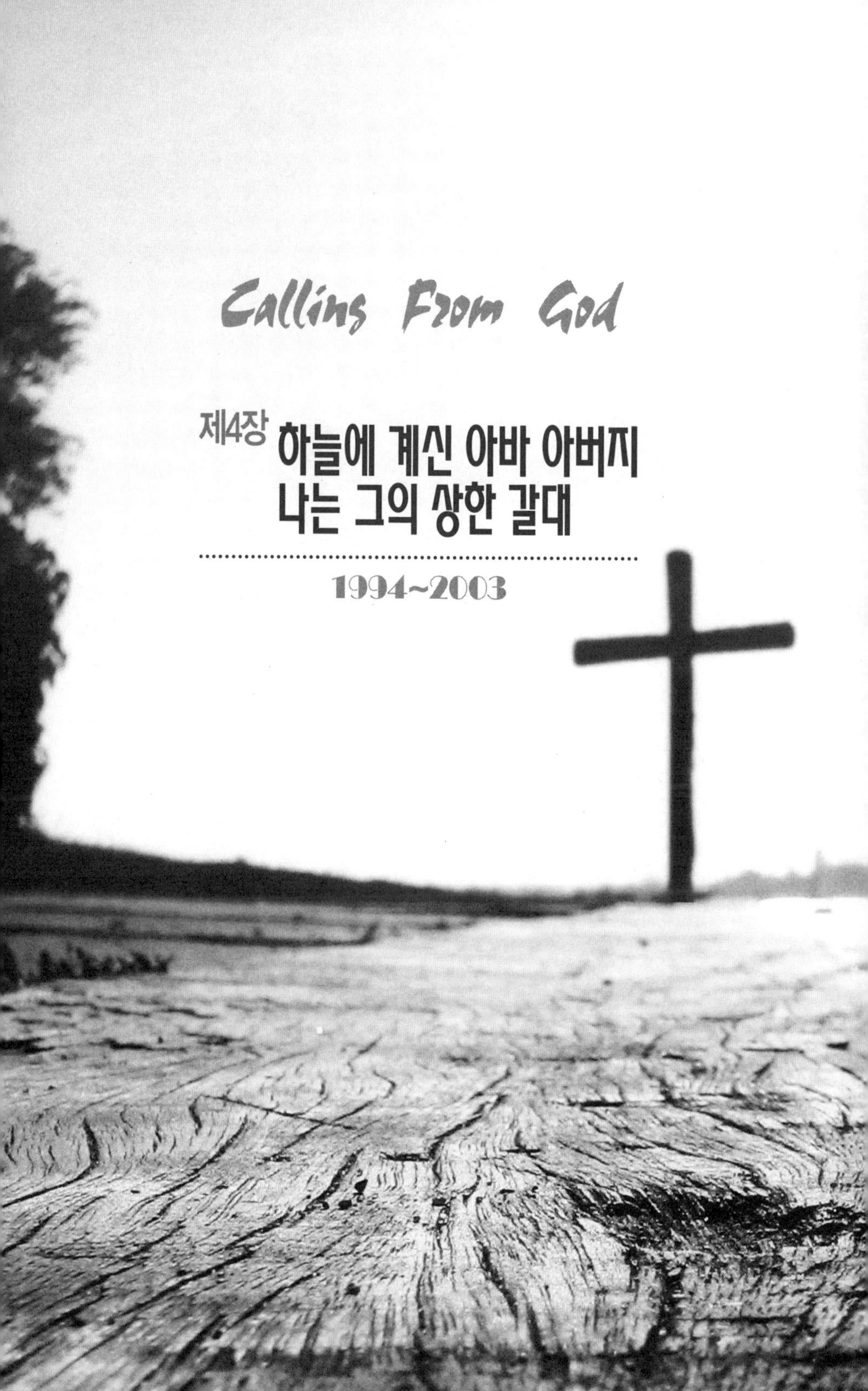

Calling From God
제4장 하늘에 계신 아바 아버지
나는 그의 상한 갈대
1994~2003

❶ 하늘에 계신 아바 아버지, 나는 그의 상한 갈대−1
🌰 1994년~1995년 이야기

엊그제까지만 해도 무더운 더위 속에 강렬한 햇살의 플로리다에서 살았었는데 세월이 지나 우리들은 버지니아로 이사를 했고, 새로운 새해 아침을 그곳에서 맞이하게 되었습니다. 아직도 플로리다에서 버지니아로 온 여정의 피로가 채 풀리지도 않았지만 새로운 삶의 터전이 생겼다는 우선 기쁨이 앞섰습니다. 십삼 년간의 플로리다의 생활들을 회상하면서 많은 시련들은 있었지만 결코 덧없이 보낸 세월들이 아니란 것을 하나님께 감사드렸습니다. 무엇보다 작년 유월에 전문대학에서 전자공학(Electronic Engineering)을 수료할 수 있었던 기쁨이 넘쳐 흘렀습니다. 우선 친정집 근처에 아들의 학교를 정하고 우리들은 잠시 친정집에 얹혀살았습니다. 주위의 실정을 알아보았으나 우리 부부가 찾는 직장은 다른 주로 가야만 했습니다. 그래서 우선 남편은 근처의 직장을 다니면서 다른 주에 있는 직장을 알아보았습니다.

그러는 어느 날 아들이 구석 한곳에서 울고 있는 것이 보였습니다. 그래서 왜 울고 있느냐고 물어 보았지만 아들은 대답대신 오히려 반항을 했습니다. 하도 이상해서 나는 엉겁결에 아들의 팔을 잡았습니다. 그러자 아들이 비명을 질렀습니다. 순간 스치는 어두운 마음이 있었습니다. 그래서 살살 달래면서 억지로 아들의 웃통을 벗겨 보았습니다. 벗겨진 아들의 상체에는 군데군데 온통 멍자국이 있었습니다. 아들을 다그치듯 누가 했느냐고 물었습니다. 말이 없는 아들을 보니 내 마음은 더 타들어갔습니다. 아들이 영 입을 열지 않자 생각다 못해 경찰에 신고를 해야겠다고 했습니다.

아들의 여린 마음에 그 말을 듣고 걱정이 되었는지 경찰에는 절대 신고하지 말라고 당부를 하면서 모든 사실을 털어놓았습니다. 아들은 플로리다에서 살 때부터 남편에게 매를 맞았다고 했습니다. 그것도 주로 혁대로 맞았다고 말했습니다. 아들이 지나치게 새 남편을 따르는 모습에 아들이 그저 새 남편을 좋아 한다고만 믿었었는데 오히려 아들은 새 남편을 두려워서 좋아하는 체 했던 것입니다. 때때로 알 수 없는 고통에 시달리면서도 아들은 내게 비밀로 감추고 있었습니다.

나는 내 자신이 그동안 아들의 고통도 모르고 살았던 엄마였다는 사실에 가슴이 아팠습니다. 우리 모자는 붙들고 같이 울었습니다. 아들은 이제 외할머니와 외삼촌과 이모들이 있으니 새 남편과 헤어져서 살면 안 되냐고 물었습니다. 울면서 나는 미안하다고 거듭 말하면서 약속했습니다. 아들은 경찰에는 절대 신고하지 말고 그냥 헤어지라고 거듭 부탁했습니다. 그날 저녁에 새 남편은 인터뷰가 있었다며 다른 주로 이사갈 준비를 해야 한다고 했습니다. 그러면서 자기가 먼저 가서 자리를 잡고 같이 합치자고 했습니다. 나는 건성으로 그러라고 했습니다. 새 남편은 플로리다에서 판 집값에서 자기에게 얼마를 달라고 했습니다. 미운 생각 같아서는 한 푼도 주고 않고 당장이라도 경찰에 신고하고 싶었지만 아들의 간곡한 부탁에 꾹 참고 요청한 액수보다 넉넉하게 주었습니다. 돈을 받아든 새 남편은 어린애 같이 좋아라 했습니다. 남동생들과 함께 새 남편이 살 곳에 짐을 실어다 주고 돌아오면서 나도 역시 직장을 알아보기로 마음을 굳혔습니다. 그리고 아들과 살길을 모색했습니다.

생각보다는 직장이 쉽게 잡히지 않았습니다. 아무리 신문을 들여다보아도 내게 마땅한 직장이 나타나지 않았습니다. 눈에 보이는 것은 온통 어카운팅(Accounting)직종뿐이었습니다. 그래서 삼사 개월 동안 어카운팅(Accounting) 클레스를 몇 개 들고 학교를 다녔습니다. 우선 이력서를 만들어야 하므로 그저 초보경력으로 작성을 했습니다. 그리고 잡은 직장이 'American Automobile Assocaition'이었습니다. 내가 어카운팅 계통에 직장을 잡고 다니는 것을 보더니 동생들은 자기들 일을 하면서 같이 살자고 했습니다. 솔직히 나는 자식이 있기 때문에 독립을 해야 했고, 또 얹혀 산다는 것은 내가 이십대 어린 나이가 아니라서 덮어놓고 그렇게 하는 것은 앞으로의 계획은 아니었습니다. 그래서 이곳저곳 알아보았습니다. 다행히 새로운 살 곳으로 저소득층으로 장만할 수 있는 작은 콘도가 있었습니다. 앞이 보이지 않았지만 희망을 갖고 서류 수속을 했습니다. 서류 수속을 하는 과정에서 내가 타주에서 이사 온 지 얼마 안 되었기 때문에, 그리고 동생들이 버지니아에 나보다 먼저 와서 살고 있었으므로 동생들의 신원보증이 필요했습니다. 그러나 동생들은 야박했습니다. 결국 신원보증을 서 주지를 않아서 서류 수속을 포기해야 하는 슬픔을 겪어야 했습니다.

나를 희생하면서까지 자기들의 진로 문제로 마음에도 없는 결혼까지 했는데 하는 서러움이 주마등처럼 내 마음을 지나칠 때 동생들의 결정은 도무지 이해가 되지 않았습니다. 그들에게는 당연히 나의 희생을 요구할 수 있었겠지만 나는 그들에게 작은 도움이라도 받을 수 없다는 사실에 슬퍼졌습니다. 동생들의 그런 결정 뒤에는 엄마의 배후 영향이 있었음을 알게 되었습니다. 그들이 나의 희생을 요구하는 과정 속에서 의붓아버지에게 아들이 혁대로 매를 맞는 고통을 겪어야 했다는 사실에 엄마로서 너무나도 가슴이 아팠습니다. 그래서 나의 마음 한구석에서는 분한 마음이 서렸습니다. 그때 내가 받은 마음의 상처는 너무도 컸었습니다. 나는 나와 아들의 안일을 그들에게 위탁했건만 그들은 자기들의 안일에만 급급했습니다.

새로운 직장에서 한 달이 지나 잘 다니고 있을 즈음 동생들은 나에게 직장을 그만두고 전적으로 자기들의 일을 하면서 살라고 강요했습니다. 그리고 보수는 자기들의 사업이 성장할 때까지 무보수로 있어야 한다는 것을 전제조건을 내세웠습니다. 그리고 그 전제조건은 새로운 직장을 그만둔 후 수시로 변경이 되었습니다. 물론 그들에게는 그렇게 참담하지 않았겠지만 내게는 참담하였고 황당했기 때문에 그들의 계획에 그저 기가 막혔습니다. 그로 인해 나는 받은 마음의 상처로 나는 방황을 하였고 하루하루가 낙담이 되어 시름시름 병들어 갔습니다.

어느 날 잠이 들었을 때 산수가 수려한 산에서 홍포를 입으시고 절벽 끝에 서 계신 예수님을 보았습니다. 예수님은 나를 보시지 않으시고 그저 먼 산과 하늘을 바라보셨습니다. 그 뒷모습이 너무도 슬퍼 보였습니다. 비록 꿈이었지만 홍포를 입으시고 슬프게 절벽 끝에 서계신 예수님의 모습이 내 마음과 뇌리 속에서 오랫동안 떠나지 않았습니다.

그리고 시간은 또 흘렀습니다. 곧 여동생의 결혼식이 가까왔습니다. 여동생은 미국에 이민을 동생들과 같이 오느라고 결혼이 늦어졌습니다. 여동생의 결혼식날 친정식구들의 재촉에 자신을 가다듬고 여동생의 결혼식에 도착했습니다. 그때 영적으로 누군가가 건네주는 한 잔의 쓴 잔을 마셔야 했었던 내 자신을 보았습니다. 작지만 분명한 목소리는 나에게 "나의 쓴 잔을 마셔라." 라고 말을 했습니다. 그리고 나는 그 어떤 거역할 수 없음에 압도되어 쓸개즙처럼 쓰디쓴 잔을 받아 마셨습니다. 그리고 주님께 말을 했습니다. "주께서는 아시나이다. 내가 이 쓴 잔을 마시는 것을 감당치 못하는 것을..." 순간 영의 세계와 육의 세계의 갈림길에서 나는 나의 지극히 초라함을 보았습니다. 그리고 찢어지는 아픔 속에 여동생의 결혼식은 끝이 났습니다. 가족사진을 찍고 결혼식이 끝난 후 모두 집으로 돌아갔습니다. 돌아오는 길에 내가 마신 쓴 잔은 과연 무엇을 의미하는 것일까 생각해 보니 알 수 없는 미래의 불행을 또 겪어야 한다는 것을 어렴풋이 깨닫게 되었습니다.

여동생의 결혼식이 끝난 후 얼마 안 되어 엄마는 느닷없이 나에게 트집을 잡기 시작했습니다. 엄마가 모으시는 5겔론짜리 투명한 플라스틱 항아리의 1전짜리 동전들이 없어진다고 하시며 아들을 빗대어 어린애가 남의 것을 만지면 도벽성이 생긴다고 내 마음에 못질을 하셨습니다. 나는 아들에게 주의를 주어 아들의 마음에 상처를 내면서까지 또 다짐을 시켰습니다. 아들이 말하기를 처음에는 할머니가 동전 항아리에서 동전을 꺼내 주시면서 가지고 놀라고 하여 가지고 놀다가 도로 동전들을 항아리에 넣었다고 했습니다. 그리고 더 놀고 싶어서 꺼내 놀았다고 시인했습니다. 그렇지만 그 동전들을 가게에 가져다가 사용한 적도 없고, 어디다가 숨긴 적도 없었다고 했습니다. 그래서 조용히 지금은 할머니가 싫어하시니까 그만 꺼내가지고 놀라고 아들에게 말을 했습니다. 그때 아들의 얼굴은 이해할 수 없다는 표정이었습니다. 사실 아들이 일전짜리들을 주머니에 가득 가지고 자동차로 가야 하는 거리를 혼자 걸어가서 가게에서 무엇을 산다는 것은 나도 상상할 수 없었습니다. 뿐만 아니라 돈에 대한 관념이 희박한 아이라 내가 주는 용돈도 집안에 여기저기 내던져서 잔소리를 듣던 차였습니다.

그때까지 나는 엄마의 진의를 이해할 수 없었지만 그 동전의 사건은 우리 모자를 내쫓아 보시겠다는 엄마의 도화선이었음을 언뜻 직감했습니다. 또 친정 식구들이 무리를 지어 내가 가지고 있는 돈을 자기들 사업자금으로 돌려 달라고 하며 내게 윽박지를 때마다 언제나 엄마의 배후의 영향이 있었음을 직감했습니다. 이런 상황 속에 나는 나를 수습하며 성격이 안 맞는 가족들과 분리해야 하겠다는 마음을 세웠습니다. 정신적으로나 체력적으로나 누군가의 도움이 가장 필요했을 때 그 어느 누구도 나를 위해 보호자가 되어 줄 수 없었을지라도 나의 절박했던 시간들 속에서 성령님은 언제나 함께 하시며 보호자가 되어 주셨습니다.

이런 어려움 속에서도 나는 자신을 추스리면서 은밀히 살 아파트를 찾아보았습니다. 우연히 여동생의 친구가 자기 교회 근처에 아파트를 구하라고 말을 했습니다. 그때까지 나는 몸이 아팠었고 또 정신적으로 연약한 상태라서 여동생의 친구가 인도하는 대로 비엔나에 있는 아파트를 보러 갔습니다. 그리고 방 하나와 거실이 있는 아파트를 계약했습니다. 계약이 끝난 후 친정집으로 돌아가서 언제 이사를 할 것이라고 말을 하려는 사이 그날도 이유없이 친정 식구들은 내게 몰려들어 가지고 있는 돈을 자기들 사업자금으로 돌려 달라고 하며 마음을 아프게 했습니다. 그때 울면서 집 밖을 나왔을 때 성령님의 음성이 들렸습니다. "네가 이 집에서 이사를 나올 때 문밖에서 네 신을 털고 나오라. 그러면 네 엄마가 가장 사랑하는 자를 내가 치리라." 성령님의 음성에 나는 울면서 말을 했습니다. "내가 긴 세월 동안 내 동생들의 안일을 위해 살아 왔었건만 내가 스스로 동생을 치게 할 수 없습니다. 비록 내가 감당할 수 없는 이 시간들일지라도 내가 감당하겠습니다. 그리고 나는 절대 신을 털지 않겠습니다."라고 분명히 성령님께 말을 했습니다. 내 주 아바 아버지시여, 나를 불쌍히 생각하여 주시고 오직 우리 모자의 갈 길을 밝혀 주소서.

비엔나 아파트로 이사를 가기 위해 플로리다에서 가져온 짐들을 살폈지만 거의가 밖에서 비바람을 맞아서 건질 만한 짐들이 없었습니다. 그래도 추릴 수 있는 물건들을 추려보았습니다. 부서진 짐들처럼 내 마음도 그랬지만 그래도 살다보면 재생할 수 있는 기회는 반듯이 있을 것을 주 하나님의 이름으로 확신했습니다. 그래서 끈질긴 것이 삶이라고 말하는지 모르겠습니다. 삶의 수모 속에 배운 것은 오직 주 하나님만 의지하며 내일을 소망하는 것이었습니다. 우리 모자는 작은 아파트로 이사를 한 후에 아들이 다니는 초등학교를 정했습니다. 다행히 초등학교는 아파트에서 가까운 거리였습니다. 짐을 대충 정리하고 앞으로 다닐 교회를 알아보려 했습니다. 그때 여동생의 친구가 전화를 했습니다. "언니, 이번 주일에 나와 꼭 우리 교회에 같이 가요."라는 말에 나도 "그래" 하면서 화답했습니다. 직장도 없이 아들과 함께 무작정 독립을 한 나의 모습은 마치 삶의 바람 앞에 흔들릴 수밖에 없는, 하늘에 계신 아바 아버지의 상한 갈대의 모습이었습니다.

② 하늘에 계신 아빠 아버지, 나는 그의 상한 갈대-2

1995년~1996년 이야기

비엔나 아파트로 이사를 온 후 처음 맞는 주일이었습니다. 우리 모자는 여동생의 친구의 인도로 워싱톤 중앙장로교회(The Korean Central Presbyterian Church)를 처음 방문을 했습니다. "언니, 먼저 들어가세요. 나는 여기서 새신자 등록을 하고 들어 갈게요." 그녀의 말을 뒤로 하고 나는 아무 생각없이 중앙문을 열었습니다. 교회 안으로 들어가 구조를 보자마자 나는 그만 소스라쳐서 소리 지를 뻔하였습니다. 아주 오래전 희미한 기억 속에 보았던 교회 내부의 모습이었습니다. 그때 나는 병중에 헤매면서 때때로 육신을 제대로 움직일 수 없을 정도로 아픈 나날 가운데 결혼생활을 보냈습니다.

그러던 중 하나님께서 제게 환상을 보여주셨습니다. 1983년 어느 날, 홀연히 안개가 나를 감싸더니 내가 어느 곳에 서 있다는 것을 알았습니다. 나는 높은 하얀 벽 위에 달린 나무 십자가를 보았습니다. 이윽고 몸을 뒤로 돌렸습니다. 거기에는 중앙이 뚫려진 양쪽의 나무 의자들이 있었습니다. 나무의자 사이에 양쪽으로 또 뚫려진 두 길과 함께 의자들이 있었습니다. 그리고 여전히 남은 잔상은 의자 끝 정면으로 문 두 짝이 있었고 양쪽에 쪽문들이 있었습니다. 환상에서 현실로 돌아왔을 때 나는 알 수 없는 생의 의욕을 느꼈습니다. 너무도 오랜 세월이었지만 마치 방금 전의 모습처럼 생생했습니다. 실로 살아계신 하나님을 대면하는 것 같았습니다.

교회를 정한 후 나는 생각에 잠겼습니다. 이 교회는 나와 무슨 필연의 관계가 있음을 영적으로 어렴풋이 짐작하게 되었습니다. 영적으로는 나는 하나님의 깊은 사랑을 받고 있었지만 현실적으로는 직장이 없었고, 가장도 없이 아들과 함께 사는 홀 엄마였습니다. 그동안 쌓였던 스트레스로 인해 얻은 병은 깊어만 가고 정상적으로 직장생활을 하기에는 나는 요양이 필요한 상태였습니다. 그러는 사이 점점 내 수중에 있는 돈은 물처럼 녹아 무일푼의 생활고까지 내려갔습니다. 그 후 우연히 직장이 잡혔고 더 이상 신용카드로 생활을 연명하지 않아도 되었습니다. 그리고 열심히 벌어 카드빚을 갚아 나갔습니다. 육신적으로는 비록 탈진 상태였지만 영적으로는 견고한 성같이 보이지 않는 힘이 나를 붙들고 있음을 결코 부인할 수 없었습니다. 일 년의 교회 생활 동안 처음 교회에 나갔을 때 받았던 그 전율적인 감동도 잠시, 나의 평범한 삶은 오직 현실 중심으로 영위했기에 더 이상 다른 것에 몰두하지 않았습니다.

워싱톤 중앙장로교회를 다니던 한 신도가 아주 간절히 내게 어느 다른 개척교회를 섬기자고 유혹을 했습니다. 같이 타운홈을 얻어 편안하게 두 가족이 함께 살자고 제안을 하자 정에 못 이겨 승낙을 해 버리고 말았습니다. 그러나 마음 한구석에는 어두움으로 끌려가는 느낌이 들었습니다.

그 신도와 함께 개척교회를 섬기면서 다니던 중 어느 날 꿈을 꾸게 되었습니다. 황혼의 광활한 벌판에서 키가 유난히 크시고 눈빛처럼 새하얀 길게 하신 수염에 긴 도포자락을 입으신 할아버지가 보였고 내 모습은 열두 살 소녀의 모습이었습니다. 할아버지는 짚을 둥그렇고 커다랗게 작은 집채처럼 돌돌 말고 계셨습니다. 나는 그 옆에서 철부지처럼 뛰놀고 있었습니다. 그때 검은 옷을 입은 음침하게 생긴 남자가 내 곁에 다가왔습니다. 그 남자가 내게 말을 했습니다. "이곳에서 뛰면 더 재미있단다." 철부지 같은 나는 가리키는 그곳에서 위로 아래로 뛰었습니다. 그때 검은 물이 분수같이 솟아올랐는데 철부지 같은 나는 솟아오른 검은 분수 위에 있었습니다. 너무도 놀란 나는 꿈속에서 깨어났습니다. 그리고 그 꿈이 영적으로 의미가 있음을 알았습니다. 그리고 같이 사는 그 신도에게 아무래도 내가 교회를 잘못 정한 것 같다고 말을 했습니다. 그리고 나는 다시 워싱톤 중앙장로교회로 돌아가야 할 것 같다고 말을 했습니다.

그 후 잦아지는 의견 충돌로 인해 홀 엄마의 아이들에게는 커다란 심적 부담이 되었습니다. 우리는 두 가정의 평화를 위해 마지못해 교회를 같이 다녔습니다. 그러한 가운데 그해 겨울은 유난히도 추웠습니다. 눈이 21인치로 엄청나게 왔었습니다. 긴 겨울의 고통이 지나 꽃피는 봄이 왔지만, 그때까지도 나는 연약한 육신으로 하루를 힘에 겨워했습니다. 내가 하루하루를 연약한 육신과 싸우고 있었다는 것을 아무도 이해하지 못 했습니다.

현실의 삶은 하루하루를 나를 힘들게 했지만 보이지 않는 성령님의 인도는 매일매일 나를 인도하셨습니다. 비록 육신적으로는 연약하나 정신과 영적으로는 때로는 자신이 놀랄 만큼 강한 힘이 있어 현실의 불안한 생활 속에서도 평안을 누릴 수 있었습니다. 나는 열심히 일을 하여 회사에서는 조금씩 인정을 받아가고 있었습니다. 어느 날부터인가 같이 사는 신도는 나에게 시도 때도 없이 전화를 하며 나를 테스트를 했습니다. 영어 단어를 말하면서 철자(SPELL)와 뜻을 말하라고 했습니다. 처음 몇 번은 좋은 의미로 대꾸를 하였으나, 근무에 지장도 있고 또 내가 영어사전도 아니라서 비슷하게 말을 해 주면 그것이 아니라고 지적을 하며 비웃는 듯 했습니다. 같이 사는 그 신도를 보면 마치 해변의 절벽 끝에 붙어 있는 비비꼬인 나무를 보는 것 같았습니다. 내가 자기를 무시한 적도 없었는데 왜 사람이 그렇게 마음을 쓸까 하는 씁쓸한 마음을 가질 때가 한두 번이 아니었습니다. 그래서 마음으로 나는 다시 워싱톤 중앙 장로교회로 필히 돌아가야 한다는 생각을 했습니다.

다시 같이 사는 신도에게 따로 교회를 다녀야 할 것 같다고 말을 했더니 그녀는 마치 나를 소유한 것처럼 개척교회를 같이 다녀야 한다고 우겼습니다. 그리고 주일마다 나를 힘들게 했습니다. 그때부터 우리는 보이지 않는 영적 전쟁을 하고 있었습니다. 그리고 들려오는 말로 내가 사무직에 있어 자기를 업신여기고 무시한다고 사람들에게 말을 했는지 사람들은 내게 말하기를 그러면 안 된다고 나에게 충고까지 해 주었습니다. 한마디로 기가 막혔습니다. 작은 교회 안에서 분열이 일어나고 있는 것입니다. 사람이 원래 악한 것은 이미 말씀으로 알고 있었지만 우리의 악한 본성은 강퍅하여 말씀으로도 씻기지 않음을 역력히 알게 되었습니다. 그때 나는 예수님이 왜 이 땅에 오셔서 그 모진 고초를 당하시고 우리의 죄를 대속하시기 위하여 십자가에 달리셨는지 이해했습니다. 우리의 죄는 결코 스스로 씻을 수 없으므로 우리 죄를 자복하고 회개하면 예수님의 십자가의 보혈의 피로 우리의 죄를 씻어 주십니다. 사람들은 누구든지 실수를 할 수 있습니다. 그 실수를 통해 또 다른 실수를 하지 않기 위해 삶의 발버둥을 치며 살지 않아야 합니다. 죄를 지어도 죄를 죄로 보지 않고 단순히 자기방어로 해석하면 남에게 피해를 줄 수 있다는 것을 깨달아야 합니다.

순간 그들에게서 같이 사는 신도의 억지소리를 듣고 분했지만 나는 곧 마음을 추슬렀습니다. 내가 내 마음을 추스르지 않으면 아이들에게 영향이 갈 것 같아 염려가 들었습니다. 그리고 나의 아픔을 말없이 주님께 드렸습니다. 때로는 내가 그들의 약자가 되는 것 같지만 내 마음은 주님의 주시는 평안을 누렸습니다.

그날도 주일 아침이었습니다. 같이 사는 신도가 트집을 잡았습니다. 생각해 보니 매 주일 아침마다 이런 심적 고통을 겪고 있었다는 것에 짜증이 났습니다. 우리는 옥신 각신 했습니다. 어찌 하다가 내가 가파른 열여섯의 계단 위에 서 있었는데 그 신도는 나를 계단 밑으로 밀쳤습니다. 나는 순간 허공 위에서 서 있는 기분과 함께 계단 밑으로 굴렀습니다. 잠시 정신을 잃었지만 곧 깨어났습니다. 그런데 같이 사는 그 신도가 자기의 아이들에게 소리치는 것이 들렸습니다. 자기 아이들에게 내 아들을 구타하라는 소리였습니다. 같이 사는 그 신도는 제 정신이 아니었습니다. 나는 그때 그녀가 의도적으로 나를 계단 위에 세웠음을 알게 되었습니다. 강퍅한 엄마보다 아이들은 마음이 순수했었기 때문에 엄마의 명령을 따를 수 없다고 고개를 흔들었습니다. 왜 나를 그토록 미워하는지 이해할 수 없었습니다. 미움이란 사탄이 주는 마음입니다. 사람들이 세상을 사는 동안 수시로 무시로 받는 사탄의 공격을 받는 중의 하나가 바로 마음으로 미워하는 것입니다. 미워하는 마음은 자신도 모르게 증오를 하면서 이유없이 상대를 공격을 합니다.

이튿날 아픈 몸을 이끌고 출근을 했습니다. 몸이 약했기에 계단에서 구를 때 받은 타박상으로 온몸에 멍으로 이곳저곳 들었습니다. 같은 일하는 직원들이 호기심이 났는지 내게 물었습니다. 일일이 대꾸도 할 수 없었습니다. 그날 퇴근 후 어떤 신도가 개척교회 목사님에게 전화했는지 그 신도의 집 앞에서 보게 되었습니다. 내 얘기를 들은 개척교회 목사님은 고개를 갸우뚱하시면서 같이 사는 신도가 피해자로 생각했었다고 말을 하셨습니다. 같이 사는 신도는 그일 후 목사님을 찾아가서 온몸에 스스로 자해를 한 후 찢겨진 옷을 보이면서 자기가 억울하다고 했다고 했습니다. 개척교회 목사님은 나의 몸에 멍자국을 보시고 아무래도 같이 사는 것은 위험한 것 같다고 하시면서 같이 사는 신도를 설득하시겠다고 했습니다. 그리고 경찰에 연락을 하였냐고 물으셨습니다. 그래서 나는 말했습니다. "목사님, 그 친구가 오늘 미국 시민권을 보러 가는데 앰뷸런스조차 부르는 것도 삼가했습니다." 그때 목사님은 나의 진심을 보셨습니다.

그날 저녁 나는 집에서 그녀와 대면하며 조그조근 얘기해 주었습니다. 내가 만약 하나님을 몰랐다면 미국법으로 어제와 같은 일로 내가 자기를 구속할 수도 있고 또 그 기록으로 오늘 시민권 시험도 볼 수 없게 할 수 있는 치명적인 가해를 가할 수 있었다는 사실을 아느냐고 물었습니다. 그러자 그녀는 겁에 질렸고 세상적으로 영리한 여자였기에 내말에 바로 이해를 하면서 자기의 잘못을 시인하며 모든 것을 자기처럼 내가 할 수 있었지만 참고 인내하여 준 나에게 고마워했습니다. 그 후 우리는 열한 달 만에 헤어져서 각자의 길을 찾아갔습니다. 참으로 우리는 각자 자기 집을 마련할 수 있었던 것은 주님의 놀라운 계획으로 하나님께서는 우리를 축복하여 주셨습니다.

③ 하늘에 계신 아빠 아버지, 나는 그의 상한 갈대-3

1996년~1998년 이야기

한동안 같이 살았던 두 가정은 각기 하나님의 은혜로 헤어져서 새로운 집들을 장만했습니다. 나와 아들은 방 세 개짜리 콘도로 이사를 했습니다. 매달 붇는 융자금은 집세가 저렴하였기에 충분히 아들과 생활하기에는 적합한 곳이었습니다. 그동안 생활의 기반은 잡혀가고 있었습니다. 그러나 그때까지도 체력이 딸려서 나는 사는 것에도 힘겨웠습니다. 열심히 주 하나님을 의지하며 교회 생활에 충실하였고 아들은 자기 생활에 충실했습니다. 교회를 떠났다가 워싱톤 중앙 장로교회를 돌아오기까지는 일 년이란 세월이 훌쩍 흘렀습니다. 다시 워싱톤 중앙장로교회로 돌아온 후 채 일 년이 안 됐을까 어느 날 홀연히 하늘에 계신 하나님 아버지는 두 가지 기도제목을 내게 주셨습니다. 그중 하나는 워싱톤 중앙장로교회(The Korean Central Presbyterian Church)가 쎈터빌(Centerville) 쪽으로 성전을 이전하니 새 성전과 아들의 영혼을 위해 기도하라고 하셨습니다.

이 두 기도 제목을 가지고 새벽 기도를 하기 위해 워싱톤 중앙장로교회를 찾았을 때 영적으로 잊지 못할 경험을 하게 되었습니다. 기도를 드리려고 성전 문을 열었을 때, 성전 안 십자가 밑에 상이 하나 놓여 있었습니다. 그 상 위에 항아리 같이 커다란 맑고 투명한 유리병에 셀 수 없이 꽂힌 싱싱하고 무수한 빨간 장미꽃들을 보았습니다. 맑은 유리병에 담겨 있는 물은 마치 살아있는 물같이 밝은 광채가 났습니다. 기이한 환상에 나는 살아계신 하나님의 임재하심을 확신했습니다. 둘째 날 새벽 기도로 교회를 찾았을 때 나는 성전 중앙을 지나고 있었습니다. 걸어가고 있는 중앙의 바른 쪽 중간쯤에 포장이 되어 있는 커다란 액자를 보았습니다. 나는 마치 내 물건인 것같이 포장된 액자를 잡고 찢고 있었습니다. 액자의 포장은 누런 종이였습니다. 누런 종이를 반쯤 찢고 있는 상태에서 본 그림은 짙은 군청색에 하얀 세 마리의 새들이 마치 입체식으로 날아오는 모습이었습니다. 반쯤 찢긴 그림의 액자는 이 세상에서 볼 수 없었던 가장 아름다운 액자였습니다. 그 후 내가 두 기도제목을 놓고 기도를 드릴 때마다 주님이 내 기도를 항상 듣고 계시다는 것과 아주 가까운 곳에 계시다는 것을 확신했습니다.

내게 주신 은혜가 컸으므로 나는 전심으로 새벽기도를 다녔습니다. 새벽에 기도를 다니다가 보니 새벽을 더욱 사랑하게 되게 되었습니다. 새벽의 기쁨 속에 하나님께 무시로 감사를 드렸습니다. 철야도 다니고 나름대로 하나님의 말씀에 충실하려고 몸부림을 쳤었습니다.

어느 날 밤 성령이 충만한 가운데 꿈을 꾸었습니다. 거대한 산 밑이었습니다. 하얀 긴 옷을 입은 사람들이 내 앞을 지나 산을 올라가고 있었습니다. 나는 그저 평범한 옷을 입은 차림으로 그들을 좇아 맨 끝에서 그들을 따라갔습니다. 그들이 모두 산꼭대기로 올라가고 있었을 때 나도 역시 그들을 좇아 산꼭대기까지 올라갔습니다.

흰 옷을 입은 사람들이 산꼭대기에서 하나둘 사라져 버렸습니다. 내 앞의 흰 옷을 입은 마지막 사람이 사라지고 나도 그곳을 열심히 올라와 서는 순간 갑자기 내 발은 허공을 디디고 있음을 느꼈었습니다. 다급해진 허둥지둥 바위 위에 붙어 있는 작은 나뭇가지를 잡았습니다. 발 아래를 내려다보았더니 어느새 칠흑처럼 끝을 알 수 없는 검은 구렁이 내가 떨어지기만 하면 삼키려는 듯 입을 벌리고 있었습니다. 그곳은 더 이상 거대한 산이 아니었습니다. 마치 세상이 말려서 흔적조차 없는 것처럼 더 이상 아름다운 산 밑이 아니었습니다.

나는 있는 힘을 다해 바위 위에 붙어있는 작은 나뭇가지를 잡고 위로 올라가려고 발버둥을 쳤습니다. 그때 누군가가 위에서 손을 내밀었습니다. 그 손을 잡고 나는 천신만고 끝에 바위 끝 꼭대기에 올라섰습니다. 올라간 곳은 전과 다르게 끝없이 펼쳐지는 부드러운 풀밭이었습니다. 나는 즉시 무릎을 꿇고 감사기도를 드렸습니다. 감사기도를 드린 후 보니 어느새 내 옷이 바뀐 것을 알았습니다. 나도 그들처럼 흰 옷을 입고 있었습니다. 금잔디조차도 비교할 수 없는 짙은 녹색의 부드러운 풀밭 위에 수많은 흰 옷을 입은 사람들이 한 곳을 바라보고 있었습니다. 먼 듯 가까운 듯 울려오는 장엄한 남자의 목소리가 들렸습니다. 풀밭 위에 서 있는 수많은 흰 옷을 입은 사람들이 한 곳을 바라보며 경배를 드리고 있었습니다.

그리고 곧 나는 깊은 잠에서 깨어났습니다. 너무도 생생한 꿈, 나는 왜 이런 꿈들을 꿀까 하는 의문과 함께 출근 준비를 서둘렀습니다. 그날 하루 나는 그 기이한 꿈을 생각하며 하늘 아바 아버지께 기도드리면서 여쭈었습니다. 나는 도대체 당신에게 어떤 존재입니까?

그날 저녁 하루 일을 마치고 자리에 들었습니다. 꿀 송이보다 더 단 단잠을 잤습니다. 누군가가 나를 부르고 있었습니다. 나는 흰 잠옷 바람으로 문밖을 나섰습니다. 문밖에는 눈이 내리고 있었습니다. 그리고 하늘에서 내리고 있는 눈을 바라보았습니다. 눈은 온통 세상을 하얗게 덮고 있었습니다. 그때 하늘 쪽에서 나를 바라보는 눈동자를 바라보았습니다. 그 눈은 분명히 바른쪽 눈이었습니다. 그것은 눈동자 위에 있는 눈썹을 보고 알았습니다. 내가 눈동자를 주의 깊게 보려할 때 어디선가 사람들 소리가 났습니다. 소리 나는 쪽을 보았더니 발 아래에서 수많은 사람들이 온갖 범죄를 저지르는 어두움에 갇힌 세상이 보였습니다. 나는 어느새 하늘과 땅 사이에 서 있는 거대한 거인이 되어 있었습니다. 하늘을 바라보니 내리는 눈은 거침없이 그런 세상을 하얗게 덮어가고 있었습니다. 비록 하얀 긴 잠옷 바람으로 눈 내리는 곳에 서 있었지만 추위는커녕 푸근함을 느꼈습니다.

기이한 꿈에서 깨어나 나는 언젠가 반드시 하나님의 일을 해야 한다는 소명을 느꼈습니다. 마치 긴 잠 속에 있는 능력이 내 안에서 잠재만 하고 있다면, 이제 나는 나를 찾아야 한다는 생각이 어렴풋이 들었습니다. 그러나 오랫동안 평생을 평범한 길을 가기를 오직 염원하였기에 나의 알 수 없는 잠재력을 어떻게 개발하여 주님을 기쁘게 해 드리고 또 어떻게 주 하나님의 이름을 영화롭게 해 드릴 수 있는가에 대해서는 전혀 알 수 없었습니다. 오직 내가 할 수 있는 것은 하루하루 나에게 주어진 일에, 그리고 내 자신에게 정직하게 임하는 것뿐이었습니다. 나는 내 자신의 정직성에 몸부림을 쳤습니다. 그때부터 주님의 훈련은 시작되었습니다. 주님은 나에게 나를 내려놓으라고 하시면서 그것에 중점을 두셨습니다. 시기 질투로 인한 미움은 눈먼 가슴이 되어 형제 자매를 죄의 올무에 몰아넣는 수 있는 보이지 않는 흉기가 됨을 인식시켜 주셨습니다. 가진 것도 없고 육신은 연약하여 하루하루 곤고한 나에게는 세상을 미움으로 충분히 바라볼 수도 있었습니다. 그러나 나의 여린 양심을 통해서 주님은 육신보다 더 강한 영적인 훈련으로 나를 인도하셨습니다. 내가 이런 훈련을 통과할 때마다 나에게는 보이지 않는 대적들이 나타났습니다. 그러나 주님은 그들을 축복하라고 말씀하셨습니다. 나를 아프게 하는 그들을 축복하라시는 주님, 그들의 부요함을 위해 그때부터 내가 비록 가진 것은 없지만 마치 세상을 다 가진 자처럼 그들을 축복하기 시작했습니다. 참으로 이상한 것은 미워하는 것보다 축복하는 것이 마음을 풍요롭게 하였고 무엇보다 거기에는 하나님 아버지가 주시는 마음의 평안이 있었습니다.

그러던 어느 날 나는 알 수 없는 경험을 했습니다. 아무 이유도 없이 통증 때문에 나는 발을 절름절름 거렸습니다. 그래서 높은 구두를 피하고 낮은 구두를 신고 다녔습니다. 지독한 고통 가운데 있던 중 구역예배 때 나의 고통을 얘기하며 기도 요청을 했습니다. 구역예배 후 모두들 합심하여 기도를 해 주었습니다. 그러자 한 성도님이 아예 드러눕고 모두 합심해서 기도를 하자고 하여 아마 지하실 같은 데로 모두 내려간 기억이 납니다. 그곳에서 기도를 받던 중 나는 나를 지나는 가늘고 긴 나무 모양의 육척의 자 모양을 보았습니다. 내 곁을 서서히 지나는 자를 내가 만질 수 없었던 것은 구역식구들이 모두 열렬하게 나를 붙잡고 기도를 하였기 때문이었습니다. 모두의 마음을 주님께서 헤아려 주셨는지 절름거리며 구역예배를 참석하였다가 아주 정상적인 걸음으로 그 집을 나온 아름다운 은혜를 맛본 경험을 했습니다. 기도의 힘을 그때처럼 강하게 경험한 적도 없었습니다. 믿는 자들의 기도의 힘은 마귀를 쫓는 힘이 있다는 것을 절실히 알게 되었습니다.

불현듯 생각나는 어떤 성도가 있었습니다. 그분은 마귀의 존재를 익히 잘 알고 계셨습니다. 그러나 병든 신도를 위해 대적하는 기도 대신 세치의 혀로 아픈 성도에게 마귀가 들렸다고 질책을 하셨습니다. 행할 줄 모르는 믿음을 어느 예배시간에서 들은 기억이 났습니다. 이러한 작은 경험들은 나에게는 끊임없이 경각심을 일깨워주는 훈련이었습니다. 주 하나님이 주신 기도의 명령을 준행하기 위해 열심히 새벽기도와 철야와 주일 예배를 드렸습니다. 내 안에는 주 하나님이 나를 지켜 주신다는 신뢰의 마음이 있었습니다. 그래서인지 세상에서 당당할 수 있었습니다. 내게 보이지 않는 자신감을 주신 하나님은 나를 끊임없는 영적인 훈련의 장소로 인도하셨습니다. 때로는 내가 감당할 수 없는 곳에 있게 하시면서 많은 것을 배우게 하셨고 살아계신 하나님의 임재를 경험하게 하셨습니다. 주 하나님의 살아계심을 부인할 수 없는 이렇게 거듭되는 훈련을 받았다면 사람들은 훈련 자체보다도 주의 은혜만을 중요시 여길 것입니다. 주 하나님의 계획은 세상에서 권력을 잡아 일을 행하는 것을 말하는 것이 아닙니다. 말씀으로 예수 그리스도의 형상으로 일치된 거듭난 자녀는 주 예수 그리스도의 믿음의 분량에 이르기까지 하루하루 우리에게 주어진 십자가를 져야 하고 그리스도의 남은 고난에 참여해야 합니다. 앞으로 우리가 받을 면류관과 상급을 생각하면 우리에게 현재 주어진 고난을 기쁨으로 받아들여야 하겠지요. 주님의 발자취를 따라가면서 하루하루를 하나님의 임재 속에서 거하게 하심은 믿는 자녀들에겐 커다란 축복이 아닐 수 없습니다.

엄마의 칠순으로 한국을 방문하고 다시 미국으로 돌아온 후 나는 여독으로 시름시름 앓았습니다. 그전부터 집안에서는 누차 나에게 재혼을 암시했지만 내게는 그 어느 누구에게도 설명할 수 없는 이유가 있었기 때문에 친정식구들에게조차 내 의사를 분명히 표현을 했지만 그 여파가 아들에게 올 줄은 상상조차 못 했습니다. 육신의 피곤함 속에 견뎌야 했던 집요한 아들의 요청은 왜 엄마는 보통 여자처럼 살지 않느냐는 질타와 함께 자기는 아빠가 필요하다고 하면서 아빠를 대신할 사람을 만나 보라는 후원 아닌 후원을 했습니다. 아들의 집요는 거의 강요에 가까웠습니다. 엄마로서 아들이 생각하는 그런 평범한 여자처럼 살 수 없음을 아들에게 설명하기에는 결코 이해할 수 없는 영적인 부분이 있었습니다. 그래서 나는 아들 앞에서 그저 묵묵부답으로 일관했습니다. 그러던 중 어느 한국 여자에게서 전화가 왔습니다. 자기는 그저 타인이지만 아들이 자기 아이와 친구인데 대화 중 아들이 자기 엄마는 왜 재혼을 하지 않는지 이해를 못 하겠다고 말했습니다. 그러면서 애 아빠와 재결합을 생각 하느냐는 무뢰한 질문까지 던졌습니다. 생면부지의 여자가 남의 사생활을 전화로 거침없이 물었을 때 나는 그저 아연실색할 수밖에 없었습니다. 정신을 가다듬고 대화를 자연스럽게 마무리 하고 전화를 끊었습니다.

그 후 또 아들 친구의 부모인 미국 엄마가 나를 자기 집에 초대를 하여서 여러 가지 얘기를 하던 중 여자 혼자가 틴에이저 아들을 키운다는 것은 요즘 세대에 많은 고통이 따른다면서 아들이 나의 재혼을 원하는 것 같은데 재혼을 생각해보지 않겠냐는 질문을 받았습니다. 처음 만난 분에게 어떻게 설명해야 이해를 할지, 보통 미국 여자들로서는 전혀 이해가 안 되는 삶을 살아야 한다고 하면 그들은 결코 이해할 수 없을 것입니다. 그래서 나는 혼자 사는 것이 그저 편해서 그런다고 둘러대고 그 집을 나왔습니다. 난 아들이 왜 그런 쓸데없는 얘기를 사람들에게 하고 다니는지 알 수가 없었습니다. 마치 처녀가 결혼이 모든 것의 해결책인 줄 알고 있듯이 아들은 엄마가 결혼을 하면 새 아빠가 자기의 외로움을 해결해 주는 것인양 그저 단순하게 생각을 했습니다. 그런 아들의 어린 마음이 나를 궁지로 몰아 가고 있었습니다. 아들의 심정을 모르는 바는 아니었습니다. 나로선 아들의 심경을 헤아려야 하였기에 생각할수록 마음이 그저 고통스러웠습니다.

이러한 상황 가운데 다니고 있던 회사에서는 필리핀 계통의 사람들이 나를 이유 없이 미워하며 사사건건 트집을 잡았습니다. 나는 사실 일벌레처럼 일만 했지 사람들과 어울릴 정도로 그렇게 능숙한 사람은 아니었습니다. 연약한 체질에 일과 생활을 감당하다 보면 체력이 언제나 달렸습니다. 어린 시절 가족 살림을 도맡았을 때도 식구들이 많았던 탓에 언제나 먹는 것이 넉넉하지 못하면 맏딸로서 동생들에게 언제나 양보할 수밖에 없었습니다. 한창 자랄 때 잘 먹지 못 하고 컸던지 나의 열 손가락은 언제나 영양이 모자란 듯이 달빛에 보면 손톱이 유난히 희었습니다. 그뿐만 아니라 언제나 빈혈에 시달려야 했습니다. 체력이 약해서 실수도 많았습니다. 집과 직장에서 받는 스트레스도 하루하루를 힘들게 했습니다.

그러던 어느 날 나에게 심경의 변화가 생겼습니다. 내가 늘 연약하여 아들을 남들처럼 건강한 가운데 키우지 못했다는 죄책감에 아들이 안쓰러웠습니다. 그러한 심리적인 갈등 끝에 아들의 마음이 가는대로 한번 해보자 하는 결심이 섰습니다. 그러던 중 결혼을 전제로 미국 사람을 만나보기로 했습니다. 사실 나는 남자를 사귀는 일에는 재능이 없었습니다. 나의 보수적인 자존심 때문에 자신을 스스로 그런 궁지에 몰고 가는 것 같았습니다. 그리고 다른 이유 중 하나는 지나간 경험을 비추어보아 내가 남자를 만나면, 나로 인해 나나 혹은 남자가 아프든지 하여 그 문제가 은연듯 염려가 되었습니다.

그럼에도 불구하고 내 자신의 변화를 위해 남자를 만났습니다. 비록 세월 먹은 나이었지만 그래도 새로 교제하는 사람을 식구들에게 소개한 후 공개적으로 만났습니다. 그러나 그는 결코 하나님의 사람이 아니었습니다. 그리고 몇 번 만난 후 만남의 동기에 후회를 하고 있던 중 아들은 결혼이 마치 아이들 장난인 줄 알고 언제 결혼할 것이냐고 독촉을 했습니다. 그런 찜찜한 부담 가운데 그 남자를 몇 번 만났습니다. 죽은 사람 소원도 들어 준다는데 산사람 소원 한번 들어주자. 그래, 한번 나의 자존심을 접고 만나다보면 무슨 공통분모를 발견할 수 있겠지 하는 비장한 마음으로 나름대로 열심히 노력을 했습니다. 그러나 생각대로 행동은 그렇게 쉽게 되지 않았습니다.

그날 그와 나는 외식을 하고 단 둘이 있던 중 갑자기 하늘 문이 열리는 느낌을 받았습니다. 그리고 열린 공간에서 커다란 남자의 음성이 들렸습니다. "처음 네가 네 길을 가려할 때 내가 말렸지만 너는 그 길만이 네 길인 줄 알고 마음을 돌리지 않아서 가는 길을 허락하였고 두 번째로 갈려할 때 가지 않으면 오매불망하는 네 가족 때문에 네가 마음이 아파할 것 같아 허락했지만, 이제는 다시 너를 길가에 세워 두지 않겠다." 하는 단호한 음성이었습니다. 커다란 남자의 음성은 내가 걸어온 생애였고 지나온 과거였습니다.

순간 두려움에 사로잡혀 그 남자에게 물었습니다. 무슨 소리 못 들었냐고 물었을 때 그 남자는 이상한 눈초리로 아무소리도 못 들었다고 했습니다. 나는 정신이 혼비백산이 되어 가방을 급히 집어 들고 집으로 돌아왔습니다. 아들은 집에 있었습니다. 아들은 나에게 "엄마, 이제 다시는 엄마에게 결혼하라는 말하지 않을게. 엄마 편한대로 살아요."라고 말했습니다. 나는 고맙다고 답해 주었습니다. 집에 돌아 온 후에도 하늘의 공간이 열리는 느낌과 생생히 들렸던 남자의 음성이 아직도 뇌리 속에서 살아 움직이고 있어서 두려웠습니다. 나는 주 하나님의 일을 해야 한다는 것을 그때 더욱 깨닫게 되었습니다.

이러한 내적인 감정에 대해 아무 것도 모르는 그 남자는 내게 부질없이 전화를 했습니다. 그렇지만 그 남자와의 만남을 이후로 거절했습니다. 왜냐하면 주 하나님이 허락지 않은 사람임을 알았기 때문입니다. 그리고 지난날의 경험을 비추어 보아 오히려 이런 단호함이 서로를 위하는 길이라는 것을 알았습니다.

그 일이 있는 후 참으로 이상한 일이 생겼습니다. 그 남자는 전화로 자주 자기 사생활을 나에게 이야기했습니다. 정신적으로 외로운 사람이란 느낌이 들었습니다. 그 남자의 호소 중 하나는 전 부인이 플로리다에서 세 아들을 데리고 갑자기 자기한테 왔는데 큰아들과 작은아들이 이상한 피부병에 걸려 학교는 가지 못 하고 집에만 있다고 했습니다. 그래서 막내는 어떠냐고 물었더니 막내는 괜찮다고 했습니다. 순간 스쳐 지나가는 것이 있었습니다. 그 남자는 그저 평범한 남자라서 내가 무슨 말을 하여도 이해하지 못 하겠지만 이 문제는 분명 영적인 문제였습니다. 그래서 내가 한번 아이들을 만나 봤으면 좋겠다고 말을 했습니다. 그 남자는 전적으로 그것은 좋은 생각이 아니라고 말렸으나 내가 아이들을 꼭 보아야 되겠다고 말했습니다. 그리고 아이들이 있는 곳을 찾아갔습니다.

도어벨 소리에 그 남자가 문을 열었습니다. 문 안에 들어선 나는 그만 소리를 지를 뻔했습니다. 커튼 뒤에선 두 아이들은 열세 살과 열다섯 살 즈음 되어 보였습니다. 그들의 모습은 마치 괴기영화에서만 나오는 괴물 같은 모습 그 자체였습니다. 틴에이저로서 학교를 그런 모습으로 갈 수 없는 이유를 충분히 이해할 수 있었습니다. 그들은 보통 피부병이 아닌 뿔처럼 살이 돋아 보이는 악성 피부염을 앓았습니다. 그들 곁에서 천진난만하게 노는 막내는 극히 정상적이었습니다. 집으로 돌아오는 길에 그 남자에게 이제 우리는 전화조차 하지 않는 것이 좋으니 애들의 회복을 위해 내게 전화하지 말아달라고 얘기를 했습니다. 그 남자는 전혀 이해할 수 없다는 표정이었습니다. 그 후 몇 번 전화가 왔었지만 받지 않았습니다. 전화번호도 바꾸었으므로 더 이상 그 남자에게서 오는 전화는 끊겼습니다.

그날 아들과 함께 장을 보러 나갔습니다. 공교롭게도 그곳에서 만난 그 남자는 나를 보더니 반갑다고 쫓아왔습니다. 아들이 슬쩍 자리를 비켜 주었으므로 그 남자에게 아이들을 물어 볼 수 있었습니다. 그때까지도 아이들이 피부병으로 고생을 하나 많이 쾌차하여 뿔처럼 살이 돋아 보이는 모습은 아니라고 했습니다. 그래서 나는 그 남자에게 말을 했습니다. 너와 나는 이렇게 우연이라도 만나서는 안 되고, 보아도 못 본 체 하는 것이 아이들을 위하는 것이라고 말을 했습니다. 그 남자는 전혀 이해할 수 없다는 표정을 지었습니다. 그 남자와 헤어진 후 급히 장을 끝내고 아들과 함께 집으로 돌아 왔습니다.

어느덧 시간은 쉬이 지나 이천년 첫해 첫날 되는 날, 나는 조용히 책상 앞에 앉아서 사람을 돌아보았습니다. 지내 온 지난날을 돌아보면서 주 하나님께 잘못을 회개하고 부족한 점들을 개선할 것을 새롭게 다짐하면서 일 년을 계획하고 있었습니다. 빠듯한 생활 가운데 무엇인가 생활의 변화를 피부 깊숙이 느꼈기에 새로운 해에는 필히 새로운 각오를 해야겠다는 다짐을 했습니다. 다짐 끝에 앞으로의 진로는 부동산 매매 중개인이 되기 위하여 공부를 해야겠다는 결심을 했습니다. 그리고 새로이 장만한 부동산매매 중개인의 책을 조용히 만지면서 기도를 했습니다.

그때 책상 앞에 놓였던 성경이 툭 하고 책상 밖으로 떨어졌습니다. 허리를 굽히고 집은 성경의 장수는 잠언 16장 9절이었습니다. "사람이 마음으로 자기의 길을 계획할지라도 그 걸음을 인도하는 자는 여호와시니라" 말씀이었습니다. 고개를 갸우뚱 하면서 부동산매매 중개인이 되는 것을 하나님이 원하지 않으시나 하는 생각을 잠시 해보았으나 곧 잊어버리고 부동산매매 공부를 했습니다. 그러나 부동산매매 중개 공부를 할 때마다 우연 같지만 주변에서 원하지 않는 일이 계속 생기는 것 같았습니다.

그러는 사이 직장에서는 나와 필리핀 사람들과 보이지 않는 공간이 형성이 되면서 그들은 나를 배척을 했습니다. 짐작되는 이유라면 직장에서 매니저가 나에게 일을 잘한다는 평을 한 후 그들의 질투와 시샘이었습니다. 소수인 한국인에 비해 그들은 다수였습니다. 그들의 질투는 마치 질풍같이 나의 하루일과를 힘들게 했습니다. 믿음 없는 그들은 그들 나름대로 소위 세상적으로 똘똘 뭉쳐서 다녔습니다. 그래도 그들 중에는 상냥한 사람도 있었습니다. 상냥한 사람은 때때로 나를 대변해 주었습니다. 이런 되풀이 속에 내 속은 알 수 없는 분노가 가슴에 치밀고 있었습니다. 연약한 육신으로 삶을 살아간다는 것은 날마다 육신적으로 지치지만 그래도 견디면서 살았습니다. 그러나 사람들과의 보이지 않는 신경전은 정말로 나를 매일매일 피로하게 만들었습니다.

그러던 어느 날, 한 필리핀 여자가 나의 수퍼바이저가 되었습니다. 그 여자는 수시로 나를 '바보 멍청이'라고 하며 이유 없이 모욕했습니다. 이해할 수 없는 태도와 말을 서슴지 않고 나에게 하는 그 여자가 미웠습니다. 그래서 인사처에 찾아가서 나의 부당한 대우를 호소했습니다. 그런 가운데 정신적으로 육신적으로 매일매일 탈진 상태가 되는 자신을 수시로 보았지만 그렇다고 당장 직장을 놓을 수 없었습니다. 언제부터인가 나는 날마다 그 여자를 저주하기 시작했습니다. 그 저주의 마음은 나의 믿음에 작은 가시가 되어 무시로 나를 찔렀습니다. 날마다 폭발할 것 같은 마음으로 생활을 하다보니까 서서히 기도의 생활이 줄어들었습니다. 육신과 정신이 한꺼번에 지친 상태이다 보니까 더 이상 부동산매매 중개 공부를 할 수도 없었습니다. 자연히 책들을 구석으로 미뤄놓게 되었습니다. 그 후 그 여자는 수퍼바이저 자리에서 또 다른 동료에게 부적절한 행동으로 회사에서 해고를 당했습니다. 그리고 회사에서는 그 여자가 쓰던 책상을 나에게 주었습니다.

망각이란 인간만이 가지는 정신적인 치유일까, 지내온 고통을 잊을 수가 있어 새로운 꿈을 꾸었습니다. 그래서 다시 책을 잡아 공부를 하였습니다. 그러던 어느 날 밤,

잠을 청하려는 나에게 굉장한 굉음이 내 귓전을 울렸습니다. 나는 놀라서 굉음소리에 잠에서 깨어나서 아들에게 달려가서 물었습니다. 아들은 아무소리도 듣지 못했다고 했습니다. 이상하다고 고개를 갸우뚱하면서 다시 잠을 청하려고 할 때 나는 알 수 없는 장애를 내 몸 속에서 느꼈습니다. 그것은 마치 내 몸 속에 어느 한 부분이 상해 가고 있다는 것을 느꼈습니다. 불현듯 성경구절이 떠올랐습니다. 잠언 16장 9절이었습니다. "사람이 마음으로 자기의 길을 계획할지라도 그 걸음을 인도하는 자는 여호와시니라" 나는 즉시 기도를 하면서 나 자신을 주 하나님께 변론하면서 성경의 구절을 찾았습니다. 그때 잠언 20장 24절 "사람의 걸음은 여호와께로서 말미암나니 사람이 어찌 자기의 길을 알 수 있으랴" 구절을 보게 되었습니다.

순간 내가 무엇을 하나님께 잘못 했나 하는 마음이 들었으나 내가 무슨 잘못을 하고 있었는지를 아무리 생각을 해도 떠오르지 않았습니다. 그리고 수없는 사람들의 얼굴들이 스쳐 지나갔습니다. 그들의 잘못된 삶속에서 그들이 누리는 삶의 자유를 볼 때 순간 내가 그동안 얼마나 어리석게 살았는가 하는 생각이 들어 그들의 삶과 나를 비교하게 되었습니다. 아무리 정직하고 성실하게 살아도 지친 체력에 하루하루의 삶은 힘들기만 했습니다. 적은 체력으로 인해 겪는 고통은 본인인 나 외에는 아무도 알 수가 없을 것입니다. 그래서 이제는 정말 누군가에게든지 의지하여 육신적으로 쉼을 얻고 싶었고 공부하여 얻은 그것으로 삶을 의지하고 싶었습니다. 보이지 않는 영과 육의 갈등 속에서 오랫동안 살아온 삶의 방향과 성격을 바꾸기란 그렇게 쉽지 않았습니다. 아무리 내가 발버둥을 쳐도 하나님께서 나를 붙잡고 계시는 한 나의 삶의 변화는 결코 하루아침에 일어나는 것이 아니라는 것을 깨달았습니다.

이런 내면적인 소용돌이 속에서 상처뿐인 세월들 가운데 언제나 잔인한 말로 이방인 취급을 하여 나의 심령을 갈기갈기 찢어만 놓았던 엄마를 생각하면 우울한 감정이 들었습니다. 그저 한 마리의 야생말처럼 달려오기만 한 삶속에 내 마음은 서서히 부정적인 생각과 함께 나도 다른 사람들처럼 극히 평범하게 자유롭게 살기 원했습니다. 그래서 주님과 마음이 멀어지기를 바랐습니다. 이런 엉뚱한 생각을 하는 사이에 자연히 내 마음속에 찬양이 줄어 기도도 부진하게 되었습니다. 그리고 나도 모르는 사이 내 마음속에서는 주님을 조금씩 불신하게 되었습니다. 정신적으로 육신적으로 지친 삶에 나도 모르는 사이에 시험이 들고 있었습니다.

사람이 미련하므로 자기 길을 굽게 하고 마음으로 여호와를 원망하느니라.(잠 19:3)

어느 때부터인가 나는 알 수 없는 것에 눌렸습니다. 밤마다 여러 명의 군복을 입은 군인들이 나를 습한 갈대 늪 같은 곳에 뉘어놓고 지키고 있었습니다. 나는 짙은 밤 안개와 습기로 인해 내 몸 속에 있는 기운이 빠지는 것을 느끼면서 아무 저항도 없이 누워만 있다가 깨어나곤 했습니다. 때로는 군인들이 군화로 나를 툭툭 건드리기도 했지만 나는 일어나서 그들에게 대항할 기운이 없었기에 비록 꿈속이었지만 그 고통을 그냥 당하고만 있었습니다. 수개월이 지나는 사이 나는 내 안에서 내재하는 능력을 잊고 있었습니다. 그리고 나는 나의 고통을 주 하나님께 간구하는 것을 잊은 채 살았습니다.

그날은 구역예배가 있었으므로 구역장 부인 집사님의 도움으로 구역예배를 겨우 참석했습니다. 그때 합심기도를 하면서 내가 주 하나님께 내 고통을 간구하지 않은 것이 생각이 났습니다. '하늘에 계신 아바 아버지. 저를 불쌍히 여겨 주소서.' 그때 내 마음속 가득히 주기도문이 울려 퍼졌습니다. 눈물을 흘리면서 하나님께 감사기도를 드렸습니다. 덧없이 시간이 지나면서 나는 숨을 쉬고 있는 단순한 인간이었기에 또다시 끝없는 삶에 도전을 위해 새로운 것에 삶의 기대를 했습니다. 그래서 생각한 것이 부동산매매 중개였습니다. 지극히 현실적이고 단순하고 평범한 나였기에 하나님이 내게 거는 기대가 무엇인지도 짐작도 못한 채 집요하게 삶의 성공을 위해 부지런히 생활 계획표를 만들었습니다.

그리고 그날 밤 잠이 들었습니다. 꿈속에서 생시처럼 알 수 없는 굉음을 들었습니다. 마치 그 소리는 내 머릿속이 한 장의 CD라면 메모리 한 칩이 파괴되는 것 같은 느낌이었습니다. 그때 섬광처럼 번득이는 지혜가 내 머릿속을 파고 들어왔습니다. 더 이상 부동산매매 중개 공부를 하지 말라는 것이었습니다. 비록 꿈이었지만 내게 분명히 전해진 메시지였습니다.

아침에 일어나서 조심스럽게 두려운 마음으로 부동산매매 중개 공부하는 책들을 정리하여 집안의 구석진 곳에 두었습니다. 우연인가 아니면 착각인가 하는 생각도 있었지만 꿈속에서 들은 굉음소리와 섬광처럼 스쳐 지나갔던 지혜를 기억하였기에 단호한 마음으로 정리했습니다.

이해할 수없는 것을 이해할 수 있는 지혜로 내 꿈을 접게 해 주신 하나님의 메시지를 받았음에도 한번 삐뚤어진 사람의 마음이 쉽게 돌아서지 못하는 것이 인간의 악한 본성이라 그런지 역시 그러한 본성이 내 핏속에 흐르고 있었습니다. 교회를 가도 그저 의례적인 예배와 기도일 뿐 예전처럼 경건함이 더 이상 나를 두르고 있지 않았습니다. 마치 물과 기름처럼 갈팡지팡 하는 내 모습을 보았습니다. 삶에서 상실된 마음이 회복되지 못하였기에 나는 자주 영적으로 육적으로 아팠습니다. 그래서 기도를 할 때마다 주 하나님께 주신 기도제목 중 하나를 놓고 반문하기 시작했습니다. 나는 더 이상 아들의 영혼을 놓고 기도를 하지 않겠다고 주 하나님이 주신 기도제목에 대해 스스로 반항을 했습니다. 그리고 약한 체력으로 인해 삶의 장애를 받았으므로 육신적으로 쉼이 필요하다고 기도로 말씀드렸습니다. 이런 내면적인 갈등 속에서 그래도 충실히 교회를 다니면서 이칠 제자의 말씀을 배웠습니다. 아마도 나의 실낱같은 믿음이 영원히 하늘에 계신 아바 아버지와의 관계가 멀어질 것 같은 안타까운 마음의 나락의 끝에 서 있는 것을 영적으로 알았습니다. 이것은 하나의 현실적인 몸부림이었습니다.

나는 그때 내 지친 감정과 끝없이 가야 하는 인생의 무력함에 보이지 않는 분노에만 빠져 있었기 때문에 자연히 좁은 영역에 갇혀서 제한된 시야로 앞으로 닥쳐올 불행을 제대로 보지를 못 했습니다.

내일 일을 너희가 알지 못하는도다. 너희 생명이 무엇이뇨, 너희는 잠간 보이다가 없어지는 안개니라.(약 4:14)

나는 오직 주 하나님께 의뢰하며 주시는 평안과 함께 주 하나님의 치유와 회복을 기다려야 했습니다. 이제 돌이켜 생각해보니 그저 성난 한 마리의 야생마처럼 고삐 없이 주님으로부터 얼마나 멀리 달렸었는지 지난 세월로 인해 실로 실감할 수 있었습니다. 잠언 18장 14-15절 말씀에 "사람의 심령은 그 병을 능히 이기려니와 심령이 상하면 그것을 누가 일으키겠느냐? 명철한 자의 마음은 지식을 얻고 지혜로운 자의 귀는 지식을 구하느니라." 하셨으니 이런 나를 주님은 지켜보시면서 나의 영을 말씀으로 붙잡으셨습니다.

나는 그때 마치 하늘을 두려워하지 않는 사람처럼 하고 싶은 말을 나를 상하게 하는 사람들에게 내뱉었으며 나의 분하고 억울한 마음을 풀었습니다. 그때 주 하나님이 내게 주신 말씀은 베드로전서 3장 11-12절이었습니다. "생명을 사랑하고 좋은 날 보기를 원하는 자는 혀를 금하여 악한 말을 그치며 그 입술로 궤휼을 말하지 말고 악에서 떠나 선을 행하고 화평을 구하여 이를 좇으라. 주의 눈은 의인을 향하시고 그의 귀는 저의 간구에 기울이시되 주의 낯은 악행하는 자들을 향하시느니라 하였느니라."

어느 날 밤, 자리에 들기 전 마음에 와 닿는 말씀이 있었습니다. 갈라디아서 4장 31절 "그런즉 형제들아 우리는 계집종의 자녀가 아니요 자유하는 여자의 자녀니라." 그리고 갈라디아서 5장 1절 "그리스도께서 우리로 자유케 하려고 자유를 주셨으니 그러므로 굳세게 서서 다시는 종의 멍에를 메지 말라."는 말씀으로 나의 형편없었던 모습이 떠올랐고 불평과 거친 반항으로 자신을 자학하였던 어리석음을 기억하게 되었습니다. "주여, 저를 불쌍히 여겨 주소서. 저는 연약합니다. 붙들어 주소서. 그리고 용서하여 주소서. 제가 삶의 욕심을 붙들면서 주의 말씀을 소홀히 여겼습니다." 하면서 엉엉 울면서 회개를 했습니다.

그때 보여 주신 말씀은 갈라디아서 5장 16-17절입니다. "내가 이르노니 너희는 성령을 좇아 행하라. 그리하면 육체의 욕심을 이루지 아니하리라. 육체의 소욕은 성령을 거스리고 성령의 소욕은 육체를 거스리나니 이 둘이 서로 대적함으로 너희의 원하는 것을 하지 못하게 하려 함이니라."

하늘에 계신 아바 아버지는 이렇게 나의 삶에 오셔서 개인적으로 거친 광야 같은 나의 인생을 붙들어 주시며 말씀으로 나를 인도하셨습니다. 그러한 주 하나님께 나는 진심으로 감사 기도를 드렸습니다. 긴 고통의 아픔을 거치는 인생의 어둠의 터널을 지나는 동안이었지만 나는 주 하나님의 사랑의 빛을 열심히 좇아가려고 했습니다.

그리고 이칠 제자 소그룹과 구역예배를 참석하면서 교회라는 포도나무에 접붙이려는 몸부림을 했습니다. 신명기 30장 11절 말씀에 "내가 오늘날 네게 명한 이 명령은 네게 어려운 것도 아니요 먼 것도 아니라." 하시며 나를 떠나지 말라시는 주 하나님은 어려울 때일수록 말씀을 가까이 하고, 믿음으로 당신의 딸답게 살라고 하시며 나의 마음을 사랑으로 위로하여 주셨습니다.

그리고 신명기 30장 16절 말씀입니다. "내가 오늘날 너를 명하여 네 하나님 여호와를 사랑하고 그 모든 길로 행하며 그 명령과 규례와 법도를 지키라 하는 것이라."

어느 날 아들이 밝은 표정으로 내 방 안에 들어 왔습니다. 그리고 나에게 믿음에 대한 질문을 하기 시작했습니다. "엄마! 엄마는 주 하나님을 믿어요. 그리고 예수님이 우리를 위해 죽으시고 사흘 만에 부활하신 것을 믿어요? 믿음으로 인해 우리가 진실로 영원한 나라에 가는 것을 믿을 수 있어요, 엄마는? 솔직히 얘기해 봐요." 나는 아들에게 대답을 했습니다. "그래, 믿어. 우리가 믿음으로 인해 주 예수 이름으로 영원한 하나님 나라에 가는 것을 믿어." 그때 아들이 내게 보인 것은 동전 한 개였습니다. "엄마. 이 동전을 똑똑히 보세요." 그 동전은 25전 짜리의 미화였는데 안에는 아주 작은 글씨로 "IN GOD WE TRUST"라고 적혀 있었습니다. "엄마, 읽어 봐요." 그래서 아들이 시키는 대로 읽었습니다. "이 뜻이 무엇인지 알아요, 엄마?", "그래, 나도 알아 하나님을 신뢰 하라는 거지." 아들은 아주 기쁜 얼굴로 "그래, 엄마 말이 맞아요." 나는 아들의 믿음에 주 하나님께 감사드렸습니다. 기도할 때마다 아들에게 믿음이 있기를 구하였는데 놀랍게도 기도의 응답을 받은 것이었습니다.

그날 이후 아들은 날마다 명랑한 태도로 똑같은 주제를 가지고 나에게 와서 똑같은 질문을 하였고 25전 짜리의 미화를 보여주며 읽으라고 했습니다. 그러기를 일주일이 되다가 보니까 조금 짜증이 났습니다. 그날도 아들이 씩 웃으면서 내게 가까이 오는 것을 보고 나는 큰소리로 "그래, 이제 그만 해! 알아들었어요." 했습니다. 그리고 아들이 무안할 것 같아 순간 자신을 죽이고 그날 들어야 할 아들의 복음의 소리를 들었습니다. 아들은 나에게 이렇게 얘기를 했습니다. "엄마, 앞으로 무슨 일이 있어도 이렇게 주 하나님만을 신뢰해야 돼요. 알았지요?" 했습니다. 그리고 곧이어 아들은 덧붙여 말했습니다. "무슨 일이 있어도 하나님을 의심하지 말고 절대로 신뢰해야만 엄마와 내가 다시 만날 수 있어요." 하며 알 수 없는 아들의 말을 던졌습니다. 순간 왠지 그말이 가슴에 깊게 새기어졌습니다. 그리고 아들의 그 말 한마디가 삶에 찌들려 병든 마음에 잠재만 하고 있었던 믿음에 강한 경각심을 주었습니다. "그래, 네 말이 맞아. 내가 너무 사는 것에 힘들어서 주 하나님을 잠간 신뢰하지 못 했었는데 이제 무슨 일이 있어도 주 하나님만을 신뢰할 거야." 하고 마치 들킨 것 같은 마음으로 아들에게 말을 했습니다. 그때 아들은 내 말을 듣고 마치 자기의 사명을 다해 극히 만족하다는 듯이 빙긋이 웃으면서 내게 말을 했습니다. "주 예수님 이름으로 믿어야 해요." 그래서 나는 아들을 향하여 말을 했습니다. "그래. 모든 이름 위에 뛰어나신 주 예수 이름으로! 아멘." 해 주었습니다. 나는 아들이 주 하나님을 사랑한다는 사실과 예수님을 사랑하는 그의 진실된 믿음에 감격을 하여 주 하나님께 감사의 기도를 드리면서 그날 눈물을 흘렸습니다.

　다음 날 아침, 나는 밝고 명랑한 마음으로 출근을 하였고 근무를 끝내고 피곤한 몸을 이끌고 퇴근을 했습니다. 그리고 집에 도착하여 문을 열고 집에 들어서려는 찰라 집안에 웬 낯선 남자가 식탁에 앉아 있는 것을 보았습니다. 처음 보는 젊은 백인 남자였습니다. 그리고 그의 곁에 아들이 서 있었습니다. 그 백인 남자의 얼굴은 희다 못해 핏기 없는 하얀 백지장 같았습니다. 그의 백지장 같은 얼굴에 비해 그의 입술은 무섭도록 핏빛처럼 빨갰습니다. 그의 손에는 술이 들려 있었습니다. 알 수 없는 불쾌감과 함께 내 심령 깊숙이 처음 보는 사람을 강하게 거부하는 내 모습을 보았습니다. 나는 젊은 백인 남자에게 우리 집에서는 술이 금지되어 있으니까 나가 달라고 요청을 했습니다. 핏기 없는 하얀 백지장의 얼굴의 백인 남자는 핏빛처럼 빨간 입술로 어름처럼 차디찬 냉소를 내게 던졌습니다. 그 모습은 소름이 끼치는 듯한 귀신같은 모습으로 마치 지옥에서 온 사람처럼 음산해 보였습니다. 나는 아들에게 어서 빨리 저 남자를 이 집안에서 내어 보내라고 지시했습니다. 그리고 아들의 입 안을 조사를 했습니다. 아들에게서는 다행히 술 냄새는 없었습니다. 아들은 내가 자기에게 술을 먹었는지 안 먹었는지 조사를 하는 것을 알고는 자기는 안 먹었다고 펄쩍 뛰면서 자기의 결백을 주장했습니다. 이런 모자의 옥신각신에도 아랑곳없이 그 젊은 백인 남자는 전혀 동요치 않고 식탁에 계속 있으면서 유유히 마지막 술잔을 마셨습니다. 아들은 엄마가 잠시 방에 들어가서 옷을 갈아입고 나오면 이 남자는 갈 거라고 했습니다. 나는 아들에게 더 이상 닦달질을 할 수가 없어서 방 안으로 들어 왔습니다. 그리고 즉시 옷을 갈아입은 후에 거실로 나갔습니다. 아들의 말대로 백인 남자는 더 이상 없었고 아들만 거실의자에 앉아 있었습니다. 나는 아들에게 왜 그런 남자를 집안에 끌어 들였냐고 추궁을 했습니다. 아들은 얼버무리듯이 배가 고프다고 했습니다. 그래서 나는 곧 아들의 저녁을 준비했습니다. 그 어느 누구도 앞으로 닥쳐올 우리의 모자의 불행의 시간들이 늦은 오후의 잠깐의 시간을 통하여 만난 낯선 남자의 만남으로 시작되었는지 우리 모자는 전혀 예측을 하지 못 했습니다. 아들은 차려준 저녁을 먹고 우리는 각각 잠자리에 들었습니다.

다음 날 아침, 아들은 명랑하게 웃으면서 "엄마, 좋은 하루 되세요!" 하면서 나의 볼에 키스를 하고 학교 버스를 타러 집을 나섰습니다. 나도 역시 아침 출근 준비를 끝내고 집을 나서면서 상쾌한 마음으로 출근을 했습니다. 그날 하루는 일과가 다양하여 분주하게 보냈습니다. 근무에 충실하느라고 그날에 닥쳐올 불행을 전혀 예견하지 못한 채 나는 아들의 학교로부터 한 통의 전화를 받았습니다. 아들이 지금 바로 병원에 가야 한다는 다급한 전화였습니다. 나는 급히 나의 매니저에게 얘기를 하고 회사를 떠났습니다. 학교로 운전을 하고 가는 동안 마음은 온갖 생각으로 꽉 차 있었습니다. 도대체 무슨 일인가, 어디 다쳤다는 설명도 없이 당장 학교로 오라는 학교 측이 이상하게 느껴졌습니다. 그리고 아침에 명랑하게 나에게 "엄마, 좋은 하루 되세요." 하며 볼에 키스를 하고 학교를 간 아들의 모습이 눈앞에 선했습니다. 운전 중 줄곧 "주여, 아들을 지켜 주소서." 하며 기도를 드렸습니다.

차를 학교 주차장에 주차를 하고 학교에서 오라는 장소를 물어 찾아갔습니다. 아들이 다녔던 고등학교는 대형 학교여서 찾으려면 누군가의 도움이 필요했습니다. 학교에서는 나를 보더니 기다렸다는 듯이 나를 어느 방으로 인도했습니다. 인도하는 방으로 들어섰을 때 나는 그만 아연실색할 수밖에 없었습니다. 그렇게 잘생긴 아들의 모습이 전혀 낯선 인물처럼 변해 있었습니다. 학교에서 주선해 주는 대로 경찰을 대동하고 우리는 버지니아 Falls Church에 있는 Dominion Hospital로 정신없이 갔습니다. 졸지에 당한 이 불행 앞에 나에게 어두운 그림자가 마음에 스쳐 지나갔습니다. 나의 지친 삶속으로 오는 깊은 실망 가운데 내가 주 하나님을 잠시 떠나 세상적으로 살기를 바랐던 그것이 생각이 났습니다. 나는 그때 내가 절대로 주 하나님을 떠나서 살 수가 없는 사람인 것을 절실히 깨달았습니다. 나의 마음이 방황 중에 주 하나님을 떠나려는 죄를 아들의 고통을 통해서 보고 알았습니다. 나는 즉시 하나님께 회개를 했습니다. 그때 주신 말씀은 이사야 44장 22절입니다. 내가 네 허물을 빽빽한 구름의 사라짐 같이, 네 죄를 안개의 사라짐 같이 도말하였으니 너는 내게로 돌아오라. 내가 너를 구속하였음이니라.

나는 회개의 눈물을 흘렸습니다. 아들이 그곳에 며칠 있어야 하므로 나는 모든 서류를 마치고 혼자 집으로 돌아갔습니다. 오는 길에 불현듯이 떠오르는 것이 있었습니다. 아들이 일주일이 넘도록 나에게 전해준 복음이었습니다. 그리고 마지막 날에 내게 전해준 아들의 말이 생각이 났습니다. "엄마, 무슨 일이 있어도 이렇게 앞으로 하나님만을 신뢰해야 돼요. 알았지요?" 그리고 곧이어 아들이 덧붙여 말한 것도 생각이 났습니다. "무슨 일이 있어도 하나님을 의심하지 말고 절대로 신뢰해야만 엄마와 내가 다시 만날 수 있어요." 하는 말을 나는 믿음으로 마음속 깊숙이 새기었습니다.

그때 들려오는 성경구절은 예레미야 29장 11절부터 14절이었습니다. "나 여호와가 말하노라. 너희를 향한 나의 생각은 내가 아나니 재앙이 아니라 곧 평안이요 너희 장래에 소망을 주려하는 생각이라. 너희는 내게 부르짖으며 와서 내게 기도하면 내가 너희를 들을 것이요 너희가 전심으로 나를 찾고 찾으면 나를 만나리라. 나 여호와가 말하노라. 내가 너희에게 만나지겠고 너희를 포로 된 중에서 다시 돌아오게 하되 내가 쫓아 보내었던 열방과 모든 곳에서 모아 사로잡혀 떠나게 하던 본 곳으로 돌아오게 하리라, 여호와의 말이니라, 하셨느니라." 고통 중에 나는 말씀으로 위로를 해 주시는 하나님께 감사 기도를 드렸습니다.

병원으로 아들의 병 문안을 갔을 때 아들이 내게 한 말이 생각이 났습니다. 자기는 지옥에서 온 사람을 만났다고 했습니다. 그 사람이 아들에게 굉장한 파워를 준다고 하면서 그 파워는 예수님과 같이 되는 것이라고 했습니다. 그래서 "네가 어떤 대답을 하였냐?"고 아들에게 물었습니다. 그때 아들은 정색을 하면서 나에게 성질을 내었습니다. "엄마, 정신 차려! 아무도 예수님과 같이 될 순 없어." 하면서 정말 아들이라도 무서운 얼굴을 내게 했습니다. 나는 그때 아들을 영적으로 진단을 하고 있었습니다. 그리고 아들이 보여준 아들의 방 천장 밑 벽에 아들이 거꾸로 그려놓은 십자가를 보았습니다. 순간 나는 아들이 영적인 고통을 당하고 있었음을 알았습니다. 그리고 주 하나님께 나는 죄인이라는 것을 마음에 찔림을 받았습니다. 말라기 3장 13절입니다. "여호와가 이르노라. 너희가 완악한 말로 나를 대적하고도 이르기를 우리가 무슨 말로 주를 대적하였나이까, 하는도다."

내가 주 하나님께 보이지 않는 불순종을 하였으므로 우리 모자가 영적인 고통을 당하고 있는 것을 알았습니다. 나는 진실로 통회하였습니다. 그때 간호사가 높은 천장 밑에 어떻게 거꾸로 십자가를 그렸는지 실로 이해하기 힘들다고 내게 말을 했습니다. 간호사의 말을 뒤로 하고 아들의 영적인 고통 앞에 나는 속수무책으로 아무 힘도 없는 엄마라는 것을 그때 절실히 깨달았습니다. 이 일을 어찌하나 하는 참담한 마음으로 의사를 만났습니다. 병원에서는 아들이 어떤 목소리를 계속 듣는다는 불평을 했는데 검사 결과 마약이나 약을 복용한 흔적은 나오지 않았다고 말을 했습니다. 그리고 나의 집안과 아버지 집안 내력에 혹시 정신분열(schizophrenia)증으로 곤란을 받은 사람이 있었나 물었으나 그런 사람이 없었으므로 있는 그대로 대답했습니다.

의사가 의학적으로 아들을 진단할 때 나는 아들의 고통은 정신적인 것보다 영적인 것임을 알았습니다. 쉽게 돌아오지 않는 나의 흔들리는 믿음 앞에 주 하나님은 아들을 통해 보이지 않는 절대적인 파워를 허락하셔서 나를 연단하고 계셨습니다. 연단 중에 나는 주 하나님의 부름을 받은 자라는 것과 앞으로의 나의 삶은 주신 소명과 사명을 위해 살아야 한다는 말씀으로 나를 인도하셨습니다. 연단을 통과할 때마다 나는 아들의 말을 더욱 기억했습니다. 그리고 절대로 나의 입술로 주 하나님께 범죄를 하지 않았습니다. 그 후 더욱 주 하나님께 나를 맡기면서 주 하나님을 오직 신뢰를 했습니다. 잠언 17장 3절 말씀 "도가니는 은을, 풀무는 금을 연단하거니와 여호와는 마음을 연단하시느니라."

이러한 연단 가운데에 그때 교회 담임 목사님을 찾아 가라는 성령님의 지시가 지혜로 내게 임했습니다. 나는 나의 부끄러움을 무릅쓰고 교회를 찾아가 우선 사모님을 뵈었습니다. 담임 목사님을 만나뵙고 싶다고 요청을 했더니 사모님은 내 사정을 들으시고 목사님은 교회 사역으로 일정 관계로 곧 출타하셔야 하기 때문에 우선 부목사님을 만나 보라고 하시면서 부목사님을 소개하여 주셨습니다. 나는 분명히 보이시지 않는 성령님의 음성으로 교회 담임 목사님의 이름 석 자를 들었는데 목사님 사모님이 부목사님을 소개하여 주시니까 담임 목사님만 보아야겠다고 우긴다면 부목사님에게 예의가 아닌 것 같았습니다. 그래서 그냥 응낙을 했습니다. 그때 소개하여 주신 부목사님은 영어 목회를 하시는 청년부 목사님이셨습니다. 그리고 부목사님이 그날 약속한 다른 일정 관계로 같이 갈 수 없었으므로 병원 주소를 드리고 한번 찾아가 보아 달라고 부탁을 하면서 허탈한 마음으로 교회 교육관을 나왔습니다. 그때 영적으로 보이지 않는 허전함을 맛보았습니다.

그 후 사모님이 내게 마음이 아파서 주신 하얀 돈 봉투에는 현찰 300불이 들어 있었습니다. 나는 다시 목사님 사모님에게 돈을 도로 돌려 드리려고 하였을 때 목사님 사모님이 받아쓰라고 하시면서 굳이 받지를 않으셨습니다. 목사님을 찾아간 것은 물질적인 도움이 아니라 영적인 도움이었기에 사모님의 돈을 받을 수가 없어서 그 후 주일에 교회에 헌금으로 드렸습니다. 목사님 사모님은 언제나 우리 모자를 위해 열심히 중보기도를 하여 주셨습니다. 아들은 얼마간 병원에 있다가 병원에서 나온 이후에 병원에서 주는 약을 복용하면서 다시 학교를 정상적으로 다니고 있었습니다. 이러한 연단 중에서도 내 영혼이 극히 평안하였다면 아무도 믿을 수가 없을 것입니다.

이것을 너희에게 이름은 너희로 내 안에서 평안을 누리게 하려함이라. 세상에서는 너희가 환난을 당하나 담대하라. 내가 세상을 이기었노라 하시니라.(요 16:33)

아들의 일로 나는 영적인 능력이 세상에 절대 필요한 것을 실감했습니다. 그러나 나는 오랫동안 내 안에 잠재하고 있는 영적인 세계와 현실의 평범한 생활을 균형 잡을 수 없어서 스스로 억제하고 있었습니다. 나는 내 안에서 잠재하고 있는 영적인 능력을 알고 있었기에 주 하나님께 아들이 겪는 고통으로 인해서 깨달은 영적의 필요성을 놓고 능력을 구했습니다. 그러나 주 하나님은 내게 영적인 능력을 허락지 않으시고 대신 연단으로 영적인 능력을 훈련하게 하셨습니다.

욥기 5장 9절 말씀 "하나님은 크고 측량할 수 없는 일을 행하시며 기이한 일을 셀 수 없이 행하시나니"와 욥기 5장 17-18절 말씀 "볼지어다. 하나님께 징계 받는 자에게는 복이 있나니 그런즉 너는 전능자의 경책을 업신여기지 말지니라. 하나님은 아프게 하시다가 싸매시며 상하게 하시다가 그 손으로 고치시나니" 이 말씀을 통해 나의 부서지는 현실의 아픔을 직시하고 주 하나님을 절대 신뢰하려는 믿음으로 변화되는 자신을 보았습니다. 영과 육의 갈림길에서 내게 주어진 쓰디쓴 잔을 부정 없이 불평 없이 마셔야 했습니다. 절망 가운데 고통을, 고통 가운데 인내로 견뎌야 했던 시간들은 말씀으로 나에게 앞으로 다가올 불행과 역경 속에서 견딜 하나의 작은 지침이 되었습니다.

아들은 그 후 다시 혼돈에 빠졌습니다. 나의 기도 소리를 들으신 성령님은 또다시 교회 담임 목사님을 찾아 가라고 하셨습니다. 이번에도 전과 같이 사모님을 찾아갔습니다. 사모님은 다른 교회 일정 관계로 목사님이 바쁘셔서 또 다른 목사님을 소개해 주셨습니다. 아들의 상태는 시간을 분별할 수 없을 정도로 사람의 눈으로 보기에 악화되는 것 같았습니다. 나의 심령은 갈기갈기 찢어지는 듯 아팠습니다. 친정 동생들은 영문도 모른 채 나에게 보이지 않는 야유를 퍼부었습니다. 왜 그렇게 구질구질하게 사느냐는 것이었습니다. 내가 그토록 자기들을 위해 물불을 안 가리며 작은 몸으로 삶을 희생하면서까지 나를 주었고 심지어는 그 과정 속에서 아들이 계부에게 구타까지 받았었는데 하는 생각을 하면 저들이 정말 내 가족이었던가 하는 괘씸한 생각이 들 정도로 나의 심령은 심히 격동했습니다. 기가 막힌 것은 엄마가 가족들을 주동한다는 사실입니다. 나는 그런 엄마에게 따질 수밖에 없었습니다.

그러는 사이 엄마에게 놀라운 말을 듣게 되었습니다. 나는 당신 딸이 아니며 토사구팽의 고사성어를 내게 자세히 설명해 주시면서 이제는 써먹을 대로 썩 먹었으니 나라는 사람은 더 이상 가족들에게 필요없는 존재라고 말하는 것이었습니다. 이런 황당한 일이 있을 수 있는가! 사면초가에 선 우리 모자의 현실 앞에 엄마로서 위로와 격려는 못해 줄망정 그저 한다는 말이 가시같은 말이었으니 생각할수록 마음에 분노가 일어 치가 떨렸습니다. 이런 이중 고통을 겪는 동안 나는 마음은 차디찬 돌덩이같이 굳어져 갈등하게 되었습니다. 잠언 17장 13절 "누구든지 악으로 선을 갚으면 악이 그 집을 떠나지 아니하리라." 하는 말씀과 잠언 17장 15절 "악인을 의롭다 하며 의인을 악하다 하는 이 두자는 다 여호와의 미워하심을 입느니라." 하는 말씀이 내 귓결을 스쳐 지나갔습니다. 주 하나님은 우리 두 모녀의 화목이 없음을 보시고 사람의 악함에 한탄하시는 것을 영적으로 깊이 깨닫게 하셨습니다. 잠언 18장 21절 "죽고 사는 것이 혀의 권세에 달렸나니 혀를 쓰기 좋아 하는 자는 그 열매를 먹으리라."

그때 나의 심정은 실로 아무 곳에도 의지할 곳도 없는 정신적인 천애고아와 같았습니다. 이런 나를 주님은 사랑과 긍휼로 말씀의 반석으로 인도하여 주셨습니다. 그리고 말씀으로 위로받게 하셨습니다. 데살로니가후서 3장 13절 "형제들아, 너희는 선을 행하다가 낙심치 말라." 다니엘 12장 10절 "많은 사람이 연단을 받아 스스로 정결케 하며 희게 할 것이나 악한 사람은 악을 행하리니 악한 자는 아무도 깨닫지 못하되 오직 지혜 있는 자는 깨달으리라."

이런 위로가 없었다면 과연 내가 온전히 살 수 있었을까. 나는 아마도 내 정신이 아니었을 것이고, 그리고 제정신이 아닌 나는 산으로 들로 유리하는 자가 되었을 것입니다. 아들이 병원에서 있었을 때 제정신이 아니었던 손자가 영으로 본 외할머니의 모습을 마귀라고 써놓은 낙서가 발견되었을 때 엄마는 심히 불쾌하게 생각하셨습니다.

우리가 세상을 살면서 정신을 차리지 않으면 쉽게 마귀의 노예가 될 수 있다는 사실을 알게 되었습니다.

아들이 혼란을 겪을 때마다 다른 사람이 되는 것 같았습니다. 한번은 아들과 함께 운동화를 사러 상점에 갔을 때 호젓이 둘이서 신발을 고르고 있었는데 아들의 소리가 아닌 이상한 목소리에 뒤를 돌아보았습니다. 분명히 서 있는 사람은 아들인데 전혀 다른 사람의 목소리를 하면서, "나에게 아무 이유 없이 왜 쳐다보느냐?"고 하면서 시비를 걸면서 광기로 대들었습니다. 나는 왜 그러냐고 하면서 아들의 두 눈을 똑바로 들여다보았습니다. 내가 강하게 떨림 없이 나의 두 눈을 부릅뜨고 목소리에 힘을 주니까 아들을 덮고 있었던 목소리가 수그러졌습니다. 그리고 그 두 눈은 즉시 초점을 잃은 듯 했습니다. 곧 이어서 들려오는 아들의 목소리를 들었습니다. "엄마, 조심하세요." 했습니다. 나는 즉시 교회에서 말씀으로 훈련된 사람이 있는가를 알아보았습니다. 그러나 나를 위해 선뜻 나서주는 사람은 아무도 없었습니다. 그렇게 안타까운 마음으로 있었을 때 기도 많이 하시는 권사님과 교회 부목사 사모님이 몇 젊은 성도들과 함께 집으로 방문을 하셨습니다. 너무도 고맙고 감사했지만 아들을 덮고 있는 것이 여러 명의 합심기도와 귀신 쫓는 기도에도 별 효력이 없었음을 그들은 알게 되었습니다. 그들은 지쳤고 몹시도 힘들어 했습니다.

며칠간 방문의 노력에도 차도가 없자 그들은 다른 도움의 기관에게 도움을 청해 보라고 하면서 일단락을 지었습니다. 나는 내 자신을 알고 있었습니다. 내가 영적인 훈련을 받는다면 나에게 능력이 생김을 알지만 나는 그저 조용히 평범한 삶을 살고 싶었습니다. 아마도 주 하나님은 아들을 통해 나에게 그 점을 지적하시는 것 같았습니다. 나는 오랫동안 내 안에 있는 잠재 능력을 누르고 살았습니다. 너무도 오랫동안 누르고 살았었기 때문에 어떻게 다시 능력을 사용할 수 있을 수 있는 것은 역시 나에게 훈련의 시간이 필요한 것을 알았습니다. 아들로 인해서 나는 서서히 내 안에 있는 자아를 발견한 것입니다. 나는 성경말씀을 더욱 가까이 하면서 말씀으로 기도를 했습니다.

그럴 즈음 나는 아들의 키가 6피트라서 작은 방을 내가 쓰기로 하고 쓰고 있던 큰 방을 아들에게 내어 주었습니다. 그러던 어느 날밤 자려고 불을 끄고 있는 상태라서 어두컴컴한 방에서 잠을 청하려고 하는 중 마치 슬라이딩이 돌아가듯이 몇 컷의 음란한 모습들이 순간 보였습니다. 그리고 검은 그림자가 나를 덮쳤습니다. 나 자신의 의지와는 상관없이 나는 나의 몸을 더듬으면서 나에게 자위를 하려고 했습니다. 그때 나는 "하나님 아버지, 도와주세요." 라고 소리 없는 영의 음성으로 외쳤습니다. 그 순간 나는 어두운 방에서 나의 두 눈으로 똑똑히 보았습니다. 빛처럼 하얀 그림자가 커다란 날개처럼 검은 그림자를 감싸 안았습니다.

이튿날 아침까지 정신을 잃었습니다. 아침에 일어나 출근준비를 하면서 간밤의 일을 조용히 생각해 보았을 때 나는 이 세상에는 두 개의 세계가 공존하고 있다는 사실을 피부 깊숙이 알게 되었습니다. 이런 엄청난 영의 비밀을 주 하나님은 왜 계속 나에게 체험시키시는가 하고 생각하면서 나는 언제인가 주 하나님을 위해 일을 할 것 같은 예감을 받았습니다. 그리고 언제인가 말씀의 실현은 올 것이라는 것을 두려운 마음으로 이해를 했습니다. 유다서 1장 20~21절 "사랑하는 자들아, 너희는 너희의 지극히 거룩한 믿음 위에 자기를 건축하며 성령으로 기도하며 하나님의 사랑 안에서 자기를 지키며 영생에 이르도록 우리 주 예수 그리스도의 긍휼을 기다리라." 말씀처럼 믿음 위에 굳건히 선 자에게는 유다서 1장 23~24절 "능히 너희를 보호하사 거침이 없게 하시고 너희로 그 영광 앞에 흠이 없이 즐거움으로 서게 하실 자 곧 우리 구주 홀로 하나이신 하나님께 우리 주 예수 그리스도로 말미암아 영광과 위엄과 권력과 권세가 만고 전부터 이제와 세세에 있을찌어다, 아멘" 말씀으로 고난 가운데 절망 가운데에 서 있을지라도 우리에게 주신 약속의 말씀은 결코 변하지 않음을 나의 영으로 알게 하셨습니다.

워싱톤 중앙장로교회(The Korean Central Presbyterian Church)에서 하는 이칠 제자를 공부를 끝내고 모두 각자 자기들 차로 갔습니다. 나도 역시 내 차를 타고 Amanda Place를 떠나 막 Cedar Lane으로 들어서려 하는데 내 안에서 들려오는 목소리가 있었습니다. 익숙한 목소리였습니다. 목소리는 내게 말을 했습니다. 만약 결혼을 전제로 교제했던 남자를 누군가가 소개시켜 준다면 어떻게 할 것이냐는 물음이었습니다. 나는 즉시 그 사람이 누구인가를 알고 마치 처음 대하는 사람처럼 "How do you do?" 할 것이라고 말을 했습니다. 그 남자가 만약 계속 아는 체를 한다면 어떻게 할 것이냐고 물었습니다. 나는 그냥 모른 척 할 것이라고 대답했습니다. 목소리와의 대화는 Cedar Lane 신호등까지 와서 끊겼습니다.

우리는 그날 각자 자기가 맡은 음식을 들고 모이라는 장소에 모였습니다. 화기애애한 가운데 우리는 불을 지폈습니다. 그리고 고기를 막 굽고 있었을 때 자기의 영어 선생님을 초대하겠다는 여자 집사님과 뜻밖에 그 남자가 차에서 내렸습니다. 나는 순간 목소리의 다짐을 기억하며 그렇게 빨리 그 남자를 보게 될 줄은 몰랐습니다. 걸어오는 그 남자를 본 순간 긴장이 들었습니다. 아닌 게 아니라 여자 집사님이 그 남자를 한사람 한사람에게 소개를 해주고 있었습니다. 그리고 멀찍이 서 있었던 내 차례가 되었습니다. 여자 집사님이 내게 소리를 치고 있었습니다. "집사님, 무엇 하세요? 나를 가르치는 영어 선생님이세요." 나는 곧 "How do you do?" 했습니다. 그 남자는 나를 알아보고 반가워했지만 나는 생소한 얼굴로 아는 체를 하지 않았습니다. 그 남자는 결코 나의 이런 모습을 이해하지 않았을 것이지만 나는 영의 세계를 잘 알기 때문에 내 태도에 더욱 분명히 해야 그 남자의 두 아들이 빨리 회복되리라고 믿었습니다.

몇 달이 지났습니다. 어느 날 아들이 내게 말을 했습니다. "엄마. 나 그 남자 파트타임으로 일하는 케이마트에서 보았어요. 그 남자가 아들 셋을 데리고 와서 쇼핑하고 가면서 나 일하는 곳에 와서 나에게 아는 척을 하였어요." "네가 그 남자 아들들을 보았어?" 하자 아들은 별일 없이 "예" 했습니다. "네가 보기에 어떠하든?" "뭐 그냥 그랬어요. 별 이상해 보이지는 않았어요." 나는 그 남자의 아이들을 위해 마음속으로 주하나님께 감사를 드렸습니다. 그리고 그때 나는 나를 더욱 알았습니다. 나는 그냥 평범한 여자가 아니란 것과 절대로 평범한 여자처럼 평범하게 남자를 만나 결혼하여 평범한 가정생활을 할 수 없다는 것을 알게 되었습니다.

그러나 정확히 그 사명의 목적을 이해하기에는 삶의 세파 속에 몸부림을 치면서 살기에 바빴었고 하루하루의 삶은 마치 험하고 험한 봉오리의 험봉(險峯)을 오르는 것 같이 가쁜 숨만 몰아쉬며 열심히 앞만 보며 가파른 산길을 올라가야 하는 삶만이 내 앞에 존재하였기 때문에 오직 하나님을 의지하면서 열심히 살았습니다. 인간의 생명은 하나님 앞에서 존엄하듯이 나의 생명은 하나님 앞에서 고귀한 것이라 믿었습니다. 내가 나를 포기할 수 있었던 고난 가운데에서도 결코 나를 포기할 수 없었던 것은 주하나님은 내가 나의 생명을 다 하였을 때 주 하나님의 은총이 나를 덮을 수 있고 그리고 사는 동안 끊임없이 지혜로 나의 길을 인도하여 주실 것을 믿는 믿음으로 굳게 살았습니다.

히브리서 11장 1절입니다. "믿음은 바라는 것들의 실상이요 보지 못하는 것들의 증거니" 믿음은 내가 어려운 환경 가운데서 있을지라도 지혜로 주님을 신뢰하는 힘을 주었고 믿음은 작은 나를 언제나 평안하게 위로하여 주었고 믿음은 보이지 않는 세계를 가슴에 품고 영의 세계를 보게 하는 능력을 가지는 놀라운 성령의 역사임을 강조하고 싶습니다. 그리고 믿음이란 말씀의 실현을 믿는 것입니다. 극히 제한된 인간의 사고와 능력은 무한하신 주 하나님 앞으로 나와야만 주 하나님이 주시는 지혜로 당면하는 현실을 이길 수 있는 보호와 더 나아가서는 영적으로 견고할 수 있는 확신과 자신의 부족함을 볼 수 있는 능력을 가질 수 있으므로 말씀의 은혜로 변화받은 자로 그리스도 예수 안에서 주 하나님의 은혜를 구하는 지혜를 알게 되며 겸손한 마음으로 영생의 구원을 받는 것을 믿음으로 알 수 있었습니다.

몇 달이 지났을까 그 남자를 다시 보게 되었습니다. 시장을 보러가서 우연히 쇼핑쎈터에서 맞닥뜨렸습니다. 그 남자는 다짜고자 내게 달려들어 "네가 누구이냐고 하면서 천사이냐, 아니면 마귀이냐?" 라고 물었습니다. 어디 한번 네 몸에 666이 있는지 보아야겠다고 하면서 나에게 달려들었습니다. 나는 그 남자에게 이러면 아이들이 다시 아플 것이라고 했습니다. 그리고 나를 보더라도 다시는 절대로 아는 척을 말아야 한다고 말을 하여 주었습니다. 그때 그 남자는 자기 아이들이 다시 아플 것이라는 말에 겸연쩍은 태도로 내게서 떠나갔습니다. 그날 이후 나는 그 남자를 다시는 보지 않았습니다.

아들이 혼돈의 시간을 가지면 순간순간 다른 사람이 되는 것을 보게 되었습니다. 나의 처절한 울부짖음의 기도소리에 교회 담임 목사님을 찾아가라는 성령님의 목소리를 들었습니다. 나는 또 부끄러움과 염치를 무릅쓰고 교회에 찾아갔습니다. 사모님은 나의 사정을 들으시고 그때 담임 목사님이 계셨으므로 목사님 사무실로 연락하셨습니다. 그리고 나는 담임 목사님이신 이원상 목사님과 또 다른 장로님의 동승으로 목사님의 차를 탔습니다. 그리고 Fairfax Hospital로 가서 아들과 목사님의 면담을 주선했습니다. 이원상 목사님과 아들의 면담이 끝난 후에 지칠 대로 지친 육신 그리고 정신은 녹을 대로 녹아내리고 있었습니다.

나는 집에 돌아와서 곧 깊은 수면에 빠졌습니다. 그리고 꿈을 꾸었습니다. 나는 내가 새하얗게 빛나는 웨딩드레스를 입고 있었습니다. 아름다운 웨딩드레스는 결코 나의 현실과 맞지 않는 꿈이었지만 한 가지 내가 분명히 기억할 수 있는 것은 나는 더 이상 소녀가 아닌 처음으로 성인의 모습을 한 내 자신을 보았습니다. 나는 꿈속에서 나의 웨딩드레스에 도취되어 이리저리 보고 있었던 중 내가 구두를 안 신고 있다는 사실을 알았습니다. 구두를 찾으려 했으나 끝내 구두를 찾지 못하고 잠에서 깨어났습니다. 나는 깊은 생각에 잠겼습니다. 도대체 왜 내가 새하얗게 빛나는 웨딩드레스를

입었을까, 그리고 왜 웨딩 신발이 없었을까 생각해 보았습니다. 그러나 마음 한편으로
는 기분이 그렇게 나쁘지는 않았습니다. 다만 이제 나의 때가 가까이 왔다는 것을 영
적으로 어렴풋이 깨달았습니다.

시간이 지나 아들은 퇴원해서 정상적으로 학교도 다니고 파트타임으로 일도 했습
니다. 아들의 알 수 없는 병으로 인해 실로 나를 백년을 훨씬 늦게 산 것 같았습니다.
그럼에도 불구하고 오직 주 하나님만을 의뢰하며 살았습니다.

나는 폭풍 같은 고통 속에서 주 하나님의 임재를 경험을 했습니다. 고린도후서 13
장 8-9절 그리고 13절의 말씀이 나를 위로해 주었습니다. "우리는 진리를 거슬러 아무
것도 할 수 없고 오직 진리를 위할 뿐이니 우리가 약할 때에 너희의 강한 것을 기뻐하고 또
이것을 위하여 구하니 곧 너희의 온전하게 되는 것이라." "주 예수 그리스도의 은혜와 하나
님의 사랑과 성령의 교통하심이 너희 무리와 함께 있을지어다." 아멘으로 말씀을 받아드
렸습니다. 그 후 아무리 내가 힘들었을지라도 다시는 교회 담임 목사님을 찾아가라는
성령님의 지시는 없었습니다.

어느덧 가을이 지나고 겨울이 되었습니다. 몇 번 아들의 병으로 힘들어 했습니다.
그래서 전에 교회 부목사 사모님이 주신 곳으로 연락도 하였고 또 도움도 받았지만
번번이 역효과만 보았습니다. 그날도 정신적으로 육신적으로 풀같이 녹아내리듯이 힘
들어 했습니다. 같은 날 엄마와 통화를 하게 되었습니다. 여전히 엄마는 나에게 위로
와 격려를 하시는 대신 나의 부족함을 꼬집으시며 날카롭게 질책을 하셨습니다. 그리
고 남의 일처럼 말씀을 해 마음이 몹시도 아팠습니다.

그날 밤 꿈을 꾸었습니다. 누군가가 두드리는 문소리에 문을 열고 본즉 아주 오래
된 관이 집안으로 들어오고 있었습니다. 그래서 꿈속에서 집안에 있는 오일을 관에
뿌리면서 밤새도록 꿈속에서 기도를 했습니다. 새벽에 전화 벨소리가 울렸습니다. 엄
마였습니다. 전화를 받는 내 마음은 아주 냉랭했으나 엄마의 목소리는 뜻밖에 부드
러웠습니다. 전화를 끊고 출근 준비를 했습니다. 그리고 지난밤의 이상한 꿈에 알 수
없는 의문을 가진 채 출근을 했습니다. 여느 때와 달리 왠지 모르는 불안감에 아들
의 하루가 염려되었습니다. 그날 낮 열한 시가 되었을 즈음 전화가 울렸습니다. 셋째
손아래 올케였습니다. 울먹이면서 하는 말이 막내 남동생이 일을 하다가 눈이 많이
내려 전선이 눈의 무게를 견디지 못해 내려앉아 전기 감전으로 사고사를 당했다는 것
이었습니다. 그야말로 청천벽력 같은 소리였습니다. 나는 매니저에게 집안의 소식을

전해 주고 회사 사람 중 하나가 나를 위해 운전을 해 주어서 정신없이 친정집으로 달려갔습니다.

말씀의 지혜로 나는 우리 모녀의 화목치 못한 죄악를 보았습니다. 야고보서 2장 28절 "영혼 없는 몸이 죽은 것같이 행함이 없는 믿음은 죽은 것이니라"의 말씀은 믿는 자로서 사랑과 화목이 없었던 것을 막내 남동생의 죽음으로 인해 내 마음을 아주 호되게 내리쳤습니다. 죽은 막내 남동생은 아주 착한 성품을 가졌고 효심이 지극한 아들이었습니다. 그는 비록 막내였지만 그는 장남처럼 덕이 있는 성품을 소유한 자로 모든 형제들을 돌아보았습니다. 그러한 아들을 언제나 대견해 하셨던 엄마의 슬픔은 이루 말할 수 없었습니다.

내가 막내 남동생을 본 것은 죽기 전 얼마 전이었습니다. 그가 홀로 나에게 와서 나를 보고 조카인 아들을 외삼촌으로써 안쓰러워했습니다. "큰누나! 내가 너무 어렸을 때 큰누나가 미국에 들어와서 처음에는 내가 큰누나에게 무척 서먹서먹하였어요. 그리고 큰누나가 얼마나 가족들에게 영향을 끼쳤었는지 어렸기 때문에 기억은 잘 못하겠지만 지금 생각하니 우리 식구들 미국 큰누나 덕분에 모두 잘 들어왔어요. 내가 미국에 안 들어 왔으면 아마도 내 잘 돌아가는 머리와 세상적인 반항으로 조폭에라도 조인할 뻔 했었어요. 그때 그 시절에는 그런 기회와 유혹이 내게 있었다는 것을 기억하고 가끔 누나에게 고마운 것을 느꼈어요." 그의 말은 내 마음을 찢어질 듯이 도려내는 아픔을 주었습니다. 그는 자신을 돌아보며 아들 때문에 아픈 삶을 살아가는 큰누나를 위로해 주었던 정이 많았던 남동생이었습니다.

6 하늘에 계신 아빠 아버지, 나는 그의 상한 갈대-6

2001년 2월 눈이 폭우처럼 내리던 어느 날, 막내 남동생은 그렇게 순간의 불행으로 세상을 떠났습니다. 평생 무능하셨던 부모님은 나의 희생을 요구하셨지만 그분들을 위해 막내 남동생은 자신의 희생을 아끼지 않았습니다. 많은 가족들을 어깨에 멘 채 형제들을 품고 돌아보았던 그는 막내였지만 연약하지 않았고 듬직하고 사리 분별이 있는 사람이었습니다. 그런 막내 남동생을 모든 형제들이 사랑했습니다.

그에게는 두 아들이 있었습니다. 준수 그리고 윤수. 어리디 어린 두 아들을 놓고 훌쩍 떠나야 했던 동생이 부모로서의 의무를 다하지 못한 애절함에 마음이 아팠을까를 생각하면 누나로서 가슴이 미어졌습니다. 모두들 그를 진심으로 애도했지만 막내 남동생이 간 후 갈팡질팡하는 가족들을 보면 내 마음의 상처는 더욱 깊어만 갔습니다. 막내 남동생은 가족들에게 정신적인 버팀목이었기 때문에 이제는 가족 모두가 정신적으로 정리할 시간이 필요했습니다. 나는 막내 남동생을 보내고 나서야 산다는 것과 죽음의 끝이 있는 우리의 연약한 인생을 보았습니다.

죽은 자와 산 자의 차이는 죽은 자는 말이 없고 산 자는 세상에 남아서 살아보려고 서로서로가 안간힘을 쓴다는 것입니다. 쓰디쓴 인간들의 몸부림을 생각할수록 쓰디쓴 아픔이 되어 내 가슴에 돌아 왔습니다. 우리는 막내 남동생을 위해 장례 치를 준비를 하였습니다. 이런 일에도 나는 언제나 우리 집에서는 이방인이었습니다. 엄마는 나의 어린 시절을 나의 사춘기를 닳아빠질 정도로 이용했지만 철저히 나를 물과 기름처럼 가족들과 구별했습니다. 그것을 눈으로 보고 체험했을 때 과연 엄마 말대로 가족 중에 하나가 아니었음을 직감했습니다.

이튿날 아침, 정이월의 추위라도 말하려는 듯 길거리에 하얗게 눈이 쌓였습니다. 눈 덮인 거리를 지나 막내 동생을 보러 장례식장으로 갔습니다. 조문을 하던 중 너무 이른 시간이라 그저 망연히 의자에 앉아 있던 중에 누군가가 "누나" 하고 부르는 소리가 들렸습니다. 나는 두리번거리다가 바로 천정 밑에 마치 홀로그램(hologram)처럼 보이는 막내 남동생을 보았습니다. 그는 무지개 끝에 걸터앉아 있었습니다. 그리고 일어나서 나에게 말을 했습니다. "누나, 정이를 부탁해요. 그리고 준수, 윤수를 부탁해요." 그래서 "내가 어떻게 해야 되냐?" 하고 물었습니다. "그냥 지켜 봐줘요." 그리고 막내 남동생의 모습은 곧 사라졌습니다.

내가 깊은 생각에 잠겨 있었던 차에 조문객들이 많이 오셨습니다. 그때 이원상 목사님께서 타교회에 다녔던 남동생의 입관식에 오셔서 가족들을 위해서 위로기도를 해 주셨습니다. 그리고 목사님의 깊은 애도의 표시에 엄마는 눈물을 흘리면서 매우 고마워 하셨고 나도 역시 목사님께 감사를 드렸습니다.

죽은 막내 남동생이 우리 가족들을 세상에 남겨놓고 그렇게 세상을 훌쩍 혼자 떠난 후, 나는 아들의 병을 지켜보면서 어떤 알 수 없는 결심을 했습니다. 그리고 주위에 가깝게 있는 신학교에 담임 목사님의 추천으로 등록을 했습니다. 아들은 여전히 그의 병이 호전되었다가도 또 나의 가슴을 아프게 할 정도로 병마에 휘둘렸습니다. 그럴 때마다 나는 전신이 녹는 듯이 마비가 되었습니다. 차라리 내가 아프기를 더 바랐습니다.

시편 143편 11절 "여호와여 주의 이름을 인하여 나를 살리시고 주의 의로 내 영혼을 환난에서 끌어내소서" 하며 울부짖으면서 기도를 수없이 했습니다. 그런 고통이 지나면 아들이 정상적으로 돌아온 듯이 했습니다. 그럴 때마다 아들은 가끔 나에게 의미심장한 말을 던지곤 했습니다. "엄마! 성경에 잃어버린 양에 대한 구절들이 있지요?" 그래서 무심결에 대꾸를 했습니다. "응, 있지!" 아들은 어릴 때 카톨릭 학교를 다녔었던 이유로 성경시간에 성경을 낭독해야 했었기에 성경의 스토리를 잘 알고 있었습니다. 그래서 자기가 읽었던 성경구절을 나에게 얘기를 하는 줄 알았습니다. 그때 아들은 나에게 이렇게 얘기를 했습니다. "엄마는 바로 하나님의 잃어버린 양이에요." 하기에 "으응, 그래! 나도 그렇게 생각을 했었어." 하고 맞장구를 쳐 주었습니다. 아들은 나에게 계속 얘기를 하기를 원했습니다. "아무튼 어떻게 설명을 할 수는 없지만 엄마에게는 영적인 능력이 있어요." 했습니다. 아들은 잠시 깊은 생각을 하더니 아주 신나다는 듯이 내게 말을 했습니다. "엄마, 엄마가 십여 년 전에 어떠한 꿈을 꾸었지요. 그 꿈속에서 엄마가 뒤를 돌아보았을 때 무엇이 따라 왔었던 것이 보였지요. 뒤따라 오던 것이 바로 나였어요. 그것을 기억해요?" 그리고 "내가 따라 왔었던 이유는 엄마가 어느 날 하나님을 신뢰치 않는 실족할 믿음 때문에, 그때를 대비하여 내가 필요하였기 때문에 내가 따라 왔었던 거예요." 나는 그만 기절을 할 것 같은 충동을 느꼈습니다. 단 한번도 아들을 붙들고 내가 꾼 꿈 애기를 한 적도 없었고 또 내게 어떠한 영적인 능력이 있다는 것도 말한 적이 없었습니다. 그리고 그 꿈을 꿀 때는 내가 플로리다에서 살 때 영적으로 매우 곤고할 때였습니다. 십년이 조금 지난 지난날 나는 그 당시 영과 육이 심히 곤고한 가운데 나날을 살았습니다. 그러한 나의 곤고한 삶 가운데 주님은 언제나 당신만을 의지하기를 바라셨습니다. 그리고 어떠한 환경에서도 온전한 삶의 길을 가기를 늘 지혜로 인도해 주셨습니다.

그러던 어느 날, 나는 스스로에게 질문을 했습니다. 그리고 주님께 물었습니다. "나는 도대체 누구입니까? 주님은 나를 왜 아무 이유도 없이 조건도 없이 사랑하십니까? 그리고 주님과 나는 어떠한 관계입니까?" 물음을 하면서 잠들었던 기억이 났습니다. 나의 마음을 읽으신 주님은 그날 밤 꿈에 내게 보여 주셨습니다. 그곳은 높은 타워 꼭대기였고 타워 안은 오색영롱한 무지개로 가득했습니다. 그런데 퍼덕이는 커다란 흰 새 한 마리가 보였습니다. 그 새의 발에는 쇠사슬이 메여 있었습니다. 그때 누군가가 나타나 그 쇠사슬을 풀어주며 타워 밖으로 내보내 주었습니다. 오색영롱한 무지개 빛나는 커다란 하얀 새는 자유롭게 하늘을 날았습니다. 타워를 뒤로 하고 얼마 동안 날다가 지상을 내려다보았습니다. 그곳은 한국의 전통적인 초가집과 기와집이 있는 밭과 논이 있는 곳이 보였습니다. 그리고 날면서 뒤를 돌아보았을 때 다른 하얀 새 한 마리가 날아오고 있었습니다.

얼마 지나지 않아 꿈에서 깨어난 후 나는 근처 도서관에 가서 해몽책을 빌려다가 보았습니다. 도서관에 가서 빌린 꿈 해몽책에서 본 해석은 하늘의 천사라는 뜻이었습니다. 그 꿈에서 몇 가지 의문점이 내 머릿속을 맴 돌았습니다. 그 하얀 새는 왜 쇠사슬에 메여 있었을까? 그리고 누가 그 새를 풀어 주었을까? 그리고왜 다른 새가 좇아왔을까? 인간으로서 할 수 있는 그저 단순한 질문들을 던져보았습니다. 세월이 지나 곧 이런 일들을 이내 잊어 버렸습니다. 그런데 그 꿈의 기억을 아들이 내게 상기시켜 주었습니다.

그 후 나는 아들의 말에 주목하는 자신을 발견했습니다. 아들은 내가 생각하는 아들보다 더 믿음이 있었고 나처럼 영적인 체험이 있는 사람임을 알게 되었습니다. 아들이 내게 오래 전에 꾼 꿈을 상기 시켜준 사실은 내게는 큰 충격 중에 충격이었습니다. 나는 하늘에 계신 주 하나님이 우리 모자의 불행 가운데에서도 함께 하심을 알게 되었습니다. 이 사실은 결코 지식적으로 풀 수 없는 영적인 경험으로 지혜의 하나님이 주시는 지혜로만 이해할 수 있는 일이었습니다. 아들과의 대화 가운데 우리 모자가 겪고 있는 고난은 내가 견뎌야 하는 연단이었음을 어렴풋이 알게 되었습니다. 그리고 나는 언제인가 이 연단 이후 주 하나님의 계획대로 나는 쓰임을 받아야 하는 사람임을 영적으로 깨닫게 되었습니다. 그래서 나는 더욱 나 자신을 고통 가운데에서라도 주 하나님의 사랑하는 딸답게 살기를 열망했습니다. 아들과 나의 고통은 말할 수 없이 인간적으로 감당할 수 없었던 고통이었지만 우리 모자는 그러한 고통 가운데서도 순간순간 하나님이 주시는 감당할 힘으로 살았습니다.

아들은 어느 날 나에게 다가와서 자기가 내게서 받았던 자식으로써의 고통을 얘기를 하며 나에게 따졌습니다. 아들의 얘기를 들은 후에 나는 아들 앞에 무릎을 꿇고 눈물을 흘리면서 용서를 빌었습니다. 아들은 나를 붙들고 같이 울면서 내 용서를 받아주었습니다.

그날 밤 나는 꿈을 꾸었습니다. 꿈속에 빛처럼 하얀 할아버지를 만났습니다. 그 할아버지는 머리에서 발끝까지 빛처럼 밝았습니다. 빛 가운데에서 서 계신 할아버지는 나에게 두루마리를 하나를 보여 주셨습니다. 나에게 보여주신 두루마리를 주의하여 보았습니다. 그 두루마리 안에는 내 모습이 있었습니다. 눈처럼 하얗고 하얀 웨딩드레스를 입은 아름다운 모습이었습니다.

꿈에서 깨어난 후 나는 더 이상 남자를 만나서 결혼은 안 할 것인데 왜 이런 모습을 보여 주실까하고 생각을 했습니다. 그러나 한편으로는 내 실물보다 더 아름다웠던 두루마리의 내 모습에 기뻤습니다. 그 모습은 내가 주 하나님 곁에 갔을 때의 모습일 것이라 생각을 했습니다.

아들은 또다시 나와 대화를 하기를 원했습니다. 그날도 아들은 성경을 얘기하고 있었습니다. 그 주제는 죽은 후에 자기와 나와의 관계였습니다. 나는 우리가 죽은 후에도 다시 만나면 너는 내 아들이라고 말했습니다. 그때 아들은 내게 말했습니다. "엄마, 내가 엄마를 다시 만날 때 나는 엄마의 아들보다 같은 영으로 만나는 것이에요." 했습니다. 마치 자기가 나보다 먼저 죽는 것처럼 얘기를 했습니다. 나는 가족 중 죽음을 보았기에 아들의 말을 더 이상 듣는 것을 중단하며 화제를 다른 곳으로 모았습니다. 그렇지만 심중에 있는 아들의 말엔 알 수 없는 긴 여운이 돌았습니다. 어느 날 아들은 자기는 외할머니와 당분간 살기를 원한다고 말을 했습니다. 엄마는 외손자의 의견에 별로 탐탁하지는 않았지만 손자가 아픈 것을 전적인 나의 잘못으로 생각했기에 거절을 할 수 없었습니다. 그래서 아들은 외할머니 식구들과 당분간 살게 되었습니다. 그곳에서 사랑 없는 사촌들과 갈등을 갖고 할머니가 아픈 자기를 제쳐놓고 정상이라 생각하는 사촌들을 두둔하는 것을 보고 아들은 마음을 잃었습니다. 결국 아들은 깊은 상처를 받아 또다시 병원에 갈 수밖에 없었습니다. 순간순간 겪는 아들의 고통은 나를 몇 백 년을 늙게 했습니다.

병원에서 나온 후 아들은 곧 여름방학이 가까이 왔으므로 자기는 이제 더 이상 엄마가 자기로 인해 고통을 받는 것을 볼 수가 없다면서 아버지에게 가서 살기를 바랐습니다. 아들은 자기 아버지에게 연락을 해 아버지와 같이 사는 여자가 우리가 있는 버지니아에 왔습니다. 그리고 아들은 자기 짐을 싸가지고 아버지가 사는 다른 주로 이사를 갔습니다. 아들과의 유일한 연락 수단은 아들의 전화뿐이었습니다. 아무리 아들이 병으로 그동안 내게 힘들게 하였어도 부모의 정은 그 받았던 고통을 잊을 수 있었고 아들을 그리워할 수 있는 것이라 생각합니다.

그 후 2개월 후 어느 날 아들은 울부짖는 소리로 전화를 했습니다. 계모의 학대에 아들이 또 마음에 상처를 입었습니다. 아비라는 사람이 자기 아들을 길거리로 쫓아낸 것입니다. 나는 아들을 데리러 휴가를 내고 버지니아 주에서 아이와 주로 지도 하나만 들고 비행기에 올랐습니다.

우여곡절 끝에 아들을 데리고 나는 버지니아로 다시 돌아 왔습니다. 아들은 방학이 끝났으므로 다시 학교로 돌아가고 병원에서 주는 약을 복용하면서 통원치료를 받았습니다. 아들은 더 이상 들려오는 목소리에 불평하지 않았습니다. 그러던 어느 날 밤에 꿈을 꾸었습니다. 나는 어느 부드러운 풀밭의 동산에 누워 있었습니다. 그리고 맑은 하늘을 보았습니다. 그때 하늘 저쪽에서 오는 물체를 보았습니다. 이상하게 마치 내 눈이 망원경이라도 되는 듯이 오는 물체가 커다란 구렁이라는 것을 알아보았습니다. 그 구렁이는 거대한 자기 자신의 몸을 날개도 없이 있는 데로 꼬아서 하늘을 날았습니다. 입 밖으로 널름 거리는 시뻘건 혓바닥의 모습에 교만으로 야비한 미소까지 보였습니다. 그 구렁이는 하늘을 높이 올라가려고 했습니다. 그렇지만 구렁이가 하늘로 올라가려고 할 때마다 무엇인가 구렁이를 방해했습니다. 내가 또 자세히 보니 하늘과 하늘 사이에 막이 있었습니다. 그 막은 구릿빛이 났습니다. 푸른 구릿빛이 마치 하늘색과 같아서 구렁이를 분별하기 어려웠습니다. 구렁이는 막 밑에서 커다란 쇳소리와 함께 튕기면서 떨어지려고 했습니다. 몇 번을 그렇게 시도하다가 결국은 땅 끝으로 떨어지는 것을 보았을 때 내 곁에 같이 누워 있었던 남자가 내게 말을 했습니다. "앞으로 일어날 일에 담대하고 담대하라." 그때 나는 동산에 홀로 누워 있지 않았다는 것을 알았습니다. 구렁이가 계곡 끝으로 떨어지는 굉음과 함께 곧 나는 잠에서 깨어났습니다.

이상한 꿈이었습니다. 마치 영화의 한 장면을 본 것만 같았습니다. 여느 때와 같이 아침에 일어나서 출근 준비를 하였고 아들도 학교수업을 위해 자기 학교로 향했습니다. 나는 아들에게 소리를 쳤습니다. "오늘 병원 가는 것 잊지 마." 아들도 "알았어요." 대답했습니다. 우리에게 주어진 하루는 이렇게 시작되었습니다.

오전 시간 반 근무를 하고 사무실을 떠나 집에 막 돌아와서 물 컵에 물을 한 잔 따라 마시려는 순간 전화가 울렸습니다. 뜻밖에 엄마의 전화였습니다. 나는 웬일이냐고 물었습니다. 엄마는 텔레비전을 한번 키고 지금 뉴스가 영화의 한 장면인지 아닌지를 당신에게 말을 해달라고 하셨습니다. 그래서 즉시 텔레비전을 켜봤습니다. 아니게 아니라 꿈속에서조차도 생각할 수 없는 일이 현실에 일어나고 있었습니다. 그리고 그것이 화면으로 텔레비전에 미국 전역으로 생방송으로 보도하고 있었습니다. 방송을 보는 중에 아들이 학교에 돌아와서 우리는 급히 준비를 하고 병원으로 향했습니다.

나는 그때 직감했습니다. 앞으로 우리가 사는 세계의 사회가 오늘의 사건을 기점으로 세상적으로 많은 변화가 있을 것이고, 우리는 보이지 않는 미래의 시간을 위해 준비를 해야 한다는 것을 영적으로 알게 되었습니다.

아들이 어느 날 또 자신을 놓고 있었습니다. 그때 나는 아들을 데리고 메릴랜드 어느 해군병원을 찾아갔습니다. 가는 도중에 나는 또 그것을 보았습니다. 커다란 세 개의 십자가가 어느 교회 앞에 세워졌습니다. 나는 눈앞이 캄캄해짐을 느꼈습니다. 왜냐하면 아들과 헤어지는 시간이 가까이 왔음을 영적으로 알게 되었습니다. 그러나 그 시간을 아직 모르고 있으니까 나는 그래도 주 하나님의 마음을 돌이킬 수 있을지 모른다고 생각하며 기도할 때마다 아들의 영혼기도를 더 이상 하지 않으면 안 되냐고 말씀을 드렸고, 나도 남들처럼 아들의 배필을 위해서 기도하면 안 되냐고 울면서 기도했습니다. 그러면서 아들의 배필을 놓고 의식적으로 기도를 하였는데 번번이 아들의 영혼기도를 하고 있는 나의 모습을 보게 되었습니다. 나는 연약한 인간이기에 인간이 생각할 수 있는 범위 안에서 주 하나님을 이해하려고 했습니다. 그러나 주 하나님의 생각은 나의 생각과 정반대였습니다.

하나님께서는 날마다 말씀으로 주어진 하루의 삶을 인도해 주셨습니다. 나에게 말씀의 위로와 인도가 없으셨다면 내가 그 엄청난 삶의 무게를 어떻게 홀로 감당할 수 있었을까 생각하면 주 하나님을 믿는 믿음은 삶의 기적 가운데 살 수 있다는 것을 내 입으로 고백할 수 있습니다. 그래서 때로는 사람들에게 정신적으로 내가 강하다는 말을 듣게 됩니다. 시편 144편 2절 "여호와는 나의 인자시요 나의 요새시요 나의 산성이시요 나를 건지는 자시요 나의 방패시요 나의 피난처시오" 말씀을 믿는 마음은 입술에서 기도와 찬양이 늘 함께하며 마음의 평안을 가졌습니다. 그리고 야간 신학대학을 열심히 다녔습니다.

아들이 정기적으로 약을 복용하면서 아들의 명랑한 모습을 가끔 보게 되었습니다. 그즈음 또 꿈을 꾸었습니다. 꿈속에서 나는 빛처럼 하얀 할아버지를 만났습니다. 그 할아버지는 머리에서 발끝까지 빛난 빛처럼 보였습니다. 빛 가운데에서 서 계신 할아버지는 나에게 두루마리를 하나를 또 보여 주셨습니다. 그 두루마리 안에는 내 모습이 있었습니다. 하얀 웨딩드레스가 있는 데로 찢겨져 있는 모습에 군데군데 핏자국이 묻어있는 웨딩드레스를 입은 나는 지칠 대로 지쳐있는 모습이었습니다. 더 이상 하얀 웨딩드레스를 입은 아름다운 모습이 아니었습니다. 나에게 순간 실망의 얼굴빛이 스쳤습니다.

그때 빛처럼 하얀 할아버지는 두루마리 뒤에 있는 그림을 또 보여 주셨습니다. 거기에는 처음보다 더 아름답고 아름다운 새하얀 웨딩드레스를 입고 있는 자신의 모습을 보았습니다. 빛처럼 하얀 할아버지는 나를 사랑과 긍휼의 얼굴로 보시면서 아름다운 새하얀 웨딩드레스를 입고 있는 자신의 모습의 그림을 밖으로 하시면서 두루마리를 마셨습니다. 그리고 나는 꿈에서 깨어났습니다. 나에게 무엇을 뜻하시려는 말씀인가 아무리 골똘히 생각을 해도 잘 이해가 가지 않았지만 나는 주 하나님의 존귀한 사람임을 분명히 알았습니다. 그리고 기도 중에 살고 있었던 집을 떠나라는 말씀의 은혜를 받았습니다. 그러나 연약한 체력과 힘든 하루의 근무와 다니고 있었던 신학교의 숙제물 등 또 여러 가지 삶의 파도 속에 시간을 내어서 새로운 살 곳을 찾을 시간의 여유가 없었으므로 도저히 스스로 감당할 재주가 없었습니다. 그때 사람을 붙여 주어서 새로운 곳을 찾을 수 있는 은혜를 주셨습니다.

　그런 가운데 보여주셨던 꿈은 내가 어느 굉장한 집의 정원에 서 있었습니다. 그 정원의 아름다움으로 인해 실로 다른 세계에 서 있는 자신을 보는 것 같았습니다. 그곳에서 세 그루의 커다란 아름드리 나무가 있는데 나는 잘려진 그 나무의 밑둥치를 보았습니다. 아름드리 나무들은 잘려진 지 그렇게 오래돼 보이지는 않았습니다. 순간 돌아보니 남자가 내 곁에 서 있었습니다. 남자의 손에는 하나의 바구니가 들려 있었습니다. 그 남자는 아름드리 나무에서 나는 버섯 같은 것을 계속 바구니에 담고 있었습니다. 그리고 아주 자상스럽게 바구니를 내게 주면서 말을 했습니다. 이 식물은 세상에서 구할 수 없는 희귀한 것이니 이것을 판다면 너의 양식이 되리라, 했습니다. 나는 세 그루의 아름드리 밑동을 보았습니다. 또다시 무엇인가 자라는 것이 보였습니다. 얼마 후 잠에서 깨어났습니다. 나는 내가 꾼 꿈이 후에 내가 간증집을 쓰시라는 꿈이라는 것을 이해할 수 있었습니다. 요한복음 16장 24절 "지금까지는 너희가 내 이름으로 아무 것도 구하지 아니하였으나 구하라. 그리하면 받으리니 너희 기쁨이 충만하리라." 나는 주 하나님의 보호를 받고 있다는 사실에 확신을 가졌습니다.

　아들은 정상적으로 직장을 잡았었고 또 학교도 잘 다니고 있었습니다. 우리 모자는 같이 자리를 자주하며 모자간의 생각의 차이를 서로 교환하고 앞으로의 삶의 계획을 했습니다. 그리고 새로운 집으로 이사 가는 즐거움을 가졌습니다. 요한3서 1장 2절 "사랑하는 자여, 네 영혼이 잘 됨같이 네가 범사에 잘되고 강건하기를 내가 간구하노라." 성경의 말씀은 참으로 인생의 반려자의 역할을 하는 것 같습니다. 말씀 안에서 인생의 풍파를 타더라도 평안과 안정을 가질 수 있었고 삶의 방향을 주 안에서 찾으면서 분명한 목적으로 마음의 지표를 가지면서 온전한 삶을 살 수 있는 용기와 지혜를 주시는 주 하나님, 나는 그런 하늘에 계신 아바 아버지를 사랑하고 사랑합니다. 그래서 늘 감사한 마음이 되어 눈물을 흘릴 때가 수없이 많았습니다. 아들과 나는 드디어 새로운 집을 찾았고 이사를 하게 되었습니다. 이사를 한 후 우리 모자는 둘이 살기에 적당한 공간에 매우 만족해 했습니다. 아들이 워낙 키가 컸으므로 천장이 높은 안방을 주었고 나는 작은방을 쓰기로 했습니다. 아들은 내게 말을 했습니다. 자기가 방황을 하는 동안 이 세상에서 엄마밖에는 자기를 진실로 받아 주는 사람이 없었다고 말입니다. 아들의 말 한 마디에 나는 하나님께 감사를 드렸습니다.

　아들은 때로 근무를 하는 나에게 전화를 하며 "엄마, 좋은 환경을 내게 주려고 해서 고마워요." 하며 자기의 마음을 전했습니다. 그때는 정말 엄마로서 최고의 기분이었습니다. 정말로 마음이 기뻤습니다. 그리고 아들의 말을 기억하면서 수시로 주 하나님께 감사 기도를 드렸습니다. 나의 영적인 안정과 육적인 평안은 우리 모자의 긴 고통의 터널을 지나는 동안 맛보았던 주 하나님의 사랑이었습니다. 아들은 열심히 공부를 하였고 또 직장도 책임감 있게 다녔습니다. 짧았던 기억이었지만 아들과 나의 평화로웠던 시간들이었습니다.

그러던 어느 날, 아들은 사고가 있기 전 일주일을 남겨놓고 나에게 이렇게 말을 했습니다. "엄마, 이제부터 엄마 혼자 살아야 하니까 마음을 단단히 먹어요." 그래서 나는 펄쩍 뛰면서 엄마 곁에서 학교를 다니다가 졸업을 하면 그때 떠나라고 했습니다. 그래도 아들은 "엄마, 마음을 준비하세요." 하면서 굳이 내 곁을 떠날 것을 고집했습니다. 나는 그런 아들을 전혀 이해할 수가 없었습니다. 그래서 가진 소리로 만류를 했습니다. 내가 하도 강경하니까 "그래, 알았어요. 엄마." 하고 나를 안정시켜 주었지만 나는 아들이 내 곁을 떠나갈까 봐서 우울했습니다.

나는 매일 아침마다 네 시 반부터 일어나서 장시간을 혼자 기도를 했습니다. 아들은 그날도 내가 일어날 수 있도록 시계를 맞춰주고 새벽에 출근을 했습니다. 그날 새벽에도 나는 꿈을 꾸었습니다. 우리 모자는 하얗게 눈으로 덮인 세상 위를 걷고 있었습니다. 아들은 열심히 내가 걷고 있는 내 앞의 길을 싸라기 빗자루로 쓸어주고 있었습니다. 그래서 걷는 눈길을 나는 편안하게 걸을 수 있었습니다. 비록 눈길을 모자가 걸었지만 하나도 추운 것을 몰랐습니다. 끝없이 펼쳐진 설경의 평야 끝에서 돌연히 아들은 싸라기 빗자루를 내게 주면서 이제부터는 엄마가 가는 길을 직접 쓸면서 가야 한다면서 내 눈앞에서 사라졌습니다. 나의 두 눈으로 선명히 보여지는 아들이 던져놓은 싸라기 빗자루에 더덕더덕 묻어 있는 눈을 보면서 내가 혼자 가야할 눈 덮인 광야의 끝을 바라보았습니다. 그곳은 매우 추워 보였습니다. 그래서 혼자 가야 할 길에 아득한 마음으로 아들을 찾았습니다. 그러나 사라진 아들은 보이지를 않았습니다.

나는 아들을 찾다가 찾다가 꿈에서 깨어났습니다. 그리고 일어나서 기도를 하기 시작했습니다. 아들의 사고를 전혀 예기치 못하였으나 오직 기억이 나는 것은 기도 중 방언이 슬픈 애곡으로 변하였다는 것을 기억합니다. 그러나 그것이 그날에 들어야 할 불행의 소식과 연관이 있는 줄은 상상도 하지를 못했습니다. 나는 사실 성격이 예민하지 못하여서 영적으로 긴 영성 훈련이 필요한 사람이었던 만큼 그날에 있었을 일을 전혀 짐작조차도 못했습니다. 설사 내가 불길한 예감이 있어서 이유 없이 불안한 마음이 있었다 해도 아마도 성령님이 내게 당면한 불행을 감당케 하시기 위해서는 나의 예민한 부분을 둔하게 만드셨던 것 같았습니다. 그래서 전혀 마음조차 불길하고 불안한 느낌도 안 받았습니다.

그리고 꾸었던 꿈조차도 한동안 잊어버렸습니다. 기도를 다 마치고 일어나서 아침을 준비하면서 출근을 서두르고 있었던 차 벨소리가 들렸습니다. 문을 연 순간 나는 지역 순경이 문 앞에 서 있는 것을 보았습니다. 의례적으로 순경이 집으로 찾아왔다면 무엇인가 조금이라도 마음이 덜컹한다든지 하는 불안한 것을 조금은 느낄 수 있었을 텐데, 성령님이 나를 꼭 잡고 계셨기 때문에 나는 마치 둔한 사람처럼 전혀 아무것도 느끼지를 못했습니다. 집안에 들어온 순경이 머뭇거리듯이 말문을 열었습니다. 어젯밤에 아들이 남의 차에 접촉사고를 낸 것을 알고 있었냐고 물었습니다. 나는 전혀 몰랐었다고 대답을 했습니다. 지역순경은 나의 천진스런 모습으로 대답하는 태도에 차마 사실을 얘기를 하지 못하고 억지로 미소를 지으면서 내가 어느 회사에 근무하는 것을 물었습니다. 지역 순경은 집안에 아무도 없는 것을 알고 차마 엄마인 나에게 아들의 비보를 전할 수가 없었기 때문에 나의 사무실 전화번호를 달라고 공손하게 얘기를 했습니다. 지역순경이 떠나면서 혹시 누군가가 전화를 할지 모르니 전화를 기다리라고 했습니다. 나는 아무것도 예상하지 못한 채 내 사무실 전화번호를 주었고 출근을 했습니다. 나는 그저 어느 자동차 보험회사에서 전화를 하려나 하는 단순한 생각을 하였을 뿐이었습니다. 그래서인지 나는 그날 하루 오전근무를 아주 태연하게 일을 했습니다.

매니저가 다가왔습니다. 매니저는 나를 부드럽게 등을 두드리면서 어떤 사람이 나를 만나겠다고 해 지금 일층 회의실에서 기다린다고 했습니다. 그래서 대충 일을 접고 매니저에게 얼른 그 사람을 보고 오겠다고 했습니다. 그러자 매니저는 자기도 일층에 갈 일이 있다고 하며 같이 가기를 원했습니다. 그래서 둘이는 같이 엘리베이터를 탔습니다. 그리고 매니저와 나는 화기애애하게 말을 주고 받으면서 일층 회의실에 들어갔습니다.

그곳에서는 아주 엄숙한 순경이 창문 쪽에 앉아 있었습니다. 나의 밝은 모습에 순경이 아직 얘기를 하지 않았냐고 매니저에게 얘기를 했습니다. 매니저의 두 눈에는 금

새 주르륵 눈물이 흘렀습니다. 나는 무슨 일이냐고 물었습니다. 그 순간 아들이 커다란 차 사고를 냈었구나, 하는 느낌을 받았습니다. 그래서 순경에게 아들의 상태가 아주 나쁘냐고 물었습니다. 그때 그 순경의 모습은 더욱 엄숙해지면서 엄숙한 눈으로 나를 바라보고 있었습니다. 차마 얘기를 선뜻 할 수가 없다는 모습에 순간 나는 직감을 했습니다. 아들은 이미 이 세상 사람이 아니라는 것을 순경의 태도에서 알게 되었습니다. 나는 그 순간의 무언의 아들의 비보에 "아아아…" 하고 커다란 소리를 지르면서 엉엉 울었습니다. 매니저도 울었습니다. 얼마동안 그렇게 소리를 지르면서 울었을 때 미미하게 목소리가 들리면서 내 마음에 분명하게 전해졌습니다. "이제 너는 마음을 정하고 나의 일을 해야 한다."였습니다. 그때 매니저가 나를 달래면서 사무실에 같이 올라가서 가방을 가지고 집으로 돌아가라고 했습니다. 매니저의 부축으로 나는 사무실에 올라가서 자리를 정리하고 집에 갈려고 하는 차에 매니저가 자기가 운전을 해준다고 했습니다. 그래서 나는 그냥 혼자 운전을 하고 갈 수 있으니까 염려하지 말라고 했습니다. 그때 매니저가 여러 곳의 연락처를 종이에 적어주며 집에 가자마자 연락을 해야 한다고 다짐을 주었습니다.

회사에서 나와서 운전을 하면서 하염없이 울면서 집으로 돌아갔습니다. 그리고 들려왔던 그 미미한 음성과 아들이 일주일 동안 내게 하여준 목소리가 한데 겹쳐서 들렸습니다. "엄마, 이제부터 엄마 혼자 살아야 하니까 마음을 단단히 먹어요." 어떻게 아들은 자기의 죽음을 알았을까 하는 생각이 미치자 주 하나님이 수년전에 내게 주신 아들을 위해서 하는 영혼기도를 기억했습니다. 나는 "아" 하고 소리를 쳤습니다. 왜냐하면 그날 아침에도 나는 아들의 배필을 놓고 기도를 하였고, 아들의 진로를 두고 기도를 했습니다. 그러다가 되풀이 하듯이 내 입술에서 다시 무의적으로 아들을 위해 영혼기도를 하는 자신을 발견하였기 때문이었습니다. 나는 주님이 주신 기도제목을 결코 이해하지를 못했습니다. 나는 주 하나님이 주신 기도제목이 진실로 얼마나 아들에게 중요한 기도였다는 것을 아들이 죽은 후에야 이해를 했습니다. 주 하나님을 신뢰하지 않았던 자신을 돌아보면서 뼈를 깎는 아픈 마음으로 회개를 했습니다. 그리고 아들은 주 하나님이 예정하신 죽음으로 필연적이었음을 깨달았습니다. 나는 주 하나님이 주셨던 기도제목을 단순한 인간의 생각으로 내 나름대로 그동안 이해를 하였고 내 나름대로 바꿔 보려고 불순종했던 것입니다. 요한1서 2장 11절 "사랑하는 자여 악한 것을 본받지 말고 선한 것을 본받으라. 선을 행하는 자는 하나님께 속하고 악을 행하는 자는 하나님을 뵈옵지 못 하였느니라."

아들의 죽음 앞에 그동안 아들이 무수히 나에게 얘기한 말들을 기억하면서 나는 내가 앞으로 어떻게 해야 주 하나님께 온전한 믿음을 드릴 수 있나를 생각해 보았습니다. "무슨 일이 있어도 하나님을 의심하지 말고 절대로 신뢰해야만 엄마와 내가 다시 만날 수 있어요." 하는 아들의 말을 내가 목숨을 붙이고 살아 있는 동안 기억을 하며 아들 몫과 함께 주님의 일을 하며 살 것을 마음으로 맹세를 했습니다.

하늘에 계신 아빠 아버지, 나는 그의 상한 갈대-7

2002년 정월의 날씨는 몹시도 을씨년스러웠습니다. 그리고 눈이 내렸기 때문에 길바닥은 온통 하얗게 변해 버렸습니다. 나는 동생들과 아들이 사고를 낸 곳을 찾아갔습니다. 사고 지점 가까이에 도착하기 전에 나는 갑자기 내장이라도 터질 듯이 심한 육신의 고통을 느끼면서 코에서 비린내와 함께 피 냄새가 입 안 가득히 났습니다. 나는 아들이 사고 때 인체의 어느 부분이 파열이 되었는지 직감했습니다. 어둑어둑한 저녁에 그곳에 도착하였을 때 아들이 운전을 하다가 졸면서 신호등을 박은 듯이 곁에 난간 한 곳이 휘어져 있었습니다. 우리 형제들이 서로 붙들고 엉엉 울고 있었을 때 나는 그때 아들이 우리를 붙들고 같이 울고 있는 느낌을 강하게 받았습니다. 동생들이 길바닥에 떨어져 있는 아들의 소지품을 주어다가 내게 주었습니다. 모자와 구두 한 짝 등이 길바닥에 그때까지도 있었기 때문에 확실히 아들의 사고 지점임을 두 눈으로 확인하게 되자 자지러질 것만 같았습니다. 나는 아들의 유품을 들고 서럽게 울었습니다. 동생들이 나를 부축해 차에 태워서 동생의 집으로 데려 갔습니다. 나는 거기서 자지러질 듯한 육신의 연약함으로 깊게 잠이 들었습니다. 왜 그렇게 잠이 쏟아졌는지 그때 주 하나님은 긴긴 잠을 내게 허락하셨습니다. 아들의 장례식 준비를 하려고 다니는 교회에 연락을 해서 목사님과 면담을 요청했습니다.

아침에 일어나서 준비를 하는 중에 느닷없이 엄마가 조카들과 같이 들어왔습니다. 엄마는 나를 보시자마자 또 잔인한 말로 나의 심령을 상하게 하셨습니다. 도대체 이해할 수 없는 엄마의 저돌적인 태도에는 당연히 아들을 잃은 슬픔에 젖어 있는 맏딸에게 위로라도 해 주는 것이 당연했지만 도저히 이해할 수 없는 행동을 서슴없이 하셨습니다. 마음이 상한 자식에게 위로가 아닌 말로 자식을 고통으로 몰고 가시려는 의도는 대체 무엇인가 생각하면 자식인 딸로서 결코 이해할 수 없었습니다. 나는 너무 기가 막혀서 대항할 기운도 없었고 대꾸할 마음에 여유도 없었습니다. 가슴에 깊은 상처만 안은 채 아들의 장례일로 동생들과 같이 목사님을 만나러 갔습니다. 그날 나는 엄마와 이른 아침일로 제정신이 아니었습니다.

그날 목사님과 상담을 하고 집으로 돌아와서 나는 기절할 듯이 힘이 들어서 깊은 잠이 들었습니다. 하루 종일 잠을 잤기 때문에 밤에 일어나 구석진 곳에 앉아 훌쩍훌쩍 소리없이 울었습니다. 그때 내 귀에 물소리가 들려왔습니다. 울음을 그치고 열중을 하고 들으니까 무슨 음율 같았습니다. 그래서 가만히 들려오는 물소리의 음률대로 입에서 소리를 내었습니다. 입으로 들려오는 음률대로 소리를 내니까 마음이 지극히 평온해 옴을 느꼈습니다. 캄캄한 방안에서 보았던 곳은 어두움 속 물가였습니다. 그 물가는 연약한 불빛으로 반사되는 은빛 물결이 출렁이는 것을 볼 수 있었습니다.

그래서 아는 집사님에게 전화를 해 그 음률을 전화로 읊었습니다. 내가 소리내는 음률을 가만히 들은 집사님은 나에게 얘기를 했습니다. "그 곡조는 찬송가에 있어요." 하면서 찬송가 466장에 있다고 말을 해 주어서 찬송가를 부지런히 찾았습니다. 물소리의 곡조는 찬송가 466장 후렴 부분이었습니다. "나의 맘속이 늘 평안해(평안해) 나의 맘속이 늘 평안해(평안해)"였습니다. 나는 연약한 가운데 붙드시는 주님의 보호하심을 느꼈습니다. 주님의 위로가 함께 하심을 확인하고 보니 마음이 한층 부드러워짐을 느꼈습니다. 그리고 눈을 감고 열심히 물소리의 곡조대로 응얼거렸습니다. 에베소서 3장 11-12절 "곧 영원부터 우리 주 그리스도 예수 안에서 예정하신 뜻대로 하신 것이라. 우리가 그 안에서 그를 믿음으로 말미암아 담대함과 하나님께 당당히 나아감을 얻느니라."

나는 오래 전부터 그곳의 물가를 꿈속에서 성령님의 인도로 여러 번 갔었습니다. 내가 세상에서 힘들었을 때마다 보이시지 않는 성령님은 나를 그곳으로 인도하셔서 나의 몸과 마음을 늘 쉬게 하셨습니다. 그곳에 갈 때마다 그곳은 언제나 밝은 대낮이었습니다. 그러나 그날은 처음으로 밤이었습니다. 그리고 그곳에 꿈이 아닌 환상으로 간 것이었습니다. 환상은 현실과 동시에 볼 수 있고 느낄 수 있는 것입니다. 그곳의 밤은 칠흑같이 어두웠지만 어디서 오는지 알 수 없는 연약한 불빛으로 반사되는 빛이 은빛 물결이 되어 출렁이는 것을 볼 수 있었습니다. 그리고 출렁이는 물결의 소리가 음률이 되어서 내 가슴에 따듯하게 전해졌습니다. 시편 125편 1-2절 "여호와를 의뢰하는 자는 시온산이 요동치 아니하고 영원히 있음 같도다. 산들이 예루살렘을 두름과 같이 여호와께서 그 백성을 지금부터 영원까지 두르시리로다." 나는 아직도 생생한 듯이 들려오는 아들의 목소리를 들을 수 있었습니다. "무슨 일이 있어도 하나님을 의심하지 말고 절대로 신뢰 해야만 엄마와 내가 다시 만날 수 있어요." 나는 아들이 사고를 당한 후 그의 죽음을 본 후에야 그의 말뜻을 이해할 수 있었습니다. 그것은 우리 모자의 이별을 말하는 것이었고 혼자 살아야 하는 나의 인생과 아들이 죽음으로 나를 떠난다는 의미였던 것입니다.

그때 주 하나님은 나의 육신의 연약함으로 인해 감당치 못함을 보시고 내게 깊은 잠을 은혜로 주셨습니다. 나는 시간만 나면 잠을 잤습니다. 아마도 기절한 것 같은 깊은 수면을 주시지 않으셨다면 나는 결코 그 시간들을 감당하지 못 했을 것입니다. 깊은 잠으로 내 육신을 새롭게 하시고 내 영의 안정을 가질 수 있게 하셨습니다.

고린도전서 10장 13절 "사람이 감당할 시험 밖에는 너희에게 당한 것이 없나니 오직 하나님은 미쁘사 너희가 감당치 못할 시험 당함을 허락지 아니하시고 시험 당할 즈음에 또한 피할 길을 내사 너희로 능히 감당하게 하시느니라."

나는 아들을 조문하러 동생네 식구들과 장례식장으로 향했습니다. 깊은 슬픔으로 복받치는 설움의 눈물을 흘렸습니다. 관에 있는 아들의 모습은 전혀 딴사람 같았습니다. 자는 모습이 아니었습니다. 마치 마네킹을 보는 듯이 아들의 몸에서 영혼이 없었음을 보았습니다. 이제 아들없이 살아가야 할 것을 생각하니 정신이 아득하기만 했습니다. 그때 교회 담임 목사님이신 이원상 목사님과 부목사님의 주도로 입관식(Viewing Service)은 잘 마치고 동생들과 집으로 돌아왔습니다.

그리고 그날 밤에 꿈을 꾸었습니다. 나는 어느 느티나무 아래 언덕 밭에서 두 다리를 벌리고 앉아서 두 눈이 퉁퉁 부울 정도로 엉엉 거리면서 울고 있었습니다. 내가 어떻게 거기를 갔는지는 기억에는 없으나 그곳은 내게 처음이 아닌 장소였습니다. 수년 전에 주님과 함께 꿈속에서 그곳에 갔었습니다. 그때 내가 살았던 현실이 너무도 고통스러웠을 때 주님은 나를 데리고 그곳에 가셨습니다. 그리고 마음을 위로하여 주셨습니다. 끝없이 펼쳐진 밀밭의 들녘 주위의 비탈진 작은 동산에 주님과 나를 덮는 커다란 나무 그늘에서 젊은 모습의 주님은 열두 살 소녀의 모습이었던 나와 함께 하셨습니다. 그리고 손끝으로 끝없이 펼쳐진 황금색 밀밭을 가리키며 다가올 추수철을 내게 얘기하여 주시기도 하셨습니다. 주님과 함께 있었던 커다란 나무가 있는 언덕인 그 장소에 내가 두 다리를 벌리고 앉아서 통곡을 하고 있었던 것입니다. 얼마나 울었는지 두 눈이 부어서 누가 내 곁에 와서 서 있었는지조차도 알 수 없을 정도로 울었습니다. 그때 남자의 음성이 들렸습니다. 왜 이곳에서 우느냐 하는 것 같았습니다. 그래서 내가 대답을 했습니다. "아들이 자동차 사고로 죽었는데 내일 아침에 장례를 할 것이라 마음이 슬퍼서 울고 있었습니다."

그때 남자는 나에게 "나를 따라 오너라."고 말했습니다. 나는 정신없이 그 남자의 뒤를 따라갔습니다. 어디인지 확실한 기억이 없지만 남자는 나를 어느 곳으로 인도했습니다. 시간이 많이 흐른 후에야 나는 그곳이 죽음의 장소(Death Place)였다는 것을 알았습니다. 그곳은 아주 낮은 천장에 기둥이 없는 넓고 넓은 공간이었습니다. 그곳에는 아주 촉수(공간에 비례하면 5와트 정도)가 낮은 전등 없는 불빛이 있었습니다.

그곳에는 괴상한 냄새가 났고 습기가 많은 축축한 분위기였습니다. 수많은 사람들이 홑헝겁에 싸여 널브러져 있었습니다. 나는 널브러져 있는 사람들 틈을 건너뛰며 아들을 찾았으나 워낙 많은 사람들이 드러누워 있었고 또한 불빛이 흐릿해 아들을 찾을 수가 없었습니다. 널브러진 사람들의 모습은 홑헝겁에 싸여서 신음 소리를 내고 있었습니다. 때로는 그들의 신체의 일부가 몸 밖으로 떨어져 나간 자들도 있었습니다. 외로운 혼들이 나를 만지려고 안간힘을 썼습니다. 그러나 정작 내가 가까이 가서 보려고 하면 몸을 안간힘을 쓰면서 움츠리고 있었습니다. 나는 그때 죽은 자가 산자를 만질 수 없다는 원리를 알았습니다.

그때 남자가 아들을 찾아보라고 내게 말을 했습니다. 그래서 내가 대답을 했습니다. "어디에 있는지 아들이 보이지를 않아요." 했습니다. 그때 남자가 손을 한 곳에 가리켰습니다. 내가 남자가 가리키는 손끝을 보았을 때 아들이 어느 남자의 하체에 감겨져 있었습니다. 아들을 자기의 하체로 감고 있는 그 남자는 전에 한번 본 것 같은 백인 남자였습니다. 그 남자는 괴성을 지르면서 나에게 엄포를 하고 있었습니다. 나는 그 남자에게 다가가서 눈을 부릅뜨고는 아들을 백인 남자의 하체에서 빼어 내려고 했습니다. 그 백인 남자는 나를 잡으려고 손을 허우적거렸습니다. 그래서 나도 지지 않고 어찌 해보겠다는 태도로 그 백인 남자의 손 가까이로 가니까 그 백인 남자는 나를 잡으려고 했던 손을 거두면서 거친 괴성을 질렀습니다. 나는 또 부릅뜬 눈으로 그 백인 남자를 똑바로 바라보았습니다. 내 힘 있는 눈동자를 본 그 백인 남자는 마치 두려운 듯한 표정으로 나에게 겁을 주는 것을 포기하였다는 듯이 고개를 다른 곳으로 겨우 돌렸을 때 뒤에 서 있었던 남자의 음성을 들었습니다. 남자는 이제 이곳을 나가자

하였습니다. 나는 아들을 보고 또 남자를 보면서 "나의 작은 체구로 어찌 육척장신인 아들을 업을 수가 있겠습니까?" 하고 무언의 표정을 했습니다. 그때 남자는 충분히 이해했다는 표정으로 아들을 몸소 업고 우리는 그곳을 나왔습니다.

남자의 걸음이 어찌나 빠른 걸음이었던지 그곳을 나오면서 정신없이 남자를 좇기에 바빠서 어느 곳을 당도하였는지조차 기억이 나질 않았습니다. 정신없이 남자를 좇아서 온 곳은 아름다운 절경이 펼쳐지는 곳이었습니다. 부드러운 풀밭에 남자는 아들을 뉘였습니다. 나는 아들을 안고 어루만지면서 서럽게 울었습니다. 그때 아들이 "엄마, 나 아파요." 했습니다. 내가 울면서 아들을 위로하고 있었을 때 남자가 내게 말을 했습니다. "이제 헤어질 때가 되었다." 내가 고개를 들고 남자를 바라보았을 때 아름다운 하늘을 보았습니다. 하늘은 청명하였고 아름다웠습니다. 그리고 산들산들 지나가는 바람이 나의 이마의 머리를 만져주었습니다. 주위의 숲이 마치 노래를 하듯이 새들이 지저귀고 있었습니다. 남자는 이제 아들과 함께 가야 한다고 하며 나에게 작별을 고했습니다. 그리고 나는 곧 잠에서 깨어났습니다. 시계를 보니 정확하게 두시였습니다.

아들이 생시처럼 그의 영이 살아 있다는 기쁨의 순간이었으나 현실에서는 아들은 이미 이 세상 사람이 더 이상은 아니었습니다. 나는 그때 주 하나님이 수년전에 내게 주신 아들을 위한 기도제목을 기억하였으며 인간적으로 도저히 이해하지 못 해서 내가 얼마나 내 뜻대로 내 멋대로 기도제목을 바꾸려 했던가를 생각했습니다. 그리고 그 기도가 얼마나 절대적으로 아들에게 필요했던 기도였던가를 생각하면서 아들에게 한없이 미안했습니다. 그리고 주 하나님은 나의 의지와 상관없이 내 입술로 그 기도를 계속하게 하셨고 주님과 함께 죽음의 장소에 가서 아들을 데리고 나오므로 내 두 눈으로 그 기도의 중요성을 느끼게 하셨습니다. 내가 주 하나님이 정하신 일을 백 퍼센트 신뢰하지 못하였던 나의 죄악으로 인하여 우리 모자는 얼마나 큰 고통을 당했던가를 생각하면서 깊은 회개와 눈물이 내 앞을 가렸고 말할 수 없이 크신 주 하나님의 은혜를 알 수 있었습니다. 내가 가고 있는 길은 결코 나 혼자가 감당하는 길이 아니었음을 영적으로 알게 되었습니다. 말씀의 은혜 가운데 지혜로 나의 부족함을 보았으므로 곧 나는 주 하나님께 회개하면서 내가 주 하나님을 신뢰치 못하였던 부족한 믿음에 통회하는 마음과 함께 악에는 어린 아이가 될 것이고 지혜에는 장성한 사람이 될 것을 마음속에 더욱 깊이 새기었습니다.

아침에 일어나서 가족들과 함께 아들의 장례를 서둘렀습니다. 아들을 하관하는 날 나는 서럽게 울었습니다. 이제는 다시 아들의 얼굴을 볼 수가 없고 같이 말할 수 없다는 사실이 내 가슴을 아프게 했습니다. 하관을 하고 집으로 돌아오는 날 나는 너무도 지쳐 깊은 잠에 빠졌습니다. 꿈속에서 성령님은 나를 그 은혜의 강가에 서 있게 하셨습니다. 그곳은 여전히 아름다웠고 강물은 맑고 투명하게 흘렀습니다. 성령님은 나를 강물 속에 온몸을 잠기게 하신 후에 일어나게 하셨습니다. 그리고 나는 산이 각기 서서히 이동을 하는 것을 보았습니다. 그리고 순식간에 산은 하나가 되었습니다. 그렇게 오랫동안 두 쪽이 되었었던 산의 모습은 다시 원래의 모습으로 돌아갔습니다. 실로 이십년이 훨씬 넘은 후의 산의 회복이었습니다.

이십년이 훨씬 전에 나는 거대하고 절묘하게 아름다운 산을 꿈속에서 보았습니다. 그때 나는 내 의지대로 주 하나님의 반대하시는 결혼을 하고 신혼 때 꿈속에서 거대한 산 앞에 서 있었습니다. 그 산은 그야말로 아름다운 산이었습니다. 나는 그 산의 아름답고 절묘한 경치에 취해 있는 가운데 알 수 없는 굉음을 들었습니다. 세상을 뒤흔들 듯한 굉음과 함께 정말 믿을 수 없이 그 아름답고 절묘한 산이 두 동강이가 된 채로 반이 하늘에서 땅으로 쪼개졌습니다. 그때 쪼개진 산사이로 시뻘건 흙과 함께 지층의 단면을 보았습니다. 두 쪽으로 쪼개진 산은 얼마간의 사이를 두고 있었습니다. 나는 쪼개진 산의 양쪽을 영적으로 오르락내리락 하면서 가슴이 찢어지는 아픔을 안고 서럽게 울었습니다.

얼마나 울었던지 꿈에서 깨어나서도 어깨를 들먹이며 통곡까지 하며 울었던 기억이 아직도 생생합니다. 그것은 하늘에 계신 주 하나님 아버지가 내게 주시는 당신의 아픈 마음을 꿈으로 표현하셨던 것이었습니다. 이제 나의 믿음이 장성한 분량으로 자랐고 당신을 신뢰하려는 몸부림을 하는 나의 모습에 주 하나님께 신뢰하지 않았던 나의 지난 죄를 긴 인내하심과 함께 용서하셨다는 주 하나님이 내게 주시는 마음의 표현을 꿈으로 보이셨던 것입니다. 잠에서 깨어난 후 나를 용서하여 주신 주 하나님께 감사 기도를 드렸습니다. 퍼즐처럼 연결되어지는 나의 꿈으로 인해 나는 주 하나님의 끊을 수 없는 사랑을 받고 있었다는 것을 더욱 알게 되었으며 나는 이 세상에 지존하신 주 하나님의 목적이 있어서 왔으며 그리고 주 하나님의 계획하신 그 목적을 위해 세상에 태어난 것을 어렴풋이 깨닫게 되었습니다.

그 후 나는 다시는 은혜의 강인 용서의 강을 가지 않았습니다. 아무리 나의 삶이 힘들고 어려웠어도 성령님은 다시는 나를 그곳에 데리고 가서서 나에게 지친 삶의 쉼을 주시지는 않으셨습니다. 그리고 나는 또 나름대로 나의 삶을 견디면서 말씀과 함께 주신 믿음으로 살았습니다. 로마서 10장 10절 "사람이 마음으로 믿어 의에 이르고 입으로 시인하여 구원에 이르느니라."의 말씀처럼 나는 늘 나의 경험을 주위에 있는 사람들에게 조금씩 얘기를 했습니다.

새집으로 이사 간 지 만 이십일일 만에 아들이 내 곁을 떠난 후 나는 더욱 교회에 충실하며 교회의 머리이신 주 예수 그리스도의 제자가 되기 위해 나름대로 헌신하며 열심을 내었습니다. 때로는 사람들은 나의 이런 모습에 조소했습니다. 어떻게 아들이 죽었는데 변함없이 교회에 나와서 맨 앞자리에 앉아서 예배를 볼 수 있는가의 의문스런 소리를 비롯하여 마음으로 요동치 않는 나의 믿음의 모습에 때로는 이런 소리도 듣게 되었습니다. "참으로 정신이 강하십니다." 그들은 한결같이 나의 모습에 기이한 마음으로 나를 대했습니다. 나는 그들이 내게 품고 있는 의혹에도 불구하고 두려움 없이 의연히 주일을 지켰고 또 주어진 하루의 삶을 충실한 가운데 살았습니다.

내가 주 여호와의 임재하심 알았고 그의 계획하심으로 분명한 목적으로 내가 이 세상에 살고 있다는 것을 알았으므로 그들이 나에 대한 의혹이 있었지만 하나도 두렵지가 않았습니다. 이렇게 주 하나님은 나를 연약한 가운데 붙드시며 마음의 신뢰를 주셨습니다. 그리고 누구든지 나를 아들로 인해서 위로가 아닌 가시 같은 말로 힘들게 하면 그들을 용서치 않으시는 것을 눈으로 보게 하셨습니다.

에베소서 6-15절 "누구든지 헛된 말로 너희를 속이지 못하게 하라. 이를 인하여 하나님의 진노가 불순종의 아들들에게 임하나니 그러므로 저희와 함께 참예하는 자가 되지 말라. 너희가 전에는 어두움이더니 이제는 주 안에서 빛이라 빛의 자녀들처럼 행하라. 빛의 열매는 모든 착함과 의로움과 진실함에 있느니라. 주께 기쁘시게 할 것이 무엇인가 시험하여 보라. 너희는 열매 없는 어두움의 일에 참예하지 말고 도리어 책망하라. 저희의 은밀히 행하는 것들은 말하기도 부끄러움이라 그러나 책망을 받는 모든 것이 빛으로 나타나나니 나타나지는 것마다 빛이니라. 그러므로 이르시기를 잠자는 자여 깨어서 죽은 자들 가운데서 일어나라. 그리스도께서 네게 비취시리라 하셨느니라. 그런즉 너희가 어떻게 행할 것을 자세히 주의하여 지혜 없는 자 같이 말고 오직 지혜 있는 자같이 해 오직 성령의 충만을 받으라."

말씀으로 나의 상처받은 마음을 위로받게 하셨습니다.

에베소서 5장 19-20절 "시와 찬미와 신령한 노래들로 서로 화답하며 너희의 마음으로 주께 노래하며 찬송하며 범사에 우리 주 예수 그리스도의 이름으로 항상 아버지 하나님께 감사하며"

사람의 눈으로 보기에는 내가 주 하나님께 아무것도 감사할 것도 없는 보잘것없는 나로 보였을지 몰라도 나는 언제나 주 하나님께 기쁨으로 감사할 마음이 넘쳤으며 주님의 위로 가운데 있었음을 고백합니다. 나의 믿음이 성장함에 따라 나의 마음은 이제 어린아이와 같은 믿음이 아니라 주 하나님의 존귀하심에 두렵고 떨리는 마음으로 드리는 성장한 믿음이 작은 싹이 되어 내 심령에서 자라고 있었음을 알게 되었습니다.

그 후 아들없이 살아야 하는 나는 인간으로서 겪는 나름대로 마음의 고통을 안고 살게 되었습니다. 내 안을 들여다 볼 수 없는 사람들은 나의 표면적인 모습에 나를 자기들이 생각하는 각도로 보고 정죄를 했지만 그들은 결코 내가 겪는 고통을 이해하지 못 했습니다. 다만 피상적으로 내가 잘 견디고 있다고만 생각했습니다. 그러나 나는 병들어 있었습니다.

아들이 내 곁을 훌쩍 떠난 후
가슴속의 빈자리를
나는 육신의 혼이 나갈 만큼
줄곧 달리기만 했습니다.

설 줄을 모르고
마냥 달리기만 했던
질주의 아픔을
마치 고삐 없는
한 마리의 성난 야생마처럼
들이고 강이고 산을 거칠게 누비면서
바람속의 자신을 발견하곤 했습니다.

나는 나대로 나만의 방식으로
가슴속의 고통과 아픔을 전혀 내색치 않았지만
나는 나를 소리 없는 채찍으로 무수히 때리면서
나의 일과에 조금도 나에게 휴식을 주지를 않았습니다.
지칠 대로 지친 채로 거의 의식을 잃을 만큼이 되어야
비로소 나는 나를 쉬게 해 주었습니다.

나는 어느 날 내가 주위를 정리를 못하고 있는 자신을 보았습니다. 옛날에는 그렇게 주위를 정리 정돈을 잘하여 깨끗하게 살았었는데 어느 날 내게 있었던 그러한 능력이 없어진 것을 알게 되었습니다. 방을 치우다가도 불현듯 다른 것을 하는 모습을 보았습니다. 음식을 하다가도 다른 것을 하기 때문에 음식을 태우기가 빈번하다가 보니 내가 나를 어쩌지 못하는 나의 연약함을 보게 되었습니다. '주 하나님이시여 저를 불쌍히 보소서. 제가 육신적으로 병들어 있습니다. 주여 저를 이 환난에서 건져주소서!' 하며 엉엉 울었습니다.

나의 숨은 고통은 결코 다른 사람에게는 관심 밖의 일이기 때문에 얘기할 수 없었습니다. 오히려 얘기를 했다가는 얄팍한 사람의 정으로 상처를 받기 쉽기 때문에 나만이 그 고통을 끌어안고 날마다 주 하나님과 기도로 얘기를 했습니다. 그러면서 주 하나님이 주시는 치유의 회복을 기다렸습니다.

그러면서 세월은 흐르는 물살같이 쉴 새 없이 흐르고 있었습니다. 나의 아픔도 나의 고통도 모두 안고서 그저 모른 척 하면서 세월은 냉정하게 흐르고 있었습니다. 그동안 엄마와 나와의 관계는 별로 개선이 없었습니다. 그때까지도 엄마는 내게 아픔만을 주고 있었습니다. 나는 그런 엄마를 도저히 이해할 수 없었습니다. 지나간 세월을 비추어보면 엄마가 어린 나에게 무수히 희생의 요구를 하였음을 기억합니다. 단 한번이라도 엄마는 나를 아껴주는 마음도 없었는지 나에게 수고했다는 따뜻한 말 한마디가 없었습니다. 그리고 끊임없이 요구하는 나의 희생을 언제나 당연하게 생각하셨습니다. 무엇이 어떻게 그렇게 미안한 마음도 없이 내게 그렇게 당당하게 희생을 요구하실 수 있었을까를 생각하면 마음이 아파왔습니다. 그런 엄마를 보면서 어린 시절의 어린 마음에 나는 늘 주어 온 딸이구나 하는 생각을 수없이 하며 살았습니다. 그것은 말할 수 없는 긴 고독의 시간이었고 마음에 짙은 번민과 생각의 고통들이었습니다. 그래서 나는 늘 내게 자신감이 없는 나였지만 그러면서도 동생들을 너무도 사랑하였기에 나는 나의 부족함을 보지 않았고 자신의 희생을 함으로써 동생들을 위해서는 도리어 당연하게 생각을 했었기 때문에 정신적으로 육신적으로 허약함을 무릅쓰고도 모든 것을 감수할 수 있었습니다.

불행했던 지난날들의 삶을 돌아보면 대부분 엄마와의 갈등으로 채워져 있었습니다. 어린 나에게 당당한 희생의 요구를 하고도 전혀 미안한 마음도 없이 곧 잊고 끊임없이 나의 희생을 바라셨던 부모님들은 정말로 이해할 수 없었고, 아무리 천재적인 인물이라도 아마도 분석하기 어려운 알 수 없는 부모님들이셨습니다. 그러던 어느 날 또다시 할퀴듯이 내 마음이 엄마와의 갈등으로 마음이 아팠습니다. 이제는 좀 나를 그만 내버려 두실 만도 할 텐데 하는 마음으로 주 하나님께 아픈 마음을 기도로 말씀드렸습니다. 그때 마음의 폭풍 가운데에 서 계셨던 주 하나님의 말씀이 내 마음을 스쳤습니다.

로마서 14장 1-4절 "믿음이 연약한 자를 너희가 받되 그의 의심하는 바를 비판하지 말라. 어떤 사람은 모든 것을 먹을 만한 믿음이 있고 연약한자는 채소를 먹느니라. 먹는 자는 먹지 않는 자를 업신여기지 말고 먹지 못하는 자는 먹는 자를 판단하지 말라. 이는 하나님이 저를 받으셨음이니라. 남의 하인을 판단하는 너는 누구뇨 그 섰는 것이나 넘어지는 것이 제 주인에게 있으매 저가 세움을 받으리니 이는 저를 세우시는 권능이 주께 있음이니라."

내 나이 여섯 살이 채 되었을 때 오빠와 나는 가정교사를 따라서 집근처에 있는 작은 장로교회를 다녔습니다. 그때 가정교사는 그 교회의 주일학교 선생님이셨습니다. 우리 남매는 선생님 손에 이끌리어 교회를 갈 때마다 엄마는 우리에게 그때 말로 연봇돈을 넉넉하게 주셨습니다. 그래서 고사리 같은 손으로 엄마에게 연보를 받아서 교회에 헌금을 하였던 기억이 났습니다. 주 하나님은 그 장면을 내게 영적인 눈으로 보여주시면서 말씀하셨습니다.

고린도전서 4장 20-21절 "하나님의 나라는 말에 있지 아니하고 오직 능력에 있음이라. 너희가 무엇을 원하느냐 내가 매를 가지고 너희에게 나아가랴 사랑과 온유한 마음으로 나아가랴." 하시면서 주 하나님은 "네가 교회에 갈 때마다 믿음도 없었던 엄마가 네 고사리 같은 손에 연보를 쥐어 주었지 않았었느냐? 나는 그 손을 이미 축복하였노라." 하셨습니다. 그래서 나는 예 맞아요. 엄마였어요." 했습니다. 로마서 14장 8-10절 "우리가 살아도 주를 위하여 살고 죽어도 주를 위하여 죽나니 그러므로 사나 죽으나 우리가 주의 것이로라. 이를 위하여 그리스도께서 죽었다가 다시 살으셨으니 곧 죽은 자와 산 자의 주가 되려 하심이니라." 하시면서 "네가 어찌 해 네 형제를 판단하느뇨? 어찌해 네 형제를 업신여기느뇨? 우리가 다 하나님의 심판대 앞에 서리라."의 말씀으로 나를 일깨워 주셨습니다. 어린 나의 고사리 손에 연보를 쥐어주신 엄마의 손을 축복하셨던 주 하나님의 사랑은 한없이 넓으시고 깊으셨습니다. 그리고 계속적인 말씀으로 나에게 말씀을 주셨습니다.

골로새서 3장 12-13절 "그러므로 너희는 하나님의 택하신 거룩하고 사랑하신 자처럼 긍휼과 자비와 겸손과 온유와 오래 참음을 옷 입고 누가 뉘게 혐의가 있거든 서로 용납 해 피차 용서하되 주께서 너희를 용서하신 것과 같이 너희도 그리하고"

하시면서 우리 두 모녀가 오직 화목하기를 바라셨습니다. 나는 엉엉 울면서 수없이 내 몸에 박힌 나의 아픈 삶의 가시들을 뽑아달라고 주 하나님께 기도를 했습니다.

시편 145편 17-21절 "여호와께서는 그 모든 행위에 의로우시며 그 모든 행사에 은혜로우시도다. 여호와께서는 자기에게 간구하는 모든 자 곧 진실하게 간구하는 모든 자에게 가까이 하시는도다. 저는 자기를 경외하는 자의 소원을 이루시며 또 저희 부르짖음을 들으사 구원하시리로다. 여호와께서 자기를 사랑하는 자는 다 보호하시고---내 입이 여호와의 영예를 말하며 모든 육체가 그의 성호를 영영히 송축할찌로다."

그 후 나는 나 자신을 말씀으로 다스리며 더욱 화목하려고 노력을 했습니다. 나는 확실히 알게 되었습니다. 주 하나님은 사랑의 하나님이시고 선한 것을 아무리 세월이 흘렀다 해도 분명히 기억하시는 분임을 알았습니다. 솔직히 누구를 미워하는 것보다 용서하는 것이 마음의 건강에도 도움이 된다는 사실입니다. 그래서 나름대로 내 마음의 사슬을 스스로 끊으려고 무던히도 노력했습니다. 그러나 그 후에도 많은 분노가 내게 지나갔었지만 내 마음을 거듭 다스리면서 순간순간을 용서하고 화목하려고 나름대로 애를 썼습니다. 나는 이렇게 개인적으로 말씀을 나에게 진리로 교훈을 주시는 주 하나님을 진실로 사랑하고 사랑합니다. 그 어느 누가 나를 사랑과 함께 진리로 훈육할 수 있을까 하면서 나를 붙드신 주 하나님께 진심으로 감사를 드렸습니다. 나의 연약한 가운데 붙드시는 주님은 분명히 살아계신 하나님이십니다. 나는 나의 경험들을 많은 사람들에게 나누고 싶은 충동이 날마다 내 영혼의 마음을 간절하게 했습니다. 그러나 사실 나는 말재주가 없었으므로 내 안에 잠재하고 있는 글재주조차도 알지를 못했음으로 언제나 마음 한편으로는 주 하나님을 통하여 내가 경험하였던 이야기들을 간절하게 글로 표현해야 한다는 사명감의 거룩한 부담을 가지고 살았습니다.

시편 146편 1-10절 "할렐루야, 내 영혼아 여호와를 찬양하라. 나의 생전에 여호와를 찬양하며 나의 평생에 내 하나님을 찬송하리로다. 방백들을 의지하지 말며 도울 힘이 없는 인생도 의지하지 말찌니 그 호흡이 끊어지면 흙으로 돌아가서 당일에 그 도모가 소멸하리로다. 야곱의 하나님으로 자기 도움을 삼으며 여호와 자기 하나님 에게 그 소망을 두는 자는 복이 있도다. 여호와는 천지와 바다와 그 중의 만물을 지으시며 영원히 진실함을 지키시며 압박 당하는 자를 위하여 공의로 판단하시며 주린 자에게 식물을 주시는 자시로다. 여호와께서 갇힌 자를 해방 하시며 여호와께서 소경의 눈을 여시며 여호와께서 비굴한 자를 일으키시며 여호와께서 의인을 사랑하시며 여호와께서 객을 보호하시며 고아와 과부를 붙드시고 악인의 길은 굽게 하시는도다. 시온아, 여호와 네 하나님은 영원히 대대에 통치하시리로다."

할렐루야! 아멘. 나는 주 하나님의 보호하심을 받고 있다는 것을 확신했습니다.

아들이 간 후 나는 아들의 사진이 내게 변변히 없었음을 고백합니다. 그래서 친정

식구들에게 혹시 정면으로 찍은 아들의 사진이 있나 하고 찾아보라고 했습니다. 아들의 묘비에 사진을 넣으려고 말입니다. 내가 가지고 있었던 사진들은 너무 어렸고 옆으로 비스듬히 찍었거나 머리 뒤통수들뿐이었습니다. 그러던 중 올케 중 하나가 작은 사진을 하나 내게 가져 왔습니다. 그래서 그것을 전문인에게 맡겨서 컴퓨터로 확대하게 했습니다. 적당한 사이즈로 확대를 해서 묘비에 넣으려고 장례를 하는 곳에 연락을 했습니다. 그곳에서 묘비를 만들면서 사진을 넣는 곳을 만들 테니 규정된 사이즈의 사진을 가지고 오라고 하였기 때문이었습니다. 사진을 보내고 기다리고 있었던 중에 그곳에서 연락이 왔습니다. 다음날에 묘비가 오는데 사기에 사진이 다 되어서 묘비에 넣을 것이라면서 오후 두시에 와서 보라고 했습니다.

이튿날 나는 오라고 하는 시간 전에 알 수 없는 깊은 잠에 빠졌습니다. 그리고 일곱 번의 이상한 꿈들을 꾸었습니다. 처음 꿈은 어느 묘지에 수없이 개미가 나오는 것을 보았습니다. 그리고 나는 잠을 잠시 깨었다가 곧 잠이 들었습니다. 그리고 꿈속에서 묘지가 갈라지는 것을 보았습니다. 또 잠시 깨었다가 또 잠이 들었습니다. 그다음은 묘지에 초콜릿과 사탕들이 널브러져 있는 것을 보았습니다. 그래도 나는 잠시 잠을 깨는 것 같더니 또 잠이 들었습니다. 그 다음은 수많은 주홍색 호박들이 얼굴 모습을 한 채 그 안에 촛불이 들어있는 가운데 묘지에 뒹굴고 있었습니다.

어느덧 잠이 깨는 듯 했습니다. 그리고 또 순간 잠이 들었습니다. 이번에는 묘지에 서성이던 나에게 심한 바람이 불었습니다. 그래도 잠에서 깨어나지를 않는 나는 아들의 묘지에 앉아 있는 모습을 보았습니다. 그제야 나는 꿈속에서 반은 정신이 들었던 것 같습니다. 아무튼 여러 번 잠을 깨었다가 또 다른 꿈을 연달아 꾸었습니다. 그리고 마지막 꿈에 나는 어느 하얀 건물 안에 있었습니다. 그 건물 안을 기웃기웃 거리다가 나는 어느 곳에서 아들을 보았습니다. 아들은 무릎까지 오는 하얀 겉옷을 걸쳤습니다. 아들을 보고 나는 반갑다고 손짓을 하였는데 아들은 의외로 매우 침통한 모습이었습니다. 아들이 내게 확대한 자기 사진을 묘비에 넣지 말라고 했습니다. 엄마는 엄마의 길을 곧 갈 텐데 어느 누가 묘비에 있는 자기의 사진을 볼 것이냐고 말입니다. 나는 언젠가 내가 미국을 떠나 선교를 갈 것이며 외국으로 가서 쉽게 올 수 없다는 것에 대해 상상조차도 못 했고 정말로 까마득히 모르고 있었는데 그때 아들은 그렇게 내게 얘기를 했습니다. 그래도 이해를 못 하는 내게 "엄마, 엄마가 몇 백 년을 그곳에서 살 거예요. 엄마도 그곳을 나처럼 떠날 것이에요." 했습니다.

그 말을 듣고 나는 물었습니다. "그럼, 사진 들어가는 묘비 자리에 무엇을 대신하냐?" 하고 물었습니다. 아들이 "기도의 손이나 성경책 모형을 집어넣으세요."라고 대답했습니다. 그래도 나는 사진을 넣고 싶다고 하였더니 아들이 버럭 화를 내었습니다. 나는 아들이 내게 화를 내었으므로 섭섭하고 황당해서 곧 밖으로 나왔습니다. 인상적인 것은 하얀 문 앞에 육척 장신의 아들보다 더 큰(칠척이나 팔척의 키) 두 남자가 아들과 같이 무릎 정도의 하얀 옷을 입은 남자들이 서 있었습니다. 나는 두 남자에게 아들이 내게 화를 내었다고 얘기를 했습니다. 그때 두 남자는 똑같이 내게 얘기를 했습니다. 걱정하지 말고 집에 가라고 하면서 그리고 아들이 하라는 대로 하라고 일러 주었습니다. 막 꿈을 깨려고 하는데 아들의 목소리가 들렸습니다. "엄마, 절대로 사진을 넣지 마세요." 그래서 나는 물었습니다. "그럼, 그 사진 자리에 무엇을 대신하냐?" "내가 이미 말했잖아요." 아들의 답변이었습니다.

꿈에서 깬 후 준비를 하고 집을 나서서 나는 곧 장례를 하는 곳에 들렀습니다. 그리고 담당을 맡은 나이 많은 묘지 여직원에게 내가 꾼 꿈들을 얘기를 하면서 아들 사진 대신 기도의 손을 넣었으면 좋겠다고 얘기를 했습니다. 담당을 맡은 나이 많은 묘지 여직원은 잠시 나를 주시하더니 사기에 박혀 있는 아들의 사진을 내게 주면서 친절하게 그렇게 해 주겠다고 했습니다. 묘지 여직원은 내게 말했습니다. "아들이 분명히 천국에 갔군요." 나는 "그것을 어떻게 아느냐?"고 되묻자 "아들이 흰옷을 입고 있다고 하였고, 하얀 건물에서 하얀 옷을 입은 사람들과 있다고 하지 않았냐?"고 하면서 밝게 내게 미소를 지었습니다.

그동안 보험회사에서 아들이 자동차 사고로 세상을 떠났기에 자동차 보험금이 만 불이 나왔으므로 나는 그것을 몽땅 교회의 건축헌금으로 냈습니다. 비록 아들은 주 하나님 품으로 갔지만 아들이 세상에서 교회를 위해 할 수 있는 일은 앞으로 없기 때문에 살아서 하지 못했던 것을 엄마로서 아들을 대신하여 할 수 있는 일은 그것밖에 없는 것 같았습니다. 그때까지도 교회 사람들과 성도들은 내가 건축헌금을 한다 하니까 건축헌금에 생소해 했습니다. 비엔나 교회에 성전 건축하여 들어온 지 불과 십오 년이 조금 넘었기 때문이었습니다. 그래서 나의 결정을 그들은 전혀 이해하지를 못했습니다. 아들의 이름으로 건축헌금을 한 것이 결코 사람들의 주위를 사려고 한 것이 아니었기 때문에 그들의 이해를 구태여 구할 필요는 없었습니다. 다만 내 마음은 적어도 엄마로써 아들에게 최선의 사랑의 표시를 한 것 같아서 마음은 기뻤습니다.

분명 기억나는 건 주 하나님이 내게 주셨던 두 가지의 기도 제목 중 하나는 쎈터빌 성전 건축이었고 하나는 아들의 영혼기도였습니다. 아들이 내 곁을 떠난 후 주 하나님이 계획하시는 쎈터빌 성전 건축의 실현이 곧 올 것을 확실히 알았습니다. 그리고 내가 쎈터빌 성전 건축을 기념으로 나는 나의 지나온 신앙 경험을 간증집으로 내고 나는 주 하나님이 내게 주시는 곳으로 떠나야 할 때가 가까이 온 것을 안개처럼 영적으로 어렴풋이 알았습니다. 사람의 생각으로는 이해할 수 없는 일이지만 나는 이해하지 못하는 사람들의 생각을 염두에 두고 내게 주신 주 하나님의 사명을 저버릴 수는 없기 때문에 나는 내 마음을 더욱 담대히 해야 할 것을 주 하나님께 매일 기도를 드렸습니다.

그래서 나는 그때부터 나의 신앙 간증을 내 대신 대필하여 줄 사람을 찾았습니다. 그러나 누구 하나 나를 위해서 나의 신앙 간증을 써 줄 사람은 없었습니다. 사실 나는 말재주가 없었으므로 내 안에 잠재하고 있는 글재주의 능력을 보지를 못했습니다. 그래서 누군가가 나를 위해서 대필하여 글을 써 주기를 바랐습니다. 그러나 내가 부자나 유명한 사람이 아니었기 때문에 아무도 나를 대신하여 간증집을 써 줄 사람이 없었습니다. 속절없이 흐르는 것이 세월이었던가, 어느덧 해는 거듭하여 아들이 내 곁을 떠나간 후 일 년이란 시간이 흘렀습니다.

단기선교를 가는 평신도들을 위해 집에서 금식기도를 하고 있었습니다. 금식 기도 중 나는 꿈을 꾸었습니다. 앞을 분간할 수 없는 세찬 비바람과 함께 시뻘건 흙탕물이 거센 물결과 함께 이곳저곳에서 굽이굽이 흐르고 있었습니다. 여기저기에서 떠내려가는 사람들의 비명소리가 들렸습니다. 그야말로 아비규환이었습니다. 나도 그들처럼 떠내려가지 않으려고 그 세찬 흙탕물의 물살을 바라보며 무엇인가 꼭 붙들고 두 눈을 감고 열심히 기도를 했습니다.

얼마의 시간이 흘렀을까, 거센 물결 소리도 더 이상 사람들의 비명 소리도 들리지 않았습니다. 나는 감은 눈을 조용히 떴습니다. 내가 잡았던 것은 어느 집 모퉁이였습니다. 다 떠내려 가고 어쩌다가 그 모퉁이가 내 손에 잡혀 살게 되었습니다. 나는 주위를 보았습니다. 시뻘건 흙탕물의 거센 물결은 어디를 갔는지 안 보이고 아주 맑고 맑은 수정 같은 물이 흐르고 있었습니다. 그리고 물끝 저쪽에서 태양은 떠오르고 있었습니다. 나는 맑고 맑은 바다 같은 물 위에 있었음을 깨달았습니다. 그 많은 사람들은 다 어디로 가고 나만 홀로 남았었나 하고 마음에 근심을 하고 있었을 때, 어느 남자가 맑고 맑은 물 속에서 하얀 긴 옷을 입은 채 무릎을 끓고 앉아서 기도하고 있었습니다. 나는 나 외에 다른 사람이 있다는 것을 보고 반가운 마음에 잡았던 집 모퉁이를 순간 놓아버렸습니다. 그와 함께 잡고 있었던 집 모퉁이는 물속으로 그만 가라앉아 버렸고 내 몸은 순간 맑고 투명한 물 속으로 빠져 들었습니다. 의외로 물속은 생각보다 깊지 않았습니다. 그러나 가라앉은 집 모퉁이는 깊은 곳에 빠졌는지 찾아볼 수가 없었습니다. 나는 물 속에서 무릎을 끓고 앉아서 기도를 하고 있는 남자에게로 걸어갔습니다. 그리고 나도 물 속에서 무릎을 끓고 기도를 하는 남자의 두 손을 잡고 같이 기도를 했습니다. "주여, 이 남자의 기도가 저의 기도가 되게 해 주소서." 그렇게 얼마간 기도를 같이 했습니다.

기도가 끝난 후에 남자가 물 속에서 일어나자 나도 같이 일어났습니다. 남자는 초면이 아니었습니다. 그분은 주 예수 그리스도였습니다. 그분은 어느 한 곳을 내게 가리키셨습니다. 가리키는 곳을 바라보았을 때 물 위에서 깔깔거리며 앉아있는 마귀를 보았습니다. 그분은 내게 능력을 주시면서 가서 마귀를 대적하고 이기라고 손을 드셨습니다. 나는 즉시 물 위에 올라가서 그 마귀를 대적했습니다. 마귀와 싸우는 치열한 가운데 본 내 모습은 물 위에 서서 마귀와 대적을 하고 있는 놀라운 모습을 보았습니다. 마귀는 점점 내게서 멀어져 갔습니다. 그러다가 나는 잠에서 깨었습니다.

나는 언제인가 필히 예수님을 위해서 살아야 하는구나, 하고 생각을 했습니다. 이렇게 평생을 나는 꿈으로 환상으로 말씀으로 훈련을 받고 있었습니다.

8. 나는 나에게 더욱 솔직하기 바란다

나는 나에게 더욱 솔직하기를 바란다.
하루의 삶이 고되더라도, 그것이 이유가 되지 않게
나는 나에게 더욱 솔직하기를 바란다.

지나간 시간들이 감당하기 힘들었더라도,
그것이 이유가 되지 않게
나는 나에게 더욱 솔직하기를 바란다.

비록 내가 부족하여 실수를 하였더라도,
그것이 이유가 되지 않게
나는 나에게 더욱 솔직하기를 바란다.

나의 형편이 남만 못 하더라도,
그것이 이유가 되지 않게
나는 나에게 더욱 솔직하기를 바란다.

나의 배움이 남만 못 하더라도,
그것이 이유가 되지 않게
나는 나에게 더욱 솔직하기를 바란다.

내가 솔직하고 싶은 것은
나를 돌아보면서 나의 정직함에
작은 나를 인정하고 싶은 것이고

내가 솔직하고 싶은 것은
누구를 위해서가 아니라
나를 위해서이고 주님같이 되고 싶어서이다.

9. 언제나 나는 나를 위해 기도한다

가만히 왔다가, 말없이 가버린 수많은 시간들
그것은 지나간 세월의 무상함이다.
세월의 흐름을 느끼노라면
나의 작은 존재가, 점 중에 점으로 보인다.

나의 의식 속에 지나간 세월은 뿌연 안개 같은 눈시울이다.
내 안에서 불현듯이 느껴지는 하늘에 두려움
말없이 흘러간 수많은 시간들 속에
찰라 같은 인생을 생각하면 진실로 하늘이 두렵다.

하늘에 계신 하나님의 영원하심과 지존하심에
나는 나 자신을 더욱 낮아져야만 된다고 생각한다.
그리하여 용서가 많으신 나의 아바 아버지께
오늘도 나는 나의 거짓을 내려놓아야만 된다.
오늘도 나는 나의 교만을 내려놓아야만 된다.
오늘도 나는 나의 시기를 내려놓아야만 된다.
오늘도 나는 나의 질투를 내려놓아야만 된다.
오늘도 나는 나의 분노를 내려놓아야만 된다.
오늘도 나는 나의 미움을 내려놓아야만 된다.
오늘도 나는 나의 허영을 내려놓아야만 된다.

그래서 용서 할 수없는 고통을, 용서할 수 있는 기쁨으로
무관심의 시간들을, 보다 가치 있게 관심의 삶으로
그리고 사랑을 주면서, 사랑을 배우는 내가 되기를
나는 언제나 주께 밝고 명랑한 나를 위해 기도한다.

10. 주만 바라봅니다

때로는 알 수 없는 시간들을,
거친 풍랑으로 비유한다면
그 잔인한 풍랑 속에,
나는 주 하나님을 오직 의뢰하며
모든 것을 사랑하고자 몸부림을 칩니다.

사랑하는 주 하나님,
내 아버지는 내 안에 있는 용서할 수 없는
아픔들을 용서할 수 있게,
내 마음의 문을 절대로 빗장을 걸게 하시지 않으십니다.

내가 너무 힘들었을 때마다,
내 잠결에 오셔서 당신이 얼마나 나를 사랑하시는지
일깨워 주십니다.
비록, 그것이 꿈이었을지라도,
기이한 꿈들을 기억하며

힘을 얻어 하루하루를 불평 없이
최선을 다해 살 수 있게 하셨습니다.
그리고 끊임없이 내 마음에 평안을 주시고
위로를 아끼지 않으셨습니다.
내 가슴에 생수처럼 넘쳐흐르는 사랑을 생각하면,
누군가가 나를 사랑 하고 있다는 것을,
끊임 없이 기억 하게 해 주십니다.

오늘 하루가 견디기 어렵더라도,
나는 주 하나님 내 아버지께 감사드립니다.
내 주 하나님 을 알게 해 주신
지혜의 근본을 주셔서 감사드립니다.
내 주 하나님께 간구하는
기도를 드릴 수 있게 해 주셔서 감사드립니다.
내 주 하나님을
사랑하는 마음을 주셔서 감사드립니다.

내게 주신 이 엄청난 은혜를 생각하면
내 주 하나님을 바라보며, 이웃을 용서할 수 있고
내 주 하나님을 바라보며, 이웃을 위해 기도할 수 있고
내 주 하나님을 바라보며, 이웃을 사랑할 수 있는 있는
나로 양육 하여주셔서 감사드립니다.

작은 나의 존재 속에,
주어진 나의 모든 것을 사랑하게 하여 주셔서 감사하고
감사한 내 마음을 내 주, 아버지께 드릴 수 있어서
감사드립니다.
영원하신 내 아버지여,
아버지의 계획하신일이 아버지 기뻐하시는 대로
말씀대로 이루어지소서.

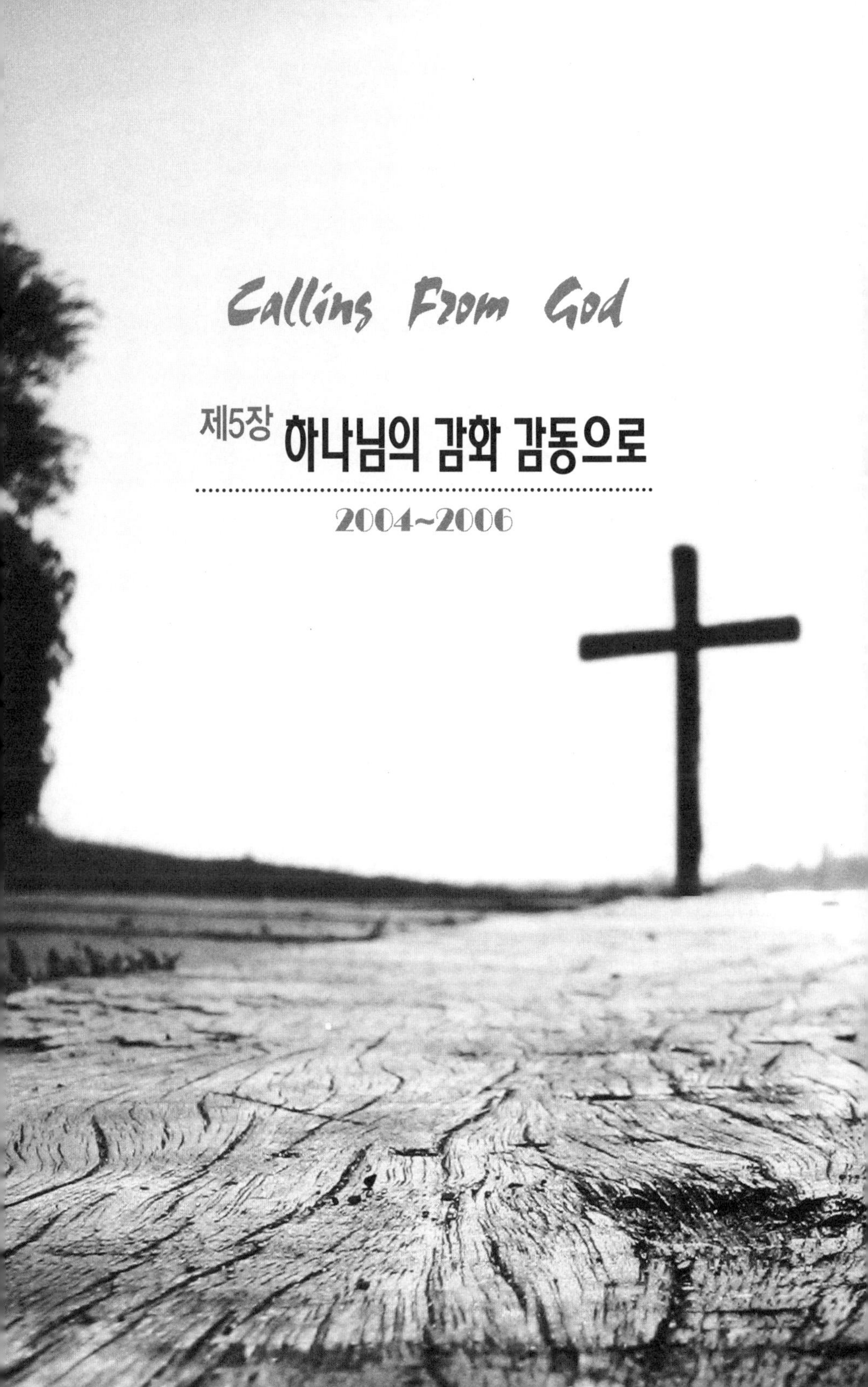

Calling From God
제5장 하나님의 감화 감동으로
2004~2006

예수께서
나아와 일러 가라사대
하늘과 땅의 모든 권세를
내게 주셨으니
그러므로 너희는 가서
모든 족속으로 제자를 삼아
아버지와 아들과 성령의 이름으로
세례를 주고
내가 너희에게 분부한 모든 것을
가르쳐 지키게 하라.
볼찌어다,
내가 세상 끝날까지
너희와 항상 함께 있으리라,
하시니라.
(마 28:18~20)

① 카자크스탄 단기선교 전과 후의 일들

쉼 없이 지나치는 세월 속에 나는 세월의 무상함을 느끼며 나를 붙드시는 주 하나님을 위하여 무엇을 내가 할 수 있나 고민을 했습니다. 그러다가 우연히 아는 집사님의 권유로 나는 교회에서 매년 보내는 단기선교팀을 위한 기도팀에 들어갔습니다. 몇년을 단기선교 기도팀을 위한 기도를 하다보니까 자연스럽게 단기선교에 대한 마음이 생겨 지원서를 냈습니다. 교회에서 정해 주는 곳은 카자크스탄이라는 나라였습니다. 나는 그 나라를 가기 위해서 교회에서 하는 선교훈련 그룹에 들어가 단기선교 훈련을 받았고 또 비용을 충당하기 위해서 파트타임으로 세탁소 카운터에서 일도 했습니다. 워낙 체력이 약해 분주하게 보내다 보면 가끔 눈이 침침해 밤에 운전할 땐 고통이 다소 따랐습니다. 급기야 병원까지 가게 되었습니다. 그들의 말에 의하면 삼십년이 넘도록 사용하였던 콘택트 렌즈가 이제는 눈이 쇠하여져서 치명적이라는 얘기를 하면서 더 늦기 전에 라식수술을 해야 한다고 했습니다. 워낙 병원 가는 것을 싫어하였고 수술은 나에게는 아주 먼 나라 소리 같았었지만 육신의 고통이 따르다 보니 수술은 꼭 해야 했습니다.

그래서 선교를 가기 전에 생각지도 않은 시력장애로 거의 5,000불이라는 거금을 마련해야 했습니다. 이곳저곳에 선교헌금 후원을 구하였고 특히 형제들에게 선교헌금을 내라고 하면서 선교헌금을 충당 받게 되었습니다. 그러나 선교 가기 전에 해야 하는 수술비가 막상 걱정이었습니다. 이제 생각해 보니 정작 단기선교를 간다하니까 생각지도 않은 일들이 툭툭 터지면서 나를 당황케 했습니다. 그때 집이 내게 있었으므로 나는 은행에서 5,000불을 대출을 받을 수 있었습니다. 은행에서 대출받은 돈으로 용기를 내어서 수술을 하기로 결단했습니다. 눈이 좋지 않은 상태라서 양쪽 눈을 두 번 수술을 해야 한다고 했습니다. 그들이 잡아주는 수술 날짜를 기다리고 있는 상태에서 나는 계속적인 눈의 고통과 함께 훈련에 임해야 했습니다. 그것은 아무도 이해하려 하지 않는 혼자만의 고통이었습니다. 그리고 안개 같은 뿌연 눈시울의 아픔이었습니다.

그날도 우리는 훈련을 하였고 다음번 훈련은 메릴랜드로 가서 남상수 목사님의 선교 지시를 들어야 할 차례가 되었습니다. 그래서 우리는 메릴랜드로 가야 하는 일정에 때문에 그룹이 어떻게 가야할 것을 서로 의논을 한 후 일찍 끝냈습니다. 메릴랜드로 가기 그 전날 밤 직장에서 파한 후에 집에 와서 대충 준비를 하고 잠을 청했습니다.

꿈속에서 나는 어느 동산에 서 있었습니다. 그리고 짙은 녹색의 아름답고 건강해 보이는 무수히 서 있는 상록수들을 바라보았습니다. 청명한 하늘과 시원한 바람이 있었습니다. 태양은 나를 부드럽게 조명하며 비추어 주고 있는 것 같았습니다. 그때 내가 나를 본 모습은 한그루의 연녹색 이파리들이 무수히 달린 껑다리나무였습니다. 바람에 살랑 거리며 햇빛에 반사되는 은빛금빛 연녹색 잎사귀들은 태양의 광선을 받고 있었습니다. 마치 주 하나님의 사랑을 듬뿍 받고 있다는 느낌이 들었습니다. 잠시 꿈에서 깨어나서 꿈속의 아름다운 전원의 풍경을 상기하며 기분이 매우 좋았습니다. 그리고 곧 잠이 들었습니다. 나는 어느 물가에 전신갑주를 입은 군인의 모습으로 서 있었습니다. 전신갑주를 입은 나는 고대 장수의 모습이었습니다. 그리고 내 양쪽 옆으로 전신갑주를 한 군인들이 쭉 서 있었습니다. 중앙에 서 있었던 나는 그들에게 중요한 지시를 하는 모습이었습니다. 양쪽의 군인들은 충성스럽게 지시하는 일을 이행했습니다. 탁하고 강하고 거센 물살에 뗏목이 떠내려가고 있었습니다. 뗏목 위에는 두 남녀가 밧줄에 묶여서 떠내려가고 있었습니다. 여자의 얼굴에는 체념이 서렸고 남자는 우리 무리를 쳐다보고 있었습니다. 그의 모습은 사람의 모습을 한 악마였습니다.

나는 곧 잠에서 깨어났습니다. 새벽의 잠에서 깨어난 후 나는 언제인가 전적으로 주 하나님의 일을 할 것을 예감했습니다. 나는 확실한 그때를 잘 모르지만 그때를 위해 이 땅에 왔음을 영적으로 이해를 했습니다. 지난날을 생각해보니 하루하루 나는 보이지 않는 영적인 훈련을 받으면서 그때를 기다렸던 것을 영적으로 알 수 있었습니다. 나는 언제인지 모르는 그때를 위해 자신을 단련하며 영과 육의 경건함과 강건함으로 바로 주 하나님의 시간인 예수님의 재림의 때를 기다리고 있었음을 생각했습니다.

말씀과 함께 묵상 중에 가슴 뻐근한 감사가 나를 휘감았으므로 나는 엉엉 소리를 내며 울었습니다.

그날 오후 일찍 직장을 파하고 메릴랜드로 가서 남상수 목사님의 선교 지시를 들어야 했습니다. 메나시스 집에 잠간 들린 뒤 66번 하이웨이를 달렸습니다. 66번 하이웨이를 따라 가고 있었는데 남동생에게서 전화가 왔습니다. 전화기를 잡은 순간 전화기가 반동강이가 나버렸습니다. 그 순간 나는 달리던 속력을 늦추면서 반동강이가 난 전화기를 속상한 마음으로 잡았습니다. 그와 같은 순간에 사각에서 달려오는 내 차를 미쳐 보지 못한 소방차가 갑자기 옆에서 내 차 앞을 가로막으면서 도로로 진입하고 있었습니다. 순간 전화기로 인해 속력을 늦추었기에 소방차를 충분히 피할 수 있었습니다. 내게 달려들었던 소방차는 도로에 들어선 후 내 차를 쳐다보았습니다. 육중한 소방차가 당황해서 그런지 하이웨이에서 비틀비틀하다가 갓길에 멈추는가 싶더니 곧 정신을 차려서 제 속력을 내며 달렸습니다. 순간의 일이었지만 소방차 운전수는 놀란 가슴이었습니다. 나도 역시 놀란 가슴을 안고 즉각적으로 주 하나님께 감사의 기도를 드렸습니다. 놀란 가슴을 쓸어 안고 정한 시간에 교회 교육관에 도착했습니다.

우리 단기선교 그룹은 정한 시간에 교회 교육관에 모두 모였습니다. 그리고 몇 대의 차로 두어 시간을 달려서 메릴랜드의 남상수 목사님이 시무하시는 곳에 우리는 도착했습니다. 그곳에서 찬양과 기도와 복음 제시와 선교지침과 단합기도를 하였고, 또 간단한 인사와 숫자를 러시아어로 배우고 애찬을 나눈 후에 거의 밤 열한 시에 무리무리 헤어져서 교회 안에서 슬리핑백 속에서 잠을 잤습니다. 너무도 좋았던 단합 모임이었습니다. 그리고 이튿날에 지난 밤에 배웠던 것을 복습한 후에 예방주사나 비자와 여권에 필요한 정보를 주입교육 받은 후, 모두 남상수 목사님이 초대하시는 점심 만찬으로 그곳의 가까운 곳의 식당에 가서 점심을 한 후에 헤어졌습니다. 버지니아로 돌아오는 길에서도 나는 눈을 수술해야 한다는 강박관념에 마음이 편치 않았습니다. 내가 이런 생활을 하고 있는 사이 단기선교 헌금 후원 문제로 직장에서 크리스천들에게 내가 단기선교를 가야하는데 비용 충당을 위해 후원금이 필요하다고 자연히 목소리를 내었습니다.

그때부터 나는 보이지 않는 박해를 받고 있었습니다. 그중에서 파키스탄인은 반 노골적인 태도로 나의 성경 지식을 시험하였습니다. 그리고는 카자크스탄 가다가 잠깐 자기 나라에 들려서 자기의 모슬렘 사촌들을 만나 보라고 엉뚱한 애기를 하면서 너는 아마도 살아서 미국에 올 기회는 결코 없을 것이라고 웃음 지으면서 정신적인 협박을 가했습니다. 그뿐만 아니라 믿지 않는 필리핀인들로부터 왕따를 받기 시작했습니다. 그들의 무리는 다수였기 때문에 나 혼자로서는 감당할 수가 없었습니다. 그럼에도 불구하고 나는 그들을 결코 두려워하지는 않았습니다. 다만 하루하루 내 생활에 충실하면서 수술 날짜와 단기선교를 가는 날짜만을 기다렸습니다. 드디어 라식수술을 하는 날이 되었습니다. 의사는 내가 눈이 많이 상한 상태였고 오십이 넘은 나이라서 회복이 더딜 것을 얘기를 해 주었습니다. 그러나 밝은 시력 앞에 그런 주의를 전혀 이해할 수 없었습니다. 새로운 시야를 갖게 되므로 나는 그저 기뻤습니다.

드디어 8월 1일, 단기선교를 가는 날이 되었습니다. 단기선교 일정은 8월 1일부터 8월 17일이었습니다. 우리 그룹은 교회에서 노창수 담임 목사님의 안수를 받은 후에 시간 안에 덜레스 공항에 도착을 했습니다. 메릴랜드 그룹도 그곳에 있었습니다. 우리는 주 하나님의 지상명령인 복음의 작은 사역자로 들뜬 마음으로 카자흐스탄으로 가는 영국 비행기를 탔습니다. 그리고 영국 런던 공항에서 몇 시간을 기다린 후에 우리는 카자흐스탄으로 향하는 비행기를 탔습니다. 영국 런던 공항에서 우리는 비행기를 기다리는 동안 복음 제시인 다리 예화를 연습을 하였고, 또 각 그룹들이 준비한 무언극을 연습했습니다.

우리는 모두 긴 여정으로 인하여 육신이 피곤했지만 새로운 나라의 동경으로 가슴이 들떠 있었습니다. 카자흐스탄 공항에 내리기 전 우크라이나에 잠시 정착한 후 우리는 드디어 카자흐스탄 공항에 도착하였습니다. 내려진 네 팀의 짐을 보니까 어마어마했습니다. 공항에서 벤을 빌려 도착한 곳은 동네 안에 있는 한 교회였습니다. 우리는 남상수 목사님이 교제하시는 현지 교회를 들러서 감사예배를 드린 후 그곳을 곧 떠났습니다. 기차역까지 가는 동안 경찰이 따라오고 있었음을 알게 되었습니다. 우리 모두는 긴장을 하였고 묵상기도를 드렸습니다. 다행히 운전수가 경찰의 간단한 질문에 지혜 있는 말을 하였기에 경찰 이 우리를 더 이상 붙들고 있지 않아서 곧 기차역으로 향했습니다. 예상대로 그런 위험이 있었음을 경험을 하며 순조롭게 기차역까지 갔습니다. 모두가 합력하였으므로 우리는 원활하게 움직일 수 있었습니다.

현지인의 도움으로 짐을 옮겼기에 남상수 목사님은 그들에게 짐값을 치러 주었습니다. 다행히 모두 제시간에 기차를 탔습니다. 달리는 기차 속에서 바라본 풍경은 마치 고국의 1960년대 시골 풍경과 흡사했습니다. 기차에서 내려 벤을 배당받았는데 타고 가다가 도중에서 벤이 고장이 나버렸습니다. 잠시 쉬는 동안 사방을 둘러보니 끝없이 펼쳐진 평야가 눈에 들어 왔습니다. 저 멀리 무슬림의 묘지도 눈에 띄었습니다. 처음엔 묘지들이 작은 집처럼 보였는데 자세히 보니 묘지들 하나하나가 작은 사원의 형태를 띠었습니다.

곧 도착한 곳이 알렉세이 전도사님 댁이었습니다. 그러나 그분들이 없었기에 다시 낡은 벤(VAN)들을 움직여서 페르보마이카에 도착했습니다. 겉으로 보기에는 가정집 같았으나 그곳을 교회로 사용하고 있었습니다. 나는 그곳에 도착하자마자 쏟아지는 잠을 견디지 못 했습니다. 아마도 잠시 긴장이 풀려서 허약한 체력에 내 몸이 감당을 못했던 것 같았습니다. 그때 켈리포니아에서 오셨던 분이 건강한 자기와 비교하면서 나를 못마땅해 했습니다. 선교를 와서 그렇게 나약하면 어쩌냐고 주의를 주었습니다. 나는 그때 이분이 진정 사랑이나 있나하고 잠시 의문을 던지면서 아마도 오기 전에 눈에 라식수술을 하고 와서 그런가보다 하고 구태여 처음으로 알게 된 연하의 남자 집사님에게 변명 비슷하게 했습니다. 그때 그 남자의 말이 내 신경을 강하게 건드렸습니다. 이십 년 전에 나도 라식수술을 했다고 하며 그까짓 거쯤으로 그 정도이냐고 했습니다. 좀 더 얘기를 하였다가는 좋은 마음으로 선교를 온 내 마음이 상할 것 같아 내 입술을 꼬옥 깨물었습니다. 이십대에 받은 수술과 오십대에 받은 수술을 그렇게 남의 일이라고 함부로 얘기하는 것은 그 남자 집사님의 인격이 어느 정도인지 가히 짐작을 하면서 애석한 마음이 들었습니다. 주 하나님의 지상명령인 선교를 중요하게 생각한다면 같이 간 그룹을 사랑으로 돌보면서 하는 선교가 무엇보다 주 하나님이 적극 장려하시는 선교라고 생각했습니다. 나는 더 이상 단기선교는 남에게 폐를 끼치면서까지 가지 말아야겠다는 생각이 들었습니다.

우리는 영과 육이 연약한 인간입니다. 그리고 선교를 가는 그룹은 그룹을 돌아보며 서로가 서로를 배려하는 마음으로 사랑과 용기와 힘을 주며 한마음과 한뜻으로 교제를 더욱 다져야 한다고 생각했습니다. 그룹의 교제없이 하는 선교란 무엇을 의미하는지조차도 이해하지 못 한 채 선교들을 왔다면 생소한 곳에 생소한 사람들의 영혼을 진정 사랑할 수 있을까 하는 생각이 멈추었습니다. 그리고 사랑 없는 그 남자 집사님의 그릇된 신앙에 아픔을 느꼈습니다. 저 남자는 아마도 자기 부인이 아프다면 부인을 위해 죽 한 그릇조차 끓여주지 않는 대신 자기 부인이 자기에게 해야 할 사명을 놓고 하지 못하는 자기 부인을 질책할 것이라 생각했습니다. 다행히 그 남자 집사님은 남상수 목사님 그룹에 갔었음으로 더 이상 마음을 쓰지 않아도 되었습니다.

우리는 페르보마이카에서 잠시 머무르고 있으면서 그곳 성도들의 지극한 환영을 받았습니다. 그들과 함께 예배를 드리고 애찬을 나눈 후에 각각 두 그룹으로 헤어져서 벤을 타고 글로보코에 도착했습니다. 글로보코는 카자흐스탄 동북쪽에 있는 러시아 국경에 인접한 작은 마을로 인구는 그때에 약 만삼천 명 정도라고 했습니다. 그리고 글로보코에는 러시아 계통의 두 여자 전도사님이 그곳에서 사역을 하고 계셨습니다. 사역 기간 동안 모든 사역자들이 열심히 자기 맡은 바를 충실히 하며 열심히 그곳에 통역들과 노방전도들을 나갔습니다. 나도 역시 그들과 그룹이 되어서 노방전도를 하게 되었습니다. 그러나 나의 수줍은 마음이 내 안에서 장애가 되어서 여간해서 그들처럼 노방전도를 자연스럽게 하지 못하고 있었습니다. 나는 역시 어디를 가도 도움이 못되는구나 하는 낙담이 내 마음을 아프게 했습니다. 몸이 약하면 부딪치는 용기라도 있어야지 어떻게 이렇게 나약한가 하는 자책과 함께 같은 그룹 사람들에게 미안함을 느꼈습니다. 그래도 같은 교회에서 같이 갔던 정진영 자매의 격려로 나중에 부끄러움을 무릅쓰고 복음을 전했습니다.

한번 하고 보니 조금 용기가 생기는 것 같았습니다. 나는 그때 나를 생각하며 왜 하나님은 나같이 용기도 없고 수줍어서 말도 잘못하는 부족한 사람을 택하셔서 일을 하시기 원하시는가 평범한 내 머리 속으로는 이해를 할 수가 없었습니다.

어떤 나이 많으신 노인들은 우리 손을 붙들고 눈물을 흘리면서 주님의 이름으로 감사하기까지 했습니다. 그런 분들을 만나면 마음이 뿌듯했습니다. 그 나라의 정책으로 정부에서 종교의 자유를 막고 있어서 복음을 전하기 어려웠지만 적어도 내가 본 시야에서 글로보코의 대부분 사람들의 마음문은 이미 열려 있었습니다. 인상적이었던 것은 그곳의 물의 성분이 좋지 않아서 대부분 사람들의 이가 빨리 상한다고 했습니다. 그래서 번쩍번쩍하는 금이빨들을 하신 분들이 많이 계셨습니다. 그들의 환한 웃음 속에 훤히 들여다보이는 금이빨은 그들의 부를 상징한다고 합니다. 시간들은 속히 지나가서 거의 떠날 때쯤에 우리는 오도가도 못 하고 집안에 있어야 했습니다. 우리가 다른 지역으로 가서 기차를 타려면 통행증이 필요했는데 지역행정이 여행통행증을 발부를 해 주지를 않았습니다. 그곳은 더 이상 공산 국가가 아닌데도 아직도 공산 국가 때 사용했던 행정을 그대로 유지하고 있었습니다. 그래서 남상수 목사님이 지나온 경험으로 미리미리 우리들에게 지시를 해 주셔서 여행통행증을 결국 발부를 받고 그곳을 떠날 수 있었습니다. 남상수 목사님의 선교지침이 선교 와서 선물을 사는 것을 금해서 그 후 더러는 비싼 가격으로 공항에서 선물을 샀습니다.

우리는 페르보마이카에서 잠시 들러다가 감사예배를 한 후에 애찬을 가진 다음 다시 시간이 되어서 기차역으로 가게 되었습니다. 글로보코에 갈 때는 바리바리의 짐을 실고 갔었지만 집으로 돌아올 때는 빈 가방들만 들고 오게 되었습니다. 그래서 구태여 짐꾼들을 부를 필요가 없었습니다. 우리는 화기애애한 기분으로 기차를 기다렸습니다. 기차역에서 남상수 목사님이 그곳의 소문난 요리를 우리들에게 사주셨습니다. 기차를 타고 오면서 점점 글로보코 에서 우리가 멀어질 때 나는 우리들을 위해 열심히 러시어말로 통역을 해 주었던 리사, 올가신, 올가김, 이름은 기억이 안 나지만 시베리아에서 오셨다는 남자분 통역 뻬리보칫싸(통역 집사)님들을 생각하면서 주 하나님께 감사를 드렸습니다. 주 하나님의 섭리로 우리 한국인들이 고려인, 조선인 등의 현지인들로 그곳에 있으면서 주 하나님의 복음의 확산의 다리가 되어 주신 것은 분명 우연은 아니인 것 같았습니다. 주 하나님이시여 그들의 수고를 기억하여 주시고 그들의 자녀들을 필히 보호하여 주소서, 하고 기도를 드렸습니다.

집으로 돌아온 후 나는 다시 근무에 충실하면서 토요일마다 계속 세탁소에 파트타임으로 일을 했습니다. 어느 날 남동생의 전화가 왔었습니다. 오빠가 많이 아프니까 가보라는 전화였습니다. 내가 오빠가 많이 아파서 병원에 입원했다는 소리를 들은 세탁소 주인의 눈치는 내가 또 근무에 빠질 것을 생각하여 별로 좋게 보지 않았습니다. 어찌 되었거나 결국 선교여행 이후 가족 사정으로 근무에 불충실한 나는 그곳에서 해고를 당했습니다. 내가 선교를 갈려고 선교훈련을 하던 삼월 달 쯤 오빠는 위암이라는 선고를 받았습니다. 병원을 향하면서 나는 작년 어느 날 오빠의 집을 동생들과 처음 방문을 하게 되었을 때를 기억했습니다. 오빠는 거실 마루에 앉아 있었습니다. 우리 형제들의 사이에는 보이지 않는 서먹서먹함이 있었습니다. 누가 누구를 지목할 필요도 없이 우리 형제들은 그야말로 개성들이 각각이었습니다. 서로 눈치만 보면서 긴장을 풀지 않자 누군가가 침묵을 깨고 말을 이어가기 시작했습니다.

그때 나는 누군가가 "보라!" 하는 소리를 들었습니다. 소리나는 쪽을 보니 오빠의 가족 사진이 커다랗게 벽에 걸려 있는 것이 보였습니다. 순간 또 목소리가 들려왔습니다. "너의 연약한 두 어깨에 그 모든 짐을 지워주고 있었던 사람들이 삶에 쉼이 편안해지니까 자기 모친을 가족 사진에 넣어주지 않았구나." 했습니다. 자세히 보니 엄마가 오빠의 가족 사진에 없었습니다. 그래서 방에 계시는 엄마에게 가서 물었습니다. 엄마는 얼버무리듯이 얘기를 하시면서 더 이상 얘기를 하고 싶지 않으셨던 눈치였습니다. 나도 더 이상 묻지 않았습니다. 얼마 후 오빠가 위암에 걸려 오빠는 엄마에게 전보다 각별히 아들로서 따듯하게 대해 주었습니다. 지난날 나는 엄마의 지나친 편애로 오빠와 많은 갈등이 있었습니다. 마냥 나의 사춘기를 어둡게 했던 오빠와 나는 사춘기 때 치열하게 죽기를 각오하고 싸우기를 수백 번 했습니다. 지금의 나와 나의 거칠었던 사춘기를 생각하면 주 하나님의 은혜가 얼마나 하해 같이 나를 덮었다는 것을 나는 확실히 느꼈습니다. 오빠는 언제나 엄마를 앞세우고 형제로서 내가 가지고 있는 것을 갈취했습니다. 그런 오빠가 애틋하지 못 하였음을 나는 마음이 아팠습니다. 그래서 나는 나의 아픔을 주 하나님께 내어 놓으면서 울면서 내 가슴이 아프다고 말을 했습니다. 시편 143편 1절 "여호와여 내 기도를 들으시며 내 간구에 귀를 기울이시고 주의 진실과 의로 내게 응답하소서." 그때 폭풍 가운데 계신 주님의 음성이 내 귓결에 들렸습니다. "너의 어린 시절을 기억하라. 누구와 손을 잡고 교회에 갔었느냐?" 하셨습니다. 나는 울면서 "오빠의 손을 잡고 갔었어요. 그래 나는 너의 손을 잡고 교회에 같이 온 네 오빠를 사랑 한단다." 에베소서 2장 8절 "너희가 그 은혜를 인하여 믿음으로 말미암아 구원을 얻었나니 이것이 너희에게서 난 것이 아니요 하나님의 선물이라." 하셨습니다.

나를 아프게 했던 오빠를 사랑하신다는 주 하나님 나는 그런 주 하나님을 사랑하기 때문에 내 가슴에 상처를 씻어 주실 것을 믿고 나를 아프게 했던 오빠를 용서했습니다. 주 하나님은 이런 나를 불쌍히 보시고 말씀으로 위로하셨습니다. 에베소서 4장 2-5절 "모든 겸손과 온유로 하고 오래 참음으로 사랑 가운데서 서로 용납하고 평안의 매는 줄로 성령의 하나 되게 하신 것을 힘써 지키라. 몸이 하나이요 성령이 하나이니 이와 같이 너희가 부르심의 한 소망 안에서 부르심을 입었느니라. 주도 하나이요 믿음도 하나이요 세례도 하나이요" 오랫동안 내 가슴속에 간직했던 상처가 회복이 되는 것 같았습니다. 그 후 오빠는 병으로 인해 가족들에게 긴 시간으로 고통을 주지 않았고 암선고를 받은 지 육 개월 만에 주 하나님의 부르심으로 세상을 떠났습니다. 죽음을 앞둔 오빠가 가족 예배와 가족의 교제에 더욱 힘쓰면서 주 예수 이름으로 죽는다면 두렵지 않았다고 했습니다. 로마서 8장 1-2절 "이제 그리스도 예수 안에 있는 자에게는 결코 정죄함이 없나니 이는 그리스도 예수 안에 있는 생명의 성령의 법이 죄와 사망의 법에서 너를 해방 하였음이라." 이렇게 주 하나님은 오빠를 사랑하셨고 오빠도 주 하나님을 사랑했습니다. 오빠는 영원한 사랑을 위해 주 예수 이름으로 영원한 나라로 주님께로 떠나 갔습니다.

나는 66번의 교통 혼잡으로 매일 직장을 늦게 가야 하고 늦게 퇴근을 해야 했으므로 메나사스 집을 세를 주고 직장 가까운 곳에 방 하나를 빌려서 이사를 하게 되었습니다. 그곳에는 집주인 여자와 그 여자의 남자 친구가 살고 있었습니다. 남자가 웃통을 벗고 거실에 왔다갔다하니까 불현듯 불편한 생각이 들었습니다. 그래서 다른 곳을 알아보든지 해야겠다고 마음을 먹었습니다. 그리고 매일 아침저녁 나는 주 하나님께 부르짖었습니다. 내게 마음 편히 있을 곳을 찾아 달라고 기도를 했습니다. 어느 날 말씀을 보는 중에 시편 34장 18절 "여호와는 마음이 상한 자에게 가까이 하시고 중심에 통회하는 자를 구원하시는도다" 말씀으로 마음에 위로를 받았습니다. 그리고 열심히 이사 갈 곳을 찾아보았습니다. 그러던 중 기도 가운데 집을 살 것을 마음에 주셔서 집을 사는 쪽은 어떤가 하고 알아보기도 했습니다. 그리고 복덕방 하시는 아는 집사님께 부탁을 했습니다. 그 집사님이 이곳저곳 알아보시다가 내게 보인 곳이 마음에 들었으나 가격이 내게는 높았습니다. 그래서 주춤하고 있었던 차 벌써 다른 사람에게 팔렸습니다.

집 문제로 마음이 무거운 가운데 잠이 들었습니다. 꿈속에서 열 살 때의 목소리를 한 아들이 나를 부르고 있었습니다. "엄마, 일어나세요. 좋은 소식이 있어요." 나는 그때 깊이 잠이 들었던 상태라서 불러도 못 일어나니까 아들이 어찌나 세게 흔들었던지 생시처럼 흔들어 깨우는 바람에 선잠을 깨고 반쯤 감긴 눈으로 침대 아래를 보았습니다. 아들은 하얀 빛 가운데 있었습니다. 오직 내게 들렸던 것은 아들의 명랑한 음성과 빛 가운데에서 맨발에 깨끗한 청바지를 입은 모습으로 나를 흔들고 있었습니다. 그래서 잠에서 깨어보니 꿈이었습니다. 내가 하도 마음이 아파서 잠이 드니까 저도 하늘에서 보고 마음이 아팠었나보다 하고 생각을 했습니다. 그때 복덕방 하시는 집사님에게서 전화가 왔습니다. 빨리 준비하고 나오라는 것이었습니다. 똑같은 가격으로 하나 나왔는데 가서 보자는 말이었습니다. 그래서 준비하고 잠깐 말씀을 보았습니다.

데살로니가전서 5장 16-24절 "항상 기뻐하라. 쉬지 말고 기도하라. 범사에 감사하라. 이는 그리스도 예수 안에서 너희를 향하신 하나님의 뜻이니라. 성령을 소멸치 말며 예언을 멸시치 말고 범사에 헤아려 좋은 것을 취하고 악은 모든 모양이라도 버리라 평강의 하나님이 친히 너희로 온전히 거룩하게 하시고 또 너희 온 영과 혼과 몸이 우리 주 예수 그리스도 강림 하실 때에 흠없게 보전되기를 원하노라. 너희를 부르시는 이는 미쁘시니 그가 또한 이루시리라."

말씀을 보니 왠지 기쁜 소식이 있을 것 같은 위로를 받았습니다. 복덕방 집사님이 내가 사는 집을 보여주기 전에 두 채를 다른 곳에서 보여 주었을 때는 왠지 그렇게 기쁘지 않았습니다. 그래서 그냥 집에 가자고 했습니다.

그때 한 군데 더 보아야 한다고 했습니다. 그리고 나를 데리고 내가 현재 사는 집으로 와서 보여 주었습니다. 그때 내 마음이 매우 기뻤습니다. 아! 아들이 빨리 일어나라고 재촉한 것이 바로 이집이였구나, 하고 가격을 보니 전에 마음에 들었던 집의 가격과 같은 가격이었습니다. 무리인 줄 알았지만 나는 이집을 살 것을 결심을 했습니다. 세 준 집은 다행히 남동생이 재산을 투자하는 의미에서 내가 세 주었던 집을 사게 되어서 일이 순조롭게 잘 풀렸습니다. 그저 단순한 일로 지나치기에는 무엇보다 이상한 것은 쓰던 차를 폐차시키고 새 차를 구입한 차를 현찰로 다 갚을 수 있었던 일과 눈수술 비용 등 또 내 생활 계산보다 높은 이 집에서 몇 년을 지금까지 살고 있다는 사실이 다 주 하나님의 은혜였습니다. 2004년 팔월 중순에 단기선교 카자흐스탄을 갔다 와서 남의 집 셋방살이 한 달을 보내고 이 집을 이사 온 것을 생각하면 주 하나님이 미리 예비하여 주신 나의 선물이었다고 생각합니다. 보잘것없는 여자가 주님의 이름으로 선교를 간 것이 그렇게 마음에 기쁘셨던가를 생각하면 나는 분명히 주 하나님의 사랑을 확실히 받고 있다는 것을 확신할 수 있었습니다. 그래서 나는 매일 감사한 마음으로 이집에서 살면서 언제인가 주하나님을 기쁘게 해 드려야겠다는 거룩한 부담이 생겼습니다.

❷ 제자훈련 중 받은 선교 사명
🎈 2005년~2006년 이야기

아무래도 세월을 이길 장사는 없는 것 같았습니다. 쏜살같이 흘러가는 세월 속에 육신의 몸놀림이 전과 같지 않다는 것을 느끼면서 인생의 무상함을 돌아보았습니다. 전도서 2장 16절 "사람이 지혜가 있다고 해서 오래 기억되는 것도 아니다. 지혜가 있다고 해도 어리석은 사람과 함께 사람들의 기억에서 영원히 사라져 버린다. 슬기로운 사람도 죽고 어리석은 사람도 죽는다"라는 말씀처럼 우리 인간들은 역시 짧은 인생을 살다가 죽으면 오래 기억되어지는 것이 아니라는 걸 알게 되었습니다. 그리고 우리 인생은 이렇듯이 허물어지기 쉬운 질그릇 조각 같다는 생각이 들었습니다. 지나간 세월 속에 내가 살아오면서 이루었던 것들은 과연 오늘 내게 무엇을 의미하는 것인가 하는 질문들과 함께 내가 만약 오늘이라도 죽는다면 결코 나를 오래 기억해 줄 사람들은 없을 것이라 생각했습니다. 자식들이 있다면 자식들이 기억을 해 줄 수 있지만 역시 그 자식들도 때가 되면 죽을 것이고, 결국 해 아래서 긴 인생을 산다 해도 백년 안쪽인 인생을 살면서 좀 더 너그럽게 살아야겠다는 마음이 들었습니다.

그즈음 2005년도에 내가 다니고 있었던 회사에서 경영난으로 졸지에 감원 대상이 되었습니다. 십년을 하루같이 일한 나의 노력도 나의 성실도 그야말로 하루아침에 산산조각이 나듯이 나는 허망한 삶의 차가운 현실을 맛보아야 했습니다. 물론 경영난으로 누군가가 떠나야 한다는 것은 예상은 했지만 그것이 내 현실이 되었을 때 두려움에 떨어야 했습니다. 그리고 지난해에 주택융자를 해서 집을 샀기 때문에 매달 부어야 하는 융자지출과 함께 부수적으로 나가야 하는 지출들은 더 무거웠습니다. 졸지에 당면한 불행은 누구에게나 인생의 필연으로 다가오고 지나가는 것이지만 나의 불행은 언제나 누구 것보다 크다고 믿게 마련입니다. 그래서 나도 역시 인간으로써 연약하였기에 그저 하루하루 살아가는 삶에만 더 급급하였음을 고백하여 봅니다.

그래도 고통 속에서 부르짖을 수 있는 주 하나님이 계시기에 나는 전심을 다해 나의 고통을 부르짖었습니다. 부르짖는 가운데 나는 마음의 평안을 가졌습니다. 모든 사람들이 내 고통을 외면하였을 때 오직 신실하신 주 하나님은 나를 붙들어 주셨습니다. 그리고 굴곡이 심할 수 있는 심적 고통 가운데에서도 언제나 지혜로 안정된 마음을 가질 수 있게 인도하여 주셨습니다. 나는 이런 삶의 고통 속에서 두려움 대신 주 하나님께 기도할 수 있는 지혜에 주 하나님께 무한한 감사를 드렸습니다. 하늘에 계신 아바 아버지 감사합니다. 나 같은 불쌍한 사람을 사랑하여 주셔서 감사합니다. 나는 외로울 수밖에 없었고 소외감으로 감당하지 못할 나의 인생을 돌아보아 주시고 기도할 수 있는 지혜로 어려움을 인내할 수 있게 하여 주셔서 감사합니다. 내게 사랑을 주시고, 지혜를 주시고, 용기를 주시고, 주 하나님을 신뢰할 수 있는 믿음을 주셔서 감사합니다. 하늘에 계신 아바 아버지, 저를 지켜 보아 주세요. 그리고 당신의 길로 끊임없이 인도하여 주시고 날마다 날마다 거듭나는 제가 되어서 주 하나님을 기쁘시게 하는 딸이 되게 해 주세요, 하며 기도를 날마다 했습니다.

2005년도가 되어서 나는 다니고 있었던 회사에서 경영난으로 감원이 된 후에 우선 방이 여러 개 있었으므로 방들을 세를 주면서 버티었습니다. 그러는 가운데 이차 눈 수술을 해야 했습니다. 나의 마음은 갈급하여 기도로 날마다 주 하나님께 부르짖었습니다. 나는 두 번 째 눈 수술을 할 때는 필히 교회 전도사님께 운전을 부탁하고 싶었습니다. 첫 번째 수술을 하였을 때 다음번 수술은 기도를 많이 하시는 분과 같이 가고 싶은 생각에 심방 전도사님을 생각했습니다. 그래서 여쭈어본 결과 흔쾌히 승낙을 하셨습니다. 그리고 만에 하나 전도사님이 바쁘신 일이 생기신다면 하는 염려로 식구들에게도 부탁을 했습니다. 그러던 중에 전에 알았던 미시건 주로 이사를 간 집사님에게서 전화가 왔습니다. 전화 대화 중 자기가 나를 눈 간호를 해 준다고 하며 우리 집에 와서 머무르기를 원했습니다. 내가 내 사정을 얘기를 하면서 지금은 좋은 때가 아니라고 말을 하였으나 굳이 나를 도와주겠다고 했습니다. 워낙 나는 마음이 약하여서 딱부러지게 거절을 하기에는 전부터 친분이 있던 터라 마음에 걸렸습니다. 나의 이런 나약한 결정이 삼년이 훨씬 지난 후 지금까지도 눈의 고통을 받는 것에 대해 그때의 내 어리석은 결정으로 겪는 고통을 지금도 후회를 하곤 합니다. 나의 이런 후회가 있을 줄도 전혀 예상치도 못한 채 눈 수술을 하기 전에 미시건 주로 이사 간 집사님이 나의 새집으로 놀러오게 되었습니다. 그 집사님은 새로 이사 온 나의 집을 휘이 둘러보면서 부러운 듯이 말을 했습니다. "집사님, 집이 너무 예뻐요." 사실 알고 보면 속이 빈 강정 같은 내 현실인 것을 모른 채 그 집사님의 마음은 이미 들떠 있었습니다. 그래서 그 집사님은 내가 그때 당시 직장조차 없었다는 것을 이해하지를 못 했습니다. 그리고 보이지 않는 갈등인 자신의 질투로 수술 전 나의 마음을 무겁게 했습니다. 그 집사님은 나에게 내 집에 머무르고 있는 동안 내 차를 빌려 타고 다녀야겠다고 억지를 부렸습니다. 나는 그때 내 상황을 그 집사님에게 얘기를 하면서 마음이 몹시도 아팠습니다.

이렇듯이 인간은 단순하게 겉모습만으로 상대를 파악하고 내면적인 친구의 고통을 보지 않고 스스로 경주하듯이 자신을 비교하면서 친구를 더욱 고통으로 몰고 가는 것이었습니다. 나는 인간의 악함이 잔인한 마음이 되어서 내게 돌아오는 것을 뼛속 깊이 실감하게 되었으며 자기가 혼자였을 때 나는 자기를 결코 업신여기지를 않았는데 새로 결혼을 하고보니 혼자 살았던 때를 기억치 않고 혼자 사는 친구를 업신여기는 그 집사님을 정말로 이해할 수가 없었습니다. 백 섬 가진 부자가 한 섬 가진 가난한자의 한 섬을 빼앗아 자기 곡간에 넣어야 한다는 것을 속담에 들었지만 그것이 현실이 되어서 나를 곤경에 빠트리게 한다는 것을 실로 그때 경험을 하게 되었습니다. 그 집사님이 내 집에 온 후 미시건 주에서 온 집사님이 도와주러 왔다고 크게 광고가 되어 심방 전도사님의 도움을 받을 수가 없었습니다.

그러나 나는 도저히 나를 불안하게 하는 그 집사님의 도움을 받을 수가 없었습니다. 그래서 결국은 내가 동생에게 나를 도와 달라고 부탁을 했습니다. 그때 그 집사님은 자기의 태도를 바꾸면서 자기가 나를 도와주겠다고 걱정하지 말라고 갖은 말로 나를 녹였습니다. 모두들 자기가 나를 도와주는 것으로 알고 있는데 내가 내 동생의 도움을 받았고 자기의 도움을 안 받았다고 하면 자기 꼴이 무엇이 되느냐고 나를 설득했습니다. 남의 이목이 두려워서 하는 가식적인 도움을 주려는 사람의 간청을 저버릴 수가 없어서 할 수 없이 도움을 받겠다고 했습니다.

수술 후에 그 집사님은 작정을 하고 의사가 주는 약을 고의적으로 나에게 주지를 않았고 나를 여기저기로 데리고 다녔습니다. 나는 의사가 주는 약을 꼭 먹어야 하는데 누런 봉투에 들은 약을 달라고 간청을 하였으나 그 집사님은 나에게 그런 것 안 받았다고 하면서 마치 하늘을 두려워하지 않은 듯이 귀신에 씌운 것 같은 표정으로 조소하는 미소를 내게 던졌습니다. 마취가 풀리면서 무려 장장 네 시간을 고통에 울부짖으면서 울고불고 하였지만 눈 하나 까딱하지 않고 나의 고통을 지켜보면서 비웃는 듯이 웃는 옅은 미소를 보았습니다. 네 시간 후에 비지땀을 흘리면서 집에 돌아와서 그 집사님이 들고 있는 누런 봉투를 보았습니다. 그 봉투 어디서 났느냐고 다그치고 물으니까 병원에서 의사가 주었다고 했습니다. 그래서 내가 그렇게 달라고 하였을 때 없었다고 하였지 않았냐고 하면서 뺏다시피 해서 약을 먹은 후에 잠이 들었습니다.

몇 시간을 잔 후에 정신을 차리고 보니 그 집사님은 집에 있지를 않았습니다. 밖을 내어다보니 차가 보이지를 않았습니다. 자동차 키를 찾으니 키가 보이지를 않았습니다. 그래서 그 집사님 휴대용 전화로 연락을 했습니다. 전화를 받은 집사님은 자기 볼일을 보러 나왔으며 볼일이 끝나는 대로 돌아가겠다고 했습니다. 내가 잠이 든 순간 그 집사님은 내 집 열쇠와 자동차 키를 가지고 자기 볼일을 보러 다녔던 것이었습니다. 그때를 생각하면 사람이 얼마나 악할 수 있나를 절실히 경험을 했습니다. 그때의 경험으로 나는 한 치의 앞을 내다 볼 수 없는 그저 나약한 인간이라는 것을 잘 경험하였기에 하늘에 계신 주 하나님을 바라보면서 나는 두렵고 떨리는 마음으로 언제나 나 자신을 내려놓고, 주 하나님의 지혜를 간구를 하면서 되도록 타인의 심정과 사정을 이해하려고 했습니다. 그래서 최소한도 믿는 자로서 남에게 해가 되지 않기를 스스로 노력을 했습니다. 나는 사람의 악함을 알았기에 전지전능하시고 무소불능하신 주 하나님께 붙들려 살면서 오직 선하신 주 하나님의 은혜로 살기를 앙망하면서 살았습니다.

애석한 마음으로 그때의 일을 회상하면서, 또한 나 자신을 돌아보면서 말씀에 더욱 귀를 기울이었습니다. 두 번째 수술도 첫 번째 수술처럼 조리를 잘 했더라면 크게 눈 때문에 겪는 고통은 없었겠지만, 뜻하지 않는 불행은 언제 어디서나 우리 인생에게 온다는 것을 지나온 경험으로 겪었기 때문에 우리는 언제나 삶에 근신해야 한다는 것을 절실히 느꼈습니다. 갈라디아서 6장1-2절 "형제들아 사람이 만일 무슨 범죄한 일이 드러나거든 신령한 너희는 온유한 심령으로 그러한 자를 바로잡고 네 자신을 돌아보아 너도 시험을 받을까 두려워하라. 너희가 짐을 서로 지라. 그리하여 그리스도의 법을 성취하라." 인간이기 때문에 나에게 지금까지도 시력장애의 아픔을 준 그 집사님을 생각하면 가까이 하고 싶지는 않으나 그 집사님을 통해서 배운 몇 가지 교훈으로 나도 그런 시험을 받을까 두려워하는 마음으로 살게 되었습니다. 그리고 마음속으로 그 집사님이 진실로 자신을 회개하여 더 이상 그러한 이중적인 믿음의 삶을 살지 않기를 바랐습니다.

용 서

짧은 인생을 살면서
무수히 지나갔던 아픔들은
내 마음에 깊이 새겨진 문신이 되어서
나를 보이지 않는 쇠사슬로 묶어
고독의 방에 처넣으려 하였었지만

나는 그 고통의 무게를
스스로 감당할 수 없었기에
날마다 주 하나님께 기도를 하면서
지혜로 이길 수 있는 힘을 얻기를
용서로 나를 이기었음을

어느 날 나는 내 마음에
아직도 살아있는 사랑을 보고
삭풍의 겨울이 있었을지라도
내가 봄을 느낄 수 있다는 사실에
풋풋한 감정이 눈물이 되어서

주 하나님이시여 감사합니다.
부족한 저의 기도를 들으시고
감당치 못하는 저의 인생을 불쌍히 보시고
지혜로 저를 감당케 해 주심은
오직 주의 은혜이시며 사랑이십니다.

그 후 아픈 눈을 가지고 직장을 찾으러 다녔습니다. 아무에게도 말할 수 없는 육체의 고통은 참으로 고통스러웠습니다. 식구들은 내가 라식수술을 한 후에 수술이 실패 되어서 그렇다고 했습니다. 그러나 나는 그 진실을 알고 있었습니다. 거듭 식구들에게 얘기를 하면서 라식수술이 실패해서 그런 것이 아니고 의사가 하라는 대로 바로 하지 않아서 그렇다고 했습니다. 수술 달반 후 어찌어찌하여 잡은 직장에서 지급계정(Account Payable)에서 일을 하게 되었습니다. 그리고 눈의 고통을 무릅쓰고 열심히 일을 했습니다. 다니고 있었던 그곳은 작은 중소기업이었고 매일 없어지는 물품들을 대치하느라고 미팅이 자주 있었습니다. 그리고 나는 그곳에서 아무 이유없이 해고를 당했습니다. 그곳에서 해고를 당하기 전에 나는 이미 제자훈련을 교회에서 시작했습니다. 그래서 나의 문제를 놓고 제자훈련 그룹들과 같이 기도를 했습니다.

또다시 나는 실업근로자 사무실에 다시 돌아가서 신고를 하게 되었습니다. 그때 사유란에 해고를 당했다고 했습니다. 솔직한 서류 기재로 그들은 조사시간이 필요하다고 해서 공백의 시간은 실업근로자 지급을 받을 수가 없다고 했습니다. 너무도 생활이 암담했습니다. 설상가상으로 그때 나는 이상한 피부병을 앓고 있어서 병원을 다니고 있었습니다. 나는 매일 울부짖으면서 주 하나님께 기도를 했습니다. 그때 들려 왔던 성령님의 음성은 지금 부엌으로 바로 내려가서 식초를 얼음냉수에 타서 먹고 식초를 아픈 부분에 바르라고 했습니다. 나는 마치 지푸라기라도 잡고 싶은 심정에 지체없이 부엌으로 내려가서 식초를 얼음냉수에 타서 한 잔을 먹고 식초를 아픈 부분에 바르고 있었습니다. 그 후 놀랍게도 이상한 피부병이 없어졌습니다. 나는 나를 치료하여 주신 주 하나님께 너무도 감사했습니다. 아무튼 한해에 두 번씩이나 졸지에 직장을 잃고 나니까 마음에 방황이 되었고 어영부영 세월이 가는 사이에 거의 넉 달을 직장 없이 살게 되었으므로 마음이 다급하여 하나님 아버지께 기도를 간절히 드렸습니다.

그때 성령님이 내게 임하셨습니다. 그리고 성령님은 내게 삼십일 새벽 재단을 쌓으라고 말씀을 하셨습니다. 그리고 내 마음에 아픈 상처가 지나가면서, 쎈터빌 성전을 위해 워싱톤 중앙장로교회(The Korean Central Presbyterian Church)에 가서 새벽 제단을 드리라는 말씀 가운데, 순간 나는 수중에 가진 돈이 별로 없었으므로 당황이 되어 변명으로 직장이 없어 가스 살 돈이 없었음을 말씀 드렸습니다. 사실 집과 교회가 너무 멀어서 내가 새벽 제단을 잘 드리지 못하고 도중하차(途中下車)를 할 것 같은 염려에서 부지중(不知中)에 드린 변명이었습니다. 그때 주 하나님은 그래도 삼십일 새벽기도를 모든 것을 초월하고라도 하라고 부드럽고 단호하게 말씀을 하셨습니다. 나의 잃은 직장을 놓고 기도를 하였건만, 전혀 예기치 않은 기도 응답이었습니다. 순종하는 마음으로 삼십일을 기쁘고 즐거운 마음으로 드렸습니다. 처음에는 새벽기도에 훈련 부족으로 힘이 들었지만 어김없이 깨워 주시는 하나님 아버지의 도우심으로 정말로 주 하나님의 은혜가 이렇구나 하는 기쁨 마음으로 즐겁게 새벽을 기다리며 새벽기도를 드렸습니다.

삼십일을 다 드려갈 때 기쁨 마음으로 하나님 아버지께 서원을 하며 삼일을 내 의지대로 드릴 것을 말씀드렸습니다. 내 의지대로 드리는 삼일을 드리는 삼일 날 새벽 아침에 꾼 꿈은, 어두운 곳에 많은 사람들이 옹기종기 어두운 얼굴들을 하고 자기들 좋을 대로 하고 서있었습니다. 그때, 갑자기 거대한 손이 나를 덮으면서 홀연히 강한 바람이 하늘에서 땅으로 불었습니다. 그 바람은 마치 어느 한 장소를 만들고 있었습니다. 많은 사람들은 갑자기 일어난 일에 혼비백산(魂飛魄散)으로 제자리에서 우왕좌왕 하며 비틀비틀 거리고 있었습니다. 나는 커다란 손 안에서 손가락을 붙잡고 손가락 틈 사이로 그 광경을 모두 볼 수 있었습니다. 그러는 사이에 빛나는 물줄기 같은 것이 하늘에서 땅으로 이어지고 있었습니다. 그것은 커다란 빌딩 사이즈의 광채가 있는 물기둥이었습니다. 그 물기둥은 가만히 보니까 위에서 아래로, 아래에서 위로 끊임없이 연락을 하고 있었습니다. 그 모든 광경을 나는 나를 덮은 커다란 손가락 사이로 보면서 쎈터빌 성전은 하나님이 우리를 위하여 계획하시고 예비하신 우리의 벧엘이고 환난 날에 우리의 피난처라는 것을 알았습니다. 부지중에 일어나 기도하며, 우리는 절망 중에도 결코 낙담하지 않고 열심히 주만 의뢰(依賴)할 것을 고백하며 사랑과 긍휼로 오직 인도하여 주십시오, 라고 전심을 다해 기도하였더니 방언으로 당신이 우리와 함께 하실 것을 두 번 응답하셨습니다. 그 후 사십일 연장기도를 더 드리고 새벽 작정기도를 마쳤습니다.

세월은 여전히 빠르게 지나가면서 아픈 눈을 가지고 나는 새직장에서 열심히 일을 했습니다. 아픈 눈의 고통을 말하라고 하면 이루 말할 수 없이 고통스러웠지만 나에게 는 또 다른 선택의 여지가 없었으므로 그곳에서 수금계정(Account Recivalbe)에서 스페셜리스트로 일을 했습니다. 일을 하면서 매니저에게 인정을 받았고 또 월급도 몇 번 올려 받았습니다. 주 하나님의 인도가 어디에 계신지는 모르지만 나는 그저 내

열정을 다해 사람의 눈을 속이지 않고 골로새서 3장 23절 "무슨 일을 하든지 마음을 다하여 주께 하듯 하고 사람에게 하듯 하지 말라."라는 말씀을 철칙으로 여기면서 열심히 일했습니다.

어느덧 제자훈련이 거의 끝나갈 무렵에 제자훈련 시간 때 우리는 한 주제를 놓고 토론을 하고 있었습니다. 깨끗하고 정직한 헌금에 대한 주제였습니다. 여러 사람이 돌아가면서 얘기를 하는 중에 나는 플로리다에서 있었던 사실을 하나 고백하게 되었습니다.

내가 살았던 곳은 이민을 와서 살 집이 못되는 여행객들이 겨울을 비껴 오는 곳이었고 돈은 사람들이 은퇴 후에 퇴직연금으로 사는 곳이었습니다. 나는 그 당시 이혼을 한 지 얼마 안 되었습니다. 그저 집 한 채에 아들을 데리고 살았었고 얼마 전에 엄마를 이민초청해서 같이 살고 있었습니다. 그 당시에 한국 목사님이 그곳에 개척교회를 하셨습니다. 사모님 보시기에는 내가 집을 지녔으니 돈이 있는 성도로 보였을지 모르나 나는 겨우 매달 붓는 집세와 먹고 살기에 바빴습니다. 사모님이 너무 고생을 많이 하시다가 보니까 성도의 사정을 알기도 전에 나에게 이미 정죄의 마음을 가지고 우리 집에 심방을 오셨습니다. 예배를 다 본 후에 사모님이 나에게 조용히 하실 말씀이 있다고 하셨습니다. 그래서 아들의 방으로 들어가서 얘기를 하기 시작했습니다.

사모님은 내가 왜 십일조 생활을 안 하는지를 물었습니다. 그래서 정직하게 내 생활을 얘기를 했습니다. 사실 먹고살기 바빠서 주일헌금도 겨우 한다고 자존심을 삼키면서 말을 했습니다. 그때 그 사모님은 내가 한 번도 상상을 못했던 사모님으로서 할 수없는 얘기를 성도인 나에게 아무 가책도 없이 자연스럽게 얘기를 했습니다. 그것은 어느 성도 여자의 이야기였습니다. 그 여자는 나처럼 아들을 데리고 이혼을 했다고 했습니다. 그 여자는 나처럼 아들하고 하루하루 먹고살기에 바빴고 싸우나에 다니면서 남자들에게 마사지와 심지어는 남자와 관계를 하면서까지 해서 돈을 벌어서 십일조 생활을 열심히 하고 있다고 했습니다. 순간 내피가 거꾸로 올라오는 충격을 느꼈습니다.

나는 목사님과 사모님에게 우리 집에서 당장 나가 줄 것을 요청했습니다. 한 번도 그런 돈을 내가 교회에 헌금한 적도 없었고 그런 삶의 강요는 포주들이 여자들에게 매춘을 강요하는 것이나 마찬 가지인 것이었습니다. 내가 미국 사람과 결혼해서 아들이 있는 것을 보고 혹시 전에 그런 생활을 하였었나 하는 자유스런 마음으로 내게 그렇게 얘기를 하였는지는 몰라도 주 하나님의 불꽃 같은 눈동자로 그동안 나를 지켜 주셨기 때문에 내가 미국에 들어온 경우와 사모가 생각하는 여자들이 결혼하여 들어온 경우가 틀리다는 것을 사모는 알 수가 없었습니다. 엄마는 목사님 내외에게 너무 한 것이 아니냐고 하시면서 아무리 그렇다 해도 그렇게 박대하면 안 되는 것이라고 하셨습니다. 그때까지도 분이 안 풀린 나는 아무리 터진 입이라고 성도에게 그렇게 얘기를 해야 하느냐고 반박을 했던 기억이 났습니다. 그런 깨끗한 헌금의 중요성을 대충 얘기하고 우리는 모두 토론을 마치고 헤어져서 집으로 돌아갔습니다.

그날도 여전히 두 눈이 충혈된 채 아픈 눈을 가지고 집으로 돌아 왔습니다. 그리고 피곤해서 침대 위에서 비스듬히 누운 채 잠이 들었습니다. 얼마를 잤을까 나는 누군 가가 내 머리 카락을 부드럽게 만지고 있다는 것을 느꼈습니다. 나는 잠결에 일어나서 누구냐고 물었습니다. 그때 빛 가운데에서 빛같이 하얀 도포자락이 지나가는 것을 보았습니다. 그리고 성령님의 음성이 귓결에 들렸습니다. 예수님이시라고 했습니다. 나는 너무도 기뻤습니다. "예수님 감사합니다. 성령님 감사합니다." 했습니다. 그리고 두 눈을 떴을 때 더 이상의 두 눈의 통증이 없어졌습니다. 나는 그 기쁨을 모두에게 얘기를 했습니다. 사람들이 더 이상 나에게 두 눈이 토끼눈처럼 충혈되어 있지 않다고 말을 해 주었습니다. 제자훈련 중에 내가 영적인 경험을 누군가에게 대필을 해달라고 적극적으로 찾으러 다녔던 때가 있었습니다. 그때 한 성도분이 집사님이 "어느 정도 작성하시면 우리가 한글 교정을 하면서 편집(EDITTING)해 드릴 수 있어요." 하고 강하게 말을 내게 했습니다. 나는 그 말에 용기를 가졌습니다. 사실 기이한 나의 영적 경험을 수년전부터 글로 표현하고 싶었습니다.

그러나 아무도 내 글을 대신 써 줄 사람이 없었습니다. 끝내는 내 손으로 쓰게 됨으로써 시작이 되었습니다. 그래서 제자훈련 중에 조금씩 모아 두었던 간증글을 책상 앞에 앉아서 쓰기 시작하였을 때 어느 날 나는 음성을 들었습니다. 필히 간증집을 책으로 써야 하고 다 쓴 후에 선교를 가야 한다는 음성이었습니다. 울퉁불퉁하기만 했던 나의 인생길에 나는 알 수 없는 용기와 나의 삶에 목적이 분명하게 있다는 것을 알게 되었습니다. 그러나 아직도 나는 그 목적의 방향을 찾아가고 있습니다. 나는 나의 방향을 찾는 날, 나의 훈련을 마치게 되면서 또 주 하나님이 내게 어디로 가라시는 음성을 들려 주시리라 믿고 하루하루 나름대로 성실하게 그리고 근면하게 살면서 그 날을 기다렸습니다.

3. 여기 봄이 있습니다

봄, 봄 여기 봄이 있습니다.
창문 밖으로 보이는 봄
꽃나무에 꽃망울이 기지개를 피듯
가지가지 사이로 얼굴들 내밀고

봄, 봄 여기 봄이 있습니다.
찬란한 햇빛 사이로 수줍은 듯
울긋불긋 고운 주님의 색실로 수놓은 듯
자연을 조용히 물감들입니다.

봄, 봄 여기 봄이 있습니다.
지난겨울을 조용히 회상하며
얼어붙었던 마음들을 녹이듯이
주님의 은혜에 기쁨으로 감사의 마음을

봄, 봄 여기 봄이 있습니다.
소생하는 약동의 봄의 기운처럼
우리들의 마음에 새봄을 담으면서
새 성전 건축의 조명 가운데 봄은 시작되었습니다.

4. 연화의 뒷모습

속절없이 지나가고
하염없이 흘러가는
연화 (年華) 의 뒷모습

긴 겨울의 바람 소리를 듣는 것같이
겨울 바다를 바라 보는 것같이
몸이 을씨년스럽구나.

길지도 않은 세월이건만
연광 (年光)의 흐름은
마치 유수 같구나.

실수와 허물투성인 자신을 돌아보며
부질없던 시간들을 생각하며
조용히 주님 앞에 무릎을 끓고

나를 바라보노라면
나의 부족하고 연약했던 모습이
추한 (追恨) 되어 내 가슴을 누르는구나.

5. 우리가 자유를 누리고 있을 때

아바 아버지
우리가 자유를 누리고 있을 때,
그 자유의 중요함을
얼마나 절실히 알 수 있었겠습니까.
그 자유가 주는 여러 가지 삶의 안락을
마치 당연하듯이 누리고만 있었고
자유 분망하게 살면서
거기에는 감사가 있었어도
진정한 감사가 없었습니다.

아바 아버지
우리가 불행하지 않았을 때
그 행복의 중요함을
얼마나 절실히 알 수 있었겠습니까.
그 행복이 주는 여러 가지 삶의 기쁨을
마치 당연하듯이 누리고만 있었고
자유 분망하게 살면서
거기에는 감사가 있었어도
진정한 감사가 없었습니다.

아바 아버지
우리가 건강 하였을 때
그 건강의 중요함을
얼마나 절실히 알 수 있었겠습니까.
그 건강이 주는 여러 가지 삶의 자신감을
마치 당연하듯이 누리고만 있었고
자유 분망하게 살면서
거기에는 감사가 있었어도
진정한 감사가 없었습니다.

아바 아버지
우리의 죄악을 용서 해 주시옵소서.
우리의 안일한 삶에만 만족을 느꼈었던
우리는 진정한 자유가 없었습니다.
우리가 갖는 행복에는 남을 기준하느라고
자신의 건강을 돌볼 사이도 없이 경주의 시간들 속에
거기에는 감사가 있었어도
진정한 감사가 없었습니다.

6. 겨울의 고통, 봄의 기다림, 여름의 성실 그리고 가을의 결실

삭풍의 바람 속에서
고통을 맛보았기에
처절한 울부짖음이
마치 기도의 소리로 들린다.

긴 겨울의 고통이 있었기에
봄의 그리움을 느끼고 기다려진다.
생동 하는 자연의 모습에
마치 고운님을 기다리듯이

진녹색의 옷을 입은
여름의 성실을 알고 있기에
우리의 수고를 오직 주께 돌리며
마치 사랑하는 님을 위해 말없이 오늘도 기다린다.

황금의 계절 그것은 가을의 결실이다.
우리의 수고의 떡을 진설하며
결실된 과일을 품위 있게 준비하는 손길에
마치 사랑하는 임을 위해 예비된 옷을 입고 있는 우리의 모습 같다.

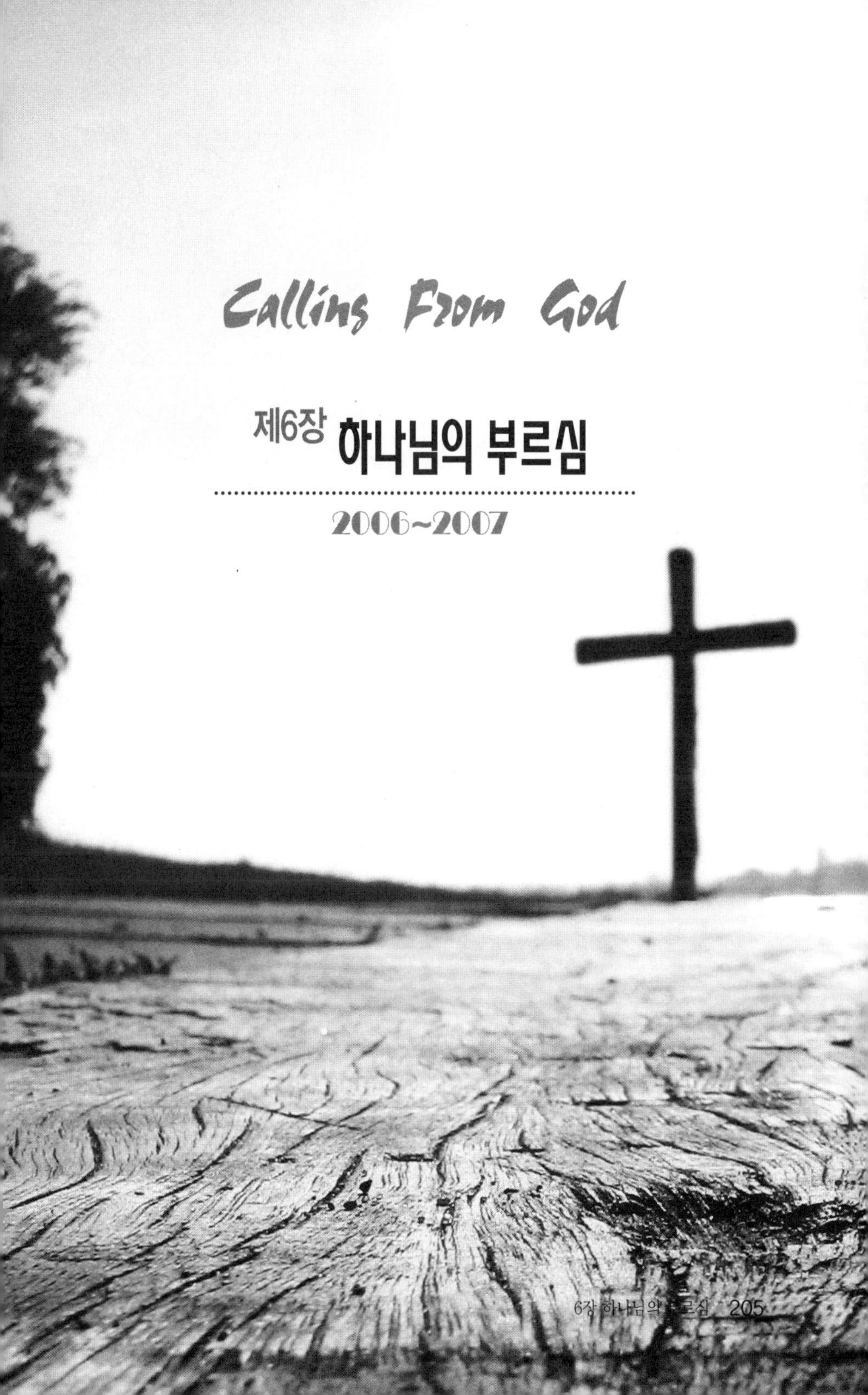

제6장 하나님의 부르심

2006~2007

나의 달려갈 길과
주 예수께 받은 사명
곧 하나님의 은혜의 복음
증거하는 일을 마치려 함에는
나의 생명을
조금도 귀한 것으로
여기지 아니하노라.
(행 20:24)

1 사역 훈련을 끝내고 보여주신 선교지

내가 가장 연약 하였을 때 늦은 사춘기 시절 나를 부르셨던 내 주 하나님은 내가 믿음이 부족해서 당신의 계획을 이해하지 못 하는 삼십삼 년간의 긴 세월 동안 꿈과 환상과 말씀으로 나를 양육하셨고 훈련과 함께 인도하셨음을 나는 생생히 기억합니다.

이사야 41장 9-15절 "내가 땅 끝에서 부터 너를 붙들며 땅 모퉁이에서 부터 너를 부르고 네게 이르기를 너는 나의 종이라. 내가 너를 택하고 싫어버리지 아니 하였다 하였노라. 두려워 말라. 내가 너와 함께 함이니라. 놀라지 말라. 나는 네 하나님이 됨이니라. 내가 너를 굳세게 하리라. 참으로 너를 도와주리라. 참으로 나의 의로운 오른손으로 너를 붙들리라. 보라, 네게 노하던 자들이 수치와 욕을 당할 것이요 너와 다투는 자들이 아무것도 아닌 것 같이 될 것이며 멸망할 것이라. 네가 찾아도 너와 싸우던 자들을 만나지 못할 것이요 너를 치는 자들은 아무 것도 아닌 것 같이, 허무한 것 같이 되리니 이는 나 여호와 너의 하나님이 네 오른손을 붙들고 네게 이르기를 두려워 말라. 내가 너를 도우리라 할 것임이니라. 보라, 내가 너로 이가 날카로운 새 타작 기계를 삼으리니 네가 산들을 쳐서 부스러기를 만들 것이며 작은 산들로 겨 같게 할 것이라. 네가 그들을 까부른즉 바람이 그것을 날리겠고 회리바람이 그것을 흩어 버릴 것이로되 너는 여호와로 인하여 즐거워하겠고 이스라엘의 거룩한 자로 인하여 자랑하리라."

말씀을 내 가슴에 아로새겨 나는 주 하나님이 택한 자라는 것을 분명히 기억하면서 언제나 나 자신을 구별되고 성별된 삶을 살려고 스스로 몸부림을 쳤던 것은, 언제인가 나는 필히 주 하나님께 쓰임을 받을 자라는 것을 알았기 때문이었습니다. 이제까지는 그저 뿌연 안개에 가린 듯이 막연했지만 나는 이제 말할 수 있습니다. 내가 보았던 것과 들었던 것은 꿈과 환상 그리고 말씀의 가르침은 모두 주 하나님으로부터라는 것을 확실히 말할 수 있습니다. 나같이 부족한 딸을 딸이라 칭하셨던 하늘에 계신 아바 아버지는 무조건적인 주 하나님의 사랑으로 거친 파도에 휩쓸려도 나를 언제나 그 자리에 세워주셨고 거친 들과 같은 인생을 고삐도 없는 한 마리의 야생마처럼 달렸을지라도 나를 준마처럼 훈련시키셨으며 아무리 첩첩산중에서 헤매는 두려움이 있었을지라도 나를 지혜로 이끌어 내어주신 나의 아바 아버지의 은혜의 삶을 나는 필히 세상에 들어내 놓아야 하는 사명이 있습니다. 나의 모든 작은 경험들이 마치 한조각 한조각의 퍼즐처럼 나의 뇌리에서 날마다 살아 움직이면서 살아계신 능력의 주 하나님 아바 아버지를 혼자 간직하기에는 너무도 가슴 벅차고 소중한 경험들이기에 주 하나님을 신뢰하는 마음으로 주님의 인도를 받으면서 간증을 필히 쓰고자 하는 마음과 함께 살아계신 주 하나님의 인도로 나는 사역 훈련까지 할 수 있게 되었습니다. 너무도 놀라운 사실은 사역 훈련을 할 때는 그 아프던 눈의 고통이 멈추었습니다. 그래서 주 하나님의 은혜 가운데 열심히 직장과 교회의 생활을 하면서 즐거운 마음으로 사역 훈련에 임했습니다.

2006년 이른 봄의 어느 날, 나는 그전에 다녔던 항공(Airlines) 회사가 도산의 위기가 되어간다는 소리를 듣고 가슴이 아팠습니다. 많은 사람들이 그곳에서 번 돈으로 생활을 하는 것을 나는 잘 알고 있었기에 남의 일 같지가 않았습니다. 십년을 넘도록 성실하게 열심히 일을 했었던 곳이라서 비록 내가 그곳에서 감원이 되었었다 해도 그동안 나는 그들을 위해 기도를 해 주었습니다. 그러나 하루하루 들려오는 소리는 그렇게 좋은 소식은 없었습니다. 나는 그곳에서 어카운팅 부서에서 일을 했습니다. 십년 동안 나는 많은 일을 그곳에서 배웠습니다. 그래서 현재의 일을 감당할 수 있는 것도 그곳에서 일을 잘 배웠었기 때문에 나는 그 시절을 항상 고마워했습니다. 그리고 나의 매니저였던 페기 거시야(Peggy Garcia)와 좋은 유대 관계 가운데 십년을 같이 일을 했습니다. 옛날 매니저를 위해서도 기도했습니다. 그날은 항공 회사를 위해 기도를 하는 중에 잠이 들었습니다.

나는 그날 꿈에서 옛날 매니저 사무실을 찾아가서 매니저를 만나려고 했습니다. 그러나 사무실은 비어 있었고 페기 거시야는 거기에 없었습니다. 사무실의 분위기는 옛날과 같지 않았습니다. 어둡고 침침했습니다. 그곳에서 나와서 집으로 갈려고 엘리베이터 쪽으로 걸어갔습니다. 엘리베이터 앞에서 눈에 뛰는 번쩍번쩍 하는 내키 만한 금나무 잎이 무수히 달린 나무를 보았습니다. 엘리베이터를 타려고 기다리면서 그 나무를 자세히 보았습니다. 그 금나무에는 이상하게 빨간 사과 한 개가 달렸습니다. 내가 기이한 마음으로 금나무 잎이 무수히 달린 나무에 빨간 한 개의 사과를 보고 있었을 때 갑자기 어디서 불어오는지 강한 바람이 불었습니다. 내 곁에 서 있었던 건장한 두 남자가 강한 바람에 쓸려서 나와 함께 비틀비틀 했습니다. 그때 강한 바람 때문에 금나무 잎이 우수수 떨어지고 있었습니다. 그때 그 빨간 사과 한 개도 떨어졌습니다. 바람이 멈추자 엘리베이터 카펫에 금나무 잎이 떨어지더니 먼지 뭉치로 변해서 온통 지저분해졌습니다. 그래서 빨간 사과를 집어들고 살펴보니 온통 새까맣게 멍투성이었습니다. 온통 멍투성이가 된 사과는 영적으로 바로 나였던 것입니다

나는 그 빨간 사과의 고통을 보았습니다. 다녔던 항공(Airlines) 회사에서 믿지 않는 자와 또 다른 것을 믿는 자들로부터 많은 배척을 받았기 때문에 마음으로 많은 심적 타격을 받았습니다. 나를 배척했던 그들은 내가 단기선교를 갔었을 때 나를 은근히 협박도 했고 말로 겁을 주기도 했습니다. 그때를 기억하자 눈에서 뜨거운 눈물이 주르륵 흘렀습니다. 그때 전에 알았던 직장 동료가 갑자기 어디서 뛰쳐나와서 내 손에 들은 빨간 멍든 사과를 가져갔습니다. 나는 그 동료의 뒷모습을 보면서 금나무를 또 보게 되었습니다. 금나무 잎사귀가 삼분의 이가 없어진 나무는 아직도 금나무 잎사귀를 삼분의 일이 아직도 매달려 있었습니다. 금나무를 자세히 보니 빨간 사과 한 개가 매달렸던 자리가 또렷이 보였습니다. 마치 그 자리가 채워지지 않는 공허한 자리로 보였습니다. 얼마 후 꿈에서 깨어나 옛날 회사를 위해서 새벽 기도를 했지만 결국 옛날 항공회사는 파산을 하고 말았습니다. 오천 명의 사람들이 이제 북쪽 버지니아에서 새로운 직장을 찾으려고 헤맬 것을 생각하니 그저 아찔했습니다. 주여! 그들의 갈 길을 인도하여 주소서!

그리고 그해 구월 초에 나는 교회에서 하는 사역 훈련을 접수하고 열심히 직장과 교회 그리고 또 집 사이를 다니면서 말씀 연구와 사역 훈련에 임했습니다. 그렇게 바쁘게 삶을 살았기 때문에 세월은 그야말로 유수처럼 흘러 어느덧 해가 바뀌었습니다. 2007년이 되기 전날, 나는 꿈을 꾸었습니다. 주님은 나에게 한 장면을 보여 주셨습니다. 그곳은 내가 다니고 있는 버지니아 비엔나 교회의 모습이었습니다. 우리 모두는 주일 예배를 끝난 후 교회 문을 나설 때였습니다. 어디서인지 바람에 가을 낙엽들이 성전 안으로 날아 들어오고 있었습니다. 나는 계단을 내려가다가 어느새 수북이 쌓인 낙엽을 밟아 낙엽에 계단 밑으로 주르륵 미끄러졌습니다. 내가 일어나서 성전 안을 보았을 때 추풍낙엽(秋風落葉) 들이 성전 안을 삼분의 일을 어느새 채우고 있었

습니다. 그리고 성전 안을 날아들어 가는 뒹군 낙엽들이 서로가 서로에게 소리에 소리를 지르는 것이 들렸습니다. '주여, 저희들의 부족함을 용서하여 주소서.' 하며 내가 눈물을 흘렸을 때 주님의 긍휼이 새로운 땅에 분명히 있음을 내게 말하셨습니다. 나는 심중 깊숙이 센터빌 성전은 필히 마지막 때에 쓰임을 받을 교회라는 것을 알았습니다. 그리고 꾼 꿈을 발설하기에는 두려워서 입을 열 수가 없었던 것은 혹 믿는 자들이 나를 어이없다 하는 두려움 때문이었습니다. 그러나 나는 분명히 꾼 꿈의 의미를 이해할 수 있었습니다. 히브리서 11장 1절 "믿음은 바라는 것들의 실상이요 보지 못하는 것들의 증거니" 또 주신 말씀은 잠언 19장 21절 "사람의 마음에는 많은 계획이 있어도 오직 여호와의 뜻이 완전히 서리라."

기이한 꿈을 마음에 품은 채 새해를 맞이하였고 어느덧 또 이른 봄이 고개를 쑤욱 내밀었을 때 나는 이상한 공포에 휘둘렸습니다. 그것은 어느 날 저녁에 우연히 머리를 만졌을 때 빨간 피가 내 손에 잔뜩 묻었습니다. 머리카락은 피로 끈적끈적한 채로 피가 흘러 내렸습니다. 특별히 부딪힌 일도 없었는데 머리에 피가 흐르고 있었던 것입니다. 나는 아마도 곧 죽을 거라는 공포에 마음을 순간 가누지를 못 했습니다. 다리가 후들후들 떨렸습니다. 마음과 정신을 가다듬고 주 하나님께 전심을 다해 기도를 드렸습니다. "하늘에 계신 아바 아버지. 저, 아직 아바 아버지를 위하여 일도 시작도 안 했습니다. 저를 살려주세요. 그리고 저에게 기회를 주세요." 하면서 울면서 기도를 했습니다. 나는 그때 정말 곧 죽을 것만 같은 공포와 강박관념에 내 마음은 몹시도 절박했습니다. 그리고 아마도 나는 기절 비슷하게 그 밤을 보냈던 것 같습니다. 머리의 피는 그 이튿날 아침에도 머리를 손으로 만졌을 때도 손에 묻어 있었습니다. 나는 그때 기도하면서 더 이상 내 인생을 빙빙 돌지 않고 아바 아버지의 일을 하면서 평생을 살 것을 맹세를 하면서 서원을 했습니다. 그때 내 머리에 흐르고 있었던 피가 멈추었습니다. 내가 머리를 손으로 만졌어도 더 이상 손에 피가 묻어나오지 않았습니다. 그리고 간밤에 베고 잤던 베개를 보았을 때도 피 묻은 곳은 없었습니다. 나는 그때서야 마음의 안정을 찾았습니다. 잠언 17장 3절 "도가니는 은을, 풀무는 금을 연단하거니와 여호와는 마음을 연단하시느니라."

말씀의 깨달음과 함께 잠언 24장 33-34절 "네가 좀더 자자, 좀더 졸자, 손을 모으고 좀 눕자 하니 네 빈궁이 강도 같이 오며 네 곤핍이 군사 같이 이르리라." 말씀의 깨달음으로 나는 이제부터 영적으로 정신을 차려서 나의 영적인 곤핍에서 마음에 각성을 하면서 더 이상 부르심의 시간에 게으름을 가지면 안 된다시는 경고였습니다. 나는 주 하나님의 부르심을 받은 자로서 주 하나님께서 주신 사명을 가지고 태어났으며 내가 그 사명을 내 인생을 살면서 무슨 일이 있어도 꼭 해야 한다는 것을 더욱 깨닫게 되었습니다. 나는 그때 내 마음을 더욱 견고하게 하면서 필히 주신 사명을 순종하면서 주 하나님의 기쁘시게 하리라, 다짐에 다짐을 했습니다. 아바 아버지, 이제 서서히 세상 일을 접겠습니다.

잠결에 바람소리를 들었습니다. 그 바람소리는 마치 집이라도 떠메 갈 정도로 무섭고 요란했습니다. 그것이 사월 십육일 새벽이었습니다. 눈을 뜰 때마다 보인 시계는 한시, 두시, 세시... 그러다가 잠에서 일어났습니다. 왠지 영적으로 불안한 어둡고 긴 밤이었습니다. 아침에도 바람은 그치지를 않았습니다. 출근 후 직장 동료들과 서로서로 밤새 바람 때문에 잠을 설친 이야기를 했습니다. 아마도 북버지니아 전체를 바람이 흔들었던 것 같았습니다. 사는 곳이 모두 달랐지만 우리는 한결같이 집이라도 들려 날아갈 정도의 바람 때문에 설친 잠을 화두로 짙은 커피와 함께 하루를 시작했습니다. 한겨울에도 듣지 못 했던 그 요란스런 바람은 아침 인터넷 신문에 몇 군데 피해를 입혔다는 뉴스가 실렸습니다. 어떤 지역은 바람 때문에 집이 무너져 사람이 여덟 명이나 죽었고, 또 다른 지역에서는 네 사람이 바람 때문에 죽었다고 보도했습니다. 우리는 서로 간밤의 바람이 여느 날의 바람과 다른 것을 서로 말을 했습니다.

간밤의 바람의 화제가 채 가시기도 전에 곁에 일하던 케렌(KAREN)이 버지니아 택 (VIRGINIA TECH)에서 총기 발생이 났다는 뉴스를 얘기해 주었습니다. 그때가 아침 아홉시가 넘은 시각이었습니다. 아닌 게 아니라 신문과 각 방송 뉴스데스크에서는 총기 사건을 보도하느라 인터넷은 그 사건으로 뒤범벅이었습니다. 순간 KAREN이 범인이 동양인이라고 나에게 말을 했습니다. 왜 그때 내 다리가 후줄근하며 힘이 없었는지 도무지 일이 잡히지를 않았습니다. 예감이 불안했습니다. 부디 한국 애가 아니길 바라면서 하루 종일 힘없이 일을 했습니다.

집으로 돌아가는 길 한국방송에서 아직 범인이 신원이 파악되지 않았다고 보도를 하였었지만 계속 예감이 불안했습니다. 그날 밤 나는 밤새도록 텔레비전 뉴스와 컴퓨터 인터넷을 켜놓고 범인이 파악되기를 기다렸습니다. 밤새도록 우리 한국 애가 아니길 바라면서 기도를 했습니다. 밤 열두시가 훨씬 지난 후에도 범인이 파악되지 않아 그냥 잠을 청했습니다. 이틀을 설친 잠이었지만 나는 그래도 아침 일찍 일어나서 텔레비전 뉴스와 컴퓨터 인터넷을 동시에 켜놓고 범인이 파악되기를 지켜보았습니다.

아침 아홉시가 넘은 시각이었습니다. 졸지에 KAREN이 해고를 당했습니다. DRUG TEST에 PASS 되기를 기다리며 정식 사원으로 되기를 기다리는 중이었던 그녀였기에 실망이 커서 하얗게 질린 그녀의 얼굴을 황망히 바라보면서 내 일에 몰두했습니다. KAREN이 자기 소지품을 집어 들고 사무실을 나간 후 사람들의 말소리가 내 귀에 스쳐 지나가고 있었습니다. 누군가가 내 이름을 말하면서 저 여자도 이 사실을 알아야 한다며 수런수런 했습니다. 그때 '아, 한국 애구나.' 하는 직감을 했습니다. 정말로 두려워서 인터넷 뉴스를 열 수가 없었습니다. 그냥 열심히 일을 하는 척을 했지만 내 가슴은 두근두근 하였고 다리는 후들후들 떨렸습니다.

그리고 나는 정신없이 퇴근을 했습니다. 퇴근 후에 이틀을 밥도 제대로 먹지 못하고 정신적으로 시달려서 체력이 달리는 것을 느꼈습니다. 무엇인가 먹어야 정신을 차리겠다 싶어 근처 식당에 들어가서 요기를 하고 사역 훈련을 받으러 교회를 갔습니다. 버지니아 택의 총기 사건으로 인해 사역 훈련은 취소되었고 교회에서는 긴급하게 연락하여 FAIRFAX COUNTY BUILDING에서 VIRGINIA TECH을 위해 촛불 추모예배를 드렸습니다. 그곳에 참석한 후에 바람이 너무 불어서 촛불 추모예배를 밖에서 할 수가 없어서 FAIRFAX COUNTY BUILDING 안으로 들어가서 추모예배를 하고 열한 시가 넘게 되어서 집에 돌아갈 수 있었습니다. 이튿날 출근을 한 후에 회사 사람들이 어제 너희 한국인들 FAIRFAX COUNTY BUILDING에서 촛불 추모예배를 했지 하면서 자기들이 뉴스를 보고 들었다고 했습니다. 얼마 전에 두 백인 아이들이 학교에서 총기 사건이 있었던 얘기를 하면서 그때 현역 여순경의 죽음을 기억하면서 그들의 얼굴은 우리 한국인들이 모여 촛불 추모예배를 한 것에 대해 고맙다 하는 표정들이었습니다.

간간히 뉴스를 통해 알아본 조성희 학생은 정말 외롭고 고독한 학생이었다고 했습니다. '아, 불쌍한 것!' 가슴이 시리도록 아팠습니다. 그리고 그는 마치 자기가 버림이라도 받은 양 철저한 고립의 벽에 갇혀 터질 것 같은 분노로 온몸을 갈기갈기 자신을 찢고 찢으며 피투성이의 모습으로 찢긴 상처의 고통에 몸부림을 쳤다고 했습니다. 누군가가 다가가서 그에게 따뜻하게 대해 주었더라면 그의 인생이 지금의 처절한 죽음으로 변하지는 않았을 것을, 그리고 많은 젊은 사람들이 그렇게 허무하게 잔악하게 죽지 않았을 것을 하는 끝없는 후회가 가슴을 뒤 흔들었습니다. 그의 누나의 말처럼 그는 그런 일을 저지를 위인이 못되어서 상상조차 하지 않았다고 했습니다. 그런 그가 돌변한 것입니다 그는 외로웠고 고독했고 버림받은 것 같은 상처를 안고 혼자 몸부림을 치며 보이지 않는 탈출구를 찾은 것이었습니다.

그는 육신적인 부모가 있지만 이미 그는 오랫동안 정신적인 고아였습니다. 그에게는 영적인 부모인 주 하나님을 만난 경험이 없었습니다. 그에게 영적인 부모가 없다는 사실이 그를 참혹한 인생을 끝을 마치게 하였으며 인생이 꿈으로 가득 찬 젊은이들을 한잎 두잎 지는 꽃처럼 세상을 그와 함께 스러져 갔습니다. 조성희 같은 영적 고아를 위해 영적인 부모를 연결해 주는 우리 크리스천이 해야 하는 절대 사명이란 그것은 예수님의 지상명령인 마태복음 28장 18-20절 "예수께서 나아와 일러 가라사대 하늘과 땅의 모든 권세를 내게 주셨으니 그러므로 너희는 가서 모든 족속으로 제자를 삼아 아버지와 아들과 성령의 이름으로 세례를 주고 내가 너희에게 분부한 모든 것을 가르쳐 지키게 하라. 볼찌어다 내가 세상 끝날까지 너희와 항상 함께 있으리라 하시니라." 하는 말씀에서 알듯이 이웃전도란 절대 필요한 것입니다. 크리스천들이 단순히 교인수를 늘리려는 교회의 전도 수단이 아니라는 것을 우리는 이미 4월 16일 조성희의 총격 참사사건으로 인해 뼈저리게 실감을 했습니다.

비록 그의 죄는 씻을 수 없지만 결코 나는 조성희를 정죄할 수 없습니다. 주여! 우리 믿는 자의 무관심으로 주님의 사랑으로 인도해야만 하는 영을 인도하지 못한 우리의 죄를 용서하여 주십시오. 마음으로 무겁게 회개를 했습니다. 한 영혼을 사랑한다는 것이 이렇게 중요할 수 있다는 것을 깨닫고 보니 앞으로 나는 주 하나님의 증인의 사명을 감당하면서 그런 사람들을 주 예수 그리스도의 사랑으로 메어 주어야겠다고 생각을 했습니다. 그래서 정신적인 고아와 같은 제이의 조성희를 주님의 사랑으로 인도하여 이 시대의 불행을 그들이 극복할 수 있는 도구로 일을 해야겠다고 생각을 했습니다. 이미 도끼가 나무 뿌리에 놓인 것처럼 세상이 끝까지 올대로 온 시대에 우리는 살고 있습니다. 스스로가 깨어 근신하지 않으면 이것보다 더 참혹한 일을 우리는 볼 수도 있습니다.

사도행전 1장 8절 "오직 성령이 너희에게 임하시면 너희가 권능을 받고 예루살렘과 온 유대와 사마리아와 땅 끝까지 이르러 내 증인이 되리라 하시니라"의 말씀을 믿는다면 각 사람에게 임한 성령이 충만하여 말씀의 실현을 위해 증인의 삶을 감당하는 자신이 될 수 있으며 제이의 조성희를 품을 수 있고 그들의 고독과 방황의 결박을 끊을 수

있는 주 예수 그리스도의 믿음으로 구원의 확신을 할 수 있는 그들의 다리의 역할을
해야 한다는 것이 믿는 자로서 중요하다는 것을 절실히 깨달았습니다.

뉴스중 이 기사를 읽고 눈물을 주르륵 흘렸습니다.

The mourners gathered in front of simple stone memorials, each adorned with a basket of tulips and an American flag. There were 33 stones ? one for each victim and Cho Seung-Hui, the 23-year-old gunman who took their lives.

아직도 미국은 하나님의 사랑을 실천하고 죄인이라도 용서할 줄 아는 청교도의 후
예들이라는 사실이 가슴 뜨거운 감동에 하나님께 감사를 드립니다. "아바 아버지시
여, 저들을 말씀으로 위로하여 주시고 저들이 고통 가운데에서 겪는 슬픔을 회복시
켜 주십시오. 그들에게 서로가 서로를 사랑할 수 있는 용기를 주십시오." 하고 기도를
했습니다.

사월 어느 날, 집안의 사촌오빠가 이메일 하나를 내게 보내왔습니다. 내용을 본즉
사촌 올케언니가 암 선고를 받았다고 했습니다. 사월 중순부터 나는 그 사촌 올케를
위하여 기도를 하기 시작했습니다. 언제부터였는지는 기억을 할 수 없었으나 나는 그
사촌 올케언니를 위해 기도를 할 때마다 나에게 이상한 증세를 느낄 수 있었습니다.
속이 메스꺼웠었고 구토를 하게 되었습니다. 그 증세는 언제나 집에서 나 혼자 있을
때마다 느끼는 것 같았습니다. 그러한 육신의 고통을 안은 채 나는 직장과 교회와 집
을 왕래하면서 나의 삶에 최선을 다했습니다.

어느덧 시간은 빠르게 흘러 사역 훈련을 거의 끝나게 되었습니다. 우리는 그 전에
LA에 있는 사랑의 교회 탐방 계획을 세웠습니다. LA에 있는 사랑의 교회를 노창수
목사님의 인솔로 사십 명씩 두 팀으로 나눈 단체로 사월 말과 오월 초의 계획으로 탐
방을 갔습니다. 모두 새로운 삶의 도전과 영적인 도약을 가슴에 품은 채 LA에서 돌
아 왔습니다. 내가 오월 초의 그룹으로 LA에서 막 돌아 왔을 때 같이 일을 하는 다른
부서의 어카운팅 수퍼바이저인 남자가 내게 왔습니다. 그는 나에게 이렇게 물었습니
다. "그래, 너는 어느 나라를 선교를 갈려고 하는냐?" 선교를 가라시는 사명은 있었는
데 어디라는 특정한 나라를 가라시는 것은 나라가 분명하지 않아서 나는 그저 교회
에서 하는 선교지에 갈 것이라고 했습니다. 그때 그 남자는 나에게 에티오피아는 어
떠냐고 말을 했습니다.

순간 나는 나도 모르게 지도상 에티오피아의 나라의 위치에 생소함을 느꼈습니다. 그 나라가 아마도 이란 근처인 중동지역이라는 짐작으로 "그래, 그 나라에 선교를 갈 수 있지." 하였을 때 나는 순간 환상을 보았습니다. 내가 처음 그 환상을 보았을 때는 1980년 결혼 전 주 하나님은 내 결혼을 반대하셨습니다. 그때 보여 주셨던 꿈이었습니다. 꿈속에 홀연히 내가 서 있었던 그곳은, 작열하는 태양 아래에서 미미하고 건조한 바람이 부는 아주 끝없이 넓은 광대무변한 습도 짙은 허허벌판이었습니다. 그리고 희미한 하늘과 땅이 맞물린 지평선 끝에 알 수 없는 것이 아물아물 거리며 움직이며 오는 것을 보았습니다.

그때 나는 내 모습을 보았습니다. 열두 살 먹은 옅은 다갈색의 짧은 머리에 굵은 웨이브의 땀과 먼지투성인 어린 소녀의 모습이었습니다. 현실속의 나이와는 전혀 상관 없이 나는 언제나 여리고 여린 열두 살 소녀의 모습이었습니다. 긴 시간과 함께 얼마를 광야 끝에 서 있었나 두 마리의 짐승이 거품을 일으키며 짙은 먼지와 함께 달려 오고 있었습니다. 그것은 두 마리의 검은 양들이었습니다. 육안으로 겨우 의식을 할 찰라, 두 마리의 검은 양들은 돌격을 하듯이 내게 전진하며 달려들었습니다. 달려드는 검은 양들의 무게에 서 있었던 자신이 나자빠지는 의식 가운데 허공을 허우적 허우적 거리면서 깊은 잠에서 깨어났을 때는 온몸이 땀으로 흠씬 젖어 있었습니다. 마치 생시처럼 선명한 꿈이, 무엇을 의미하는지 이해할 수가 없었지만 어렴풋이 영적으로 알 수 있었던 것은 내가 해야 하는 결혼을 하나님은 반대를 하고 계시다는 것이었습니다. 하나님이 나의 결혼을 반대하시는 것을 무릅쓰고 나는 그 결혼을 했습니다. 그리고 1987년에 재혼을 하였을 때 두 번째로 작열하는 태양 아래에서 미미하고 건조한 바람이 부는 아주 끝없이 넓은 광대무변한 습도 짙은 허허 벌판 광야에 소녀의 모습으로 서 있었던 나의 모습과 희미한 하늘과 맞물린 지평선 끝에 알 수 없는 것이 움직이는 가운데 광야 끝에서 달려오는 두 마리의 짙은 먼지투성인 검은 양들이 내게 달려 들었던 것을 꿈으로 기억을 하게 하셨습니다.

그리고 세 번째인 2007년도인 5월에도 환상으로 보여 주셨습니다. 그때 나는 소름이 끼칠 정도로 알 수 없이 뜨겁게 흥분했습니다. 27년 동안의 세 번의 똑같은 꿈과 환상의 메시지는 한 가지 의미를 연결하고 있었습니다. 내가 살아계신 하나님을 만나보아야 하고 선교를 할 곳은 바로 에티오피아였습니다. 궁금한 나로서는 거기가 어디냐고 그 남자에게 물었더니, "너, 아직 에티오피아가 진짜 어디인지 모르니?" 하면서,

"그곳은 적도지역의 아프리카야." 했습니다. 그때 나는 "오, 주여. 그 뜨거운 나라 아프리카!" 하고 외쳤습니다. 순간 뜨거운 나라에 가야 한다는 부담감에 솔직한 마음으로 실망을 했지만 곧 마음으로 극복하고 다시 '에티오피아' 하고 입술로 말을 했습니다. 그때 내 마음에 평안과 기쁨이 넘쳤음을 기억하며 나는 여태까지 주 하나님에게 붙잡혀서 주 하나님의 손바닥 안에서 살았으며 보이지 않는 소명의 나라를 위해 여태까지 인생의 훈련 받았었음을 알게 되었습니다. 그리고 제자훈련 과 사역 훈련의 이년간의 세월도 역시 필연적인 연수의 시간이었음을 알게 되었습니다. 너무도 빠르게 지나간 것 같았지만 나는 지난날을 회상 하면서 워싱톤 중앙장로교회(The Korean Central Presbyterian Church)를 한번 떠났을 때를 기억을 했습니다.

그때 꿈으로 다시 워싱톤 중앙장로교회로 돌아 가라시는 주 하나님의 말씀으로 다시 교회로 돌아왔었고 그리고 교회에서 하는 훈련들을 어려운 삶 가운데에서도 쉬지 않게 하셨던 주 하나님의 인도하심은 곧 나의 길이었음을 깨닫게 되었습니다.

요엘 2장 28-32절 "그 후에 내가 내 신을 만민에게 부어 주리니 너희 자녀들이 장래 일을 말할 것이며 너희 늙은이는 꿈을 꾸며 너희 젊은이는 이상을 볼 것이며 그 때에 내가 또 내 신으로 남종과 여종에게 부어 줄 것이며 내가 이적을 하늘과 땅에 베풀리니 곧 피와 불과 연기 기둥이라. 여호와의 크고 두려운 날이 이르기 전에 해가 어두워지고 달이 핏빛같이 변하려니와 누구든지 여호와의 이름을 부르는 자는 구원을 얻으리니 이는 나 여호와의 말대로 시온산과 예루살렘 에서 피할 자가 있을 것임이요 남은 자 중에 나 여호와의 부름을 받을 자가 있을 것임이니라."

나는 에티오피아 선교지를 가기 위해 우선 교회에 알아보았습니다. 그러나 다니고 있는 교회에서는 에티오피아에 가는 선교지가 없었고 또 씨드 선교회에도 알아보았었지만 역시 그곳도 에티오피아에 가는 선교지가 없었습니다. 인간적으로 순간 실망이 왔었지만 그래도 어떤 길이 있으리라 생각했습니다. 그러는 사이에 내가 영적으로 육적으로 탈진 상태에 왔음을 직감했습니다. 그래서 하고 있었던 사촌 올케 언니의 암으로 투병의 회복기도를 할 수 없었습니다. 그래서 지치고 있었던 나의 육신의 회복을 위해 기도를 일단 중단했을 때 밤마다 겪었던 메스꺼움과 구토가 멈추었습니다. 그때 나는 기도의 위력을 알았습니다. 지구의 반 바퀴의 거리에서도 기도는 위력이 있다는 것을 알았습니다. 그 후에 간증집을 쓰고 있는 사이에는 되도록 병자를 위한 기도와 장례식의 참석을 삼가기로 했습니다.

그러는 사이에 7월 21일, 2007년 Mission Magazine News에서 이메일로 아프가니스탄에서 피랍당한 사람들을 위해 기도요청을 받았을 때 그때 분명히 내게 오는 영적인 메시지가 있었습니다. 거기에는 희생의 피가 있음을 알았습니다. 그래서 그들을 위해서 필히 기도를 해야 한다는 것을 직감을 받았습니다. 그들을 위해 기도를 마치고 자리에 누워서 잠이 들었습니다. 얼마만큼 잤을까 아무도 없는 방에서 나는 많은 사람들이 수군거리는 소리와 우는 울음소리를 들었습니다. 처음에는 무시하고 잠을 자려 하였었지만 그들의 피랍 사건이 심각한 사태임을 직감할 수 있었습니다. 그냥 집에서 기도하기는 안 되는 기도 요청이었다는 것을 알았습니다. 그래서 아침 출근시간을 바꾸고 삼일 새벽기도도 했지만 적은 체력과 매일 근무 시간에 시달리다보니 사일 째 되는 날에 새벽기도를 더 할 수 없었음을 고백합니다. 이런 나의 모습에 그들이 당면하고 있는 환경을 생각하니 가슴이 쓰릴 정도로 아팠습니다. 그들이 살아서 온다하여도 그들이 당한 잔혹한 인질의 시간을 쉽게 떨쳐 버릴 수는 없는 정신적인 고통까지 그들은 살아 있는 동안 부담해야 하는 그들을 생각하면 세계 선교의 복음의 사명이 얼마나 위험하고 중요하고 절대적인 것임을 알게 되었습니다. 그리고 세계로 향하여 나가는 선교사는 목숨도 잃을 수도 있다는 사명으로 행하는 것임을 실감했습니다. 주여, 저희들이 주 하나님의 날이 올 때까지 주신 사명을 잘 감당하게 하소서. 그리고 기도를 했습니다.

하늘에 계신 아바 아버지께 간절히 기도드립니다.
지금 분당의 샘물교회 의료 단기 선교팀 이십삼 명이(여자18 남자5)
아프가니스탄에서 납치가 되었습니다.
그들의 황폐한 영혼과 병든 심령을 사랑하고자
한 영혼이라도 당신의 복음을 듣게 하기를 원하였고
한 영혼이라도 당신의 사랑을 알게 하기를 원하였기에
당신의 복음의 용사들이 위험을 무릅쓰고
당신이 주신 사랑과 복음을 전하고자
당신이 주신 용기와 열정으로 그곳에 갔습니다.
사랑이 원천이신 주 하나님이시여!
모든 분들이 안전하게 가족의 품으로, 교회의 품으로, 고국으로 돌아 갈 수 있게 놀라운 당신의 능력의 시간이 지금 그곳에 임하게 하옵소서.

그들의 무지한 마음을 돌이켜 주시옵고

그들의 무지를 용서하여 주시옵고

그들의 무지가 당신의 복음을 받아들이는 지혜를 허락하여 주시옵소서.

그리하여 황폐했던 그들이 병든 심령이 회복되는 놀라운 축복의 통로로

오늘 이 시간 간절히 주 예수 그리스도의 이름으로 기도를 드립니다. 아멘

나는 에티오피아 선교를 가기 전에 아프가니스탄의 피랍사건으로 인해 선교가 어디 여행으로 가는 것이 아닌 생명을 내던지면서까지 그들을 사랑해야 행할 수 있는 것임을 알게 되었습니다. 나는 아프가니스탄의 피랍사건으로 인해서 나의 선교의 소명이 위축되지를 않았고 도리어 '아바 아버지, 내가 죽더라도 아바 아버지가 부르신 그 나라에서 죽게 해 주소서.' 하고 기도드렸습니다.

그날 밤에 나는 꿈속에서 빛처럼 환한 공간에서 아들을 만났습니다. 우리 모자는 그야말로 즐거운 시간을 보냈습니다. 얼마나 즐겁게 해후상봉을 했는지 둘이서 손을 잡고 깔깔거리면서 애기를 하며 서로 배를 잡고 웃었습니다. 얼마나 상쾌하게 웃었는지 꿈에서 깨어나서도 크게 웃었습니다. 크게 웃는 소리에 잠결에 나는 꿈에서 깨어났습니다. 비록 꿈이었지만 마치 생시 같았습니다. 그때 내 눈에 멈춰진 시계를 보았습니다. 다른 시계와 비교했을 때 꼭 15분간의 해후였습니다. 나는 곰곰이 생각을 했습니다. 아들이 예수님과 천국에 있다는 것을 확신했습니다. "주여, 이 세상은 거칠어요. 이왕에 내 곁을 떠났으니 아들을 항상 그곳에 있게 해 주소서. 나도 역시 그곳에 갈려고 노력하오니 내 걱정은 절대 하지 말아 주세요." 하고 어미로서 아들을 위해 기도를 했습니다.

아프가니스탄에서 탈레반들이 23명의 한국 의료 단기 선교팀을 납치하여 그들을 억류한 사건은 비록 미국 언론 지상에 크게 보도 되지 않았지만 그들의 피랍된 사건은 모두의 관심사였습니다. 내가 크리스천인 것과 또 선교 지망을 한다는 것을 다니고 있는 회사에서는 잘 알고 있는 사실이라 뉴스로 두 번째 심성민 형제가 희생이 되었을 때, 모슬렘 직장동료가 조심스럽게 나에게 물었습니다. "너 알고 있니? 두 번째 희생자를, 사살하여 시신을 길가에 내어 버렸어. 이렇게 그들이 크리스천을 미워하고 있는데 그래도 너 직장 그만두고 가야 하니?" 나는 그의 걱정스러운 눈동자를 바라보

앉습니다. 그리고 그의 목소리는 진실인 것을 가슴에 느꼈습니다. 나는 그에게 부드럽게 미소하며 "선교는 예수님의 지상명령이야. 그리고 궁극적으로 너와 내가 믿는 하나님이 우리에게 주시는 최선의 기회야. 우리는 하나님이 주시는 사랑을 실천하며 복음을 전하면서 하나님의 말씀의 실현을 도와 드려야해." 그리고 곧 이어 "너, 그것 아니? 사랑을 위해 죽을 수도 있다는 것..." 그는 나에게 이렇게 말했습니다. "그래, 미워서 사람들을 죽이는 것보다는 하나님의 사랑을 위해서 죽는 것이 더 값진 것 같다." 그리고 그는 내게 말을 했습니다. "언젠가 너 선교 가면 나도 너를 따라갈 수 있니?" 하는 그에게 나는 씨익 웃으면서 "그래, 우리 기도해 보자." 하면서 돌아서는 그에게 주님의 은총이 있기를 기도를 했습니다. 그 후 한국에서 사촌 올케 언니의 운명의 소식을 들었습니다. 그리고 후에 피랍된 그들이 풀려났습니다.

나는 구월에 교회에서 하는 전도폭발에 가입을 했습니다. 그러나 나는 그때 또다시 서서히 눈에 고통이 오기 시작했습니다. 일 년 내내 알 수 없었던 영적인 훈련으로 시달렸던 이유로 한꺼번에 나의 육신은 감당하지 못하고 있었습니다. 가을을 지나 긴 겨울 동안의 육신의 고통 속에서 나는 열심히 간증집을 쓰고 있었습니다. 그리고 필히 내년에는 책을 세상에 내어 보이리라는 소망을 가지고 아픈 눈을 가지면서 책을 썼었습니다. 책을 쓰는 중에 성령님의 도우심이 함께하였다면 아무도 이해를 하지 못하겠지만 내가 책을 쓰는 동안에 성령님은 눈에 쉼을 주셨고 또 영감으로 고민하는 문장을 지혜로 이어가게 하셨습니다.

그러던 중 늦은 가을에 놀라운 일을 알게 되었었습니다. 내가 2007년 전날에 본 꿈을 마음의 부담으로 교회 웹페이지에 올릴 당시 어떤 교인이 교회를 상대로 불만을 신문에 내었고 또 그것이 문제화 되어서 교회에 모여서 그 진상을 규명한다는 얘기가 있었습니다. 나는 그때 수요 성가대를 끝나서 바로 눈의 통증으로 집으로 돌아 왔지만 그날 왠지 모르게 많은 사람들이 교회에 가득했음을 알았습니다. 그 후 사람들의 얘기를 듣고 내가 2007년 전날 보았던 꿈이 영적인 꿈이라는 것을 알았습니다. 나같이 발언권도 없고 작은 여자를 들어 쓰시려는 주 하나님은 분명히 능력의 하나님이시라는 것을 알게 되었습니다. 만약 사람 같으면 많이 배우고 능력 있는 사람을 골라서 쓰겠지만 주 하나님의 일은 아주 작은 자인 나를 통해서 교회의 앞일을 보게 하시면서 지성소인 교회에서 망발을 하며 잣대의 눈금을 휘둘렀던 자들을 책망하셨습니다.

신뢰(信賴)의 길을 가게 하소서.
화살이 시위를 떠나 과녁을 향하듯이
쏜살같이 세월은
삶의 끝의 과녁을 향하여 달리고 있습니다.
그 어느 시에 화살이 과녁을 맞혔을 때는
그것은 되 돌릴 수 없는 삶의 끝일 것입니다.
인생의 삶이란 이렇게 일순간 같건만
우리 모두는 하루가 천년인양
도도하기 이를 데 없이 내일을 비웃고
오늘을 억누르지 못하는 감정들을 감추지 못한 채
거짓, 교만, 시기, 질투, 분노, 미움 그리고 허영으로
화살은 과녁을 향하면서 날아가고 있습니다.
찰나처럼 짧은 인생이건만
많은 사연들로 엉켜서
서로가 서로의 배려를 잊은 채
삶의 진로를 어둡게 하는 화살의 상념대로
거짓된 우리의 교만은 때때로
공의로우신 주의 단상을 어지럽히고
시기와 질투로 눈먼 가슴은 분노로 형제를 미워하며
삶의 허영으로 고통으로 찌든 생각은
사랑을 저버리면서까지
강한 자로 약한 자를 능멸하려는
우리의 죄악을 용서하여 주소서.
주 하나님이시여!
세상적으로 소중한 것들이 결코
우리의 올무가 되지 않게
지혜로 우리들을 붙들어 주소서.
그리고
오직 주 예수그리스도만 신뢰(信賴)하게 하며

기쁨으로 달려가는 우리의 길이 되어서

아바 아버지를 기쁘게 해 드리는 길이 되게 하소서.

아바 아버지를 영화롭게 해 드리는 길이 되게 하소서.

나의 나된 것은 주 하나님의 은혜로 된 것이라는

사도 바울의 고백처럼

우리의 고백이 되게 해 주소서.

나는 살아계신 주 하나님을 경험하였으므로 천국은 확실히 있다는 것을 누구에게든지 말할 수 있습니다. 그와 함께 또 지옥도 확실히 있다는 것을 말하고 싶습니다. 우리의 지식으로는 결코 풀 수 없는 세계가 엄연히 존재하고 있으며 지존하신 주 하나님의 말씀만을 지금도 기다리고 있는 주 하나님의 영들이 있다는 것을 나는 알고 있습니다. 환란날과 그때는 아무도 모르다고 예수님이 말씀하셨듯이, 우리는 늘 깨어 있어 그때를 기다려야 한다는 것을 말하고 싶습니다. 마가복음 13장 27-29절 "또 그때에 저가 천사들을 보내어 자기 택하신 자들을 땅 끝으로부터 하늘 끝까지 사방에서 모으리라. 무화과나무의 비유를 배우라. 그 가지가 연하여지고 잎사귀를 내면 여름이 가까운 줄을 아나니 이와 같이 너희가 이런 일이 나는 것을 보거든 인자가 가까이 곧 문 앞에 이른 줄을 알라."의 성경말씀처럼 우리는 하루하루를 충성되고 주 하나님께 헌신하는 마음으로써 구원의 확신을 가진 자답게 또한 살아야 합니다.

갈라디아서 5장 22-26절 "오직 성령의 열매는 사랑과 희락과 화평과 오래 참음과 자비와 양선과 충성과 온유와 절제니 이 같은 것을 금지할 법이 없느니라. 그리스도 예수의 사람들은 육체와 함께 그 정과 욕심을 십자가에 못 박았느니라. 만일 우리가 성령으로 살면 또한 성령으로 행할지니 헛된 영광을 구하여 서로 격동하고 서로 투기하지 말지니라." 말씀처럼 되도록 우리는 비본질적인 것에 서로 격동하지 말고 투기하지 말아야 한다는 것을 성경에서 볼 수 있습니다.

마가복음 13장 32-33절 "그러나 그 날과 그 때는 아무도 모르나니 하늘에 있는 천사들도, 아들도 모르고 아버지만 아시느니라. 주의하라. 깨어 있으라. 그 때가 언제인지 알지 못함이니라." 말씀대로 우리는 주 하나님이 예비하신 그 알지 못하는 날을 대비하여 믿는 자로서 두렵고 떨리는 마음으로 그날을 기다려야 한다고 생각합니다.

요한복음 3장 16절 "하나님이 세상을 이처럼 사랑하사 독생자를 주셨으니 이는 저를 믿는 자마다 멸망치 않고 영생을 얻게 하려 하심이니라." 말씀대로, 그리고 요한복음 14장 6절 "예수께서 가라사대 내가 곧 길이요 진리요 생명이니 나로 말미암지 않고는 아버지께로 올 자가 없느니라." 말씀대로 우리 모두는 주예수의 이름으로 진리인 지혜로 생명의 길을 각자가 스스로 자기의 선택을 해야만 한다는 것을 강조하며 말하고 싶습니다. 그래서 예수 그리스도의 말씀을 붙들고 나는 진실로 예수님의 제자 되어 그가 지명하신 곳을 가기를 열망하며 나의 길을 선택할 수 있는 용기를 가질 수 있는 나의 결정에 진실로 하나님께 감사를 드립니다.

❷ 갈등하는 영들의 세계
🎈 *2006년~2007년 이야기*

　내가 처음 M을 만났을 때는 2006년도 유월쯤 되었을 때었습니다. S가 가정 사정으로 사표를 낸 후 두 번째 사람으로 일을 시작하여 채용이 된 여자였습니다. 그 여자는 이집트에서 왔습니다. 언뜻 보기에는 평범한 여자 같았지만 그렇게 평범한 여자가 아니란 것을 같이 한 사무실에서 일을 하면서 알게 되었습니다. 교만과 허영과 허세가 가득한 그 여자는 나의 검소함에 아무 이유없이 수시로 얕잡아 보고 비웃었습니다. 서로 대화할 기회만 있었다 하면 그 여자는 자기의 사생활을 거침없이 자랑했습니다. 나도 역시 흠이 많은 여자라서 처음에는 몇 번 대꾸를 해 주었습니다. 하지만 실속 없는 둘의 대화 중에 그 여자의 교만과 허영과 허세에 질려버려서 그 여자에게 서서히 환멸을 갖는 나를 보게 되었습니다. 그리고 내가 계속 맞장구를 치기에는 빠르게 지나가는 시간으로 하루의 근무일과만 지연되는 안타까움이 있었기에 그 여자의 말을 대충 듣고서 곧 일에 몰두하려면 곧 바로 신랄한 그 여자의 비난이 등 뒤에서 나를 괴롭혔습니다. 그 여자는 자존심이 강한 여자라서 나의 태도가 자기를 무시한다고 생각했기 때문이었습니다. 비본질적인 것에 자기의 자존심을 거는 여자에게는 어떤 말이 통하지를 않았습니다. 그 여자는 내가 하나의 자기의 심심풀이 도구정도로 생각을 했던 것이었습니다. 나는 그 여자가 진실된 삶의 의미를 알까 하는 생각도 해 보았습니다.

　그러한 그 여자의 진심을 읽고 되도록 부딪치지 않으려고 나름대로 노력을 했습니다. 그 여자가 무서워서가 아니라 그 여자가 믿고 주장하는 인생이 불쌍해서 조용히 나름대로 바쁘게 하루를 보내었습니다. 그러나 한 사무실에서 단 둘이 일을 하다보면 어쩔 수 없이 대면하는 경우가 많았습니다. 때때로 그 여자는 나에게 자기 자랑을 하고 싶어 했습니다. 나를 부드럽게 불러서 즐거운 듯이 자기가 어제 미장원에 가서 얼마나 돈을 썼는가를 열심히 얘기를 해 주었습니다. 그 여자가 어젯밤에 미장원에 쓴 지출의 액수는 나의 상상을 초월하는 돈의 액수였습니다. 내가 그 여자가 쓴 액수에 조금 놀란 듯 하니까 그 여자는 마치 자기가 나의 정곡이라도 찌른 것 같은 표정으로 '너는 나처럼 이렇게 돈을 써 보지는 못 했을 거야.' 하듯이 그 여자의 입 꼬리는 야비하게 보이는 비웃음으로 가득 찼습니다. 나는 지극히 현실적이고 검소한 생활을 하는 여자라서 그 여자가 나에게 근무시간 중에 나에게 허세를 부리는 것을 이해할 수가 없었습니다. 그 여자의 낭비벽에 그 여자를 부러워하는 마음대신 열심히 움직이는 그 여자의 얇은 입술을 바라보면서 아무생각 없이 그저 듣고 있노라면 대화의 연결이 없는 자기만의 말에 갑자기 모욕을 받았는지 화를 버럭 내곤 했습니다. 그리고 쏜살같은 화살처럼 쏟아 내는 말은 자기는 내가 사는 타운하우스 따위에서는 너무 좁아 서 살 수 없다고 하면서 비웃었습니다. 나는 그 여자와 결코 맞상대를 하고 싶지는 않았지만 분명하게 이렇게 얘기를 해 주었습니다. "사실 여자가 혼자 살면서 커다란 집만 있으면 뭐하니 타운 하우스도 나한테는 네 집만큼이나 큰 것 같다." 하고 돌아앉아서 일을 했습니다.

그 여자는 분이 풀리지 않은 듯이 계속 나를 격동시키고 있었습니다. "여자가 혼자 살면서 어떻게 혼자 집을 지닐 수 있느냐?"고 하면서 아마도 남자들이 보태주었을 것이라 하면서 불필요하게 나의 자존심을 긁고 있었습니다. 나는 조용히 가슴을 누르면서 차분하게 그 여자에게 대답을 했습니다. "네가 믿는 믿음으로는 그래야 하겠지만 내가 믿는 믿음은 그동안 주 하나님이 내게 가능하게 하셨으므로 남자들의 도움을 받아가며 살지 않게 성실히 정직히 벌어서 살 수 있게 능력을 주셔서 그런 일은 없었단다." 하고 눈을 똑바로 맞추어 주었습니다. 나는 그 여자의 사치와 교만과 남을 함부로 정죄하려는 것이 극을 달해서 나를 자주 격동을 시키려는 것에 마음에 걸렸습니다. 그 여자는 여러모로 내가 자기 손아귀에 넣어지지 않자 자기가 믿는 무슬림들을 부르고 있었습니다. 그러한 그 여자를 보고 사람이 얼마나 악한 존재일수 있는가를 눈으로 역력히 목격하게 되었습니다. 마치 창세기 39장에서 나오는 보디발의 아내가 요셉에게 한 생각이 났습니다.

그 여자는 자기의 남편이 은행에서 부장급(Accounting Controller)으로 근무한다고 했습니다. 그래서 버는 수입이 대단하다고 자랑을 했습니다. 그리고 자기는 일을 할 필요가 없지만 무료하게 집에서 지내는 것이 싫고 또 대학까지 나와서 살림만 하는 것은 낭비라고 했습니다. 그래서 자기는 순전히 자기의 경력을 위해서 일을 하는 것이라고 말을 했습니다. 그러면서 덧붙여 나에게 말을 했습니다. 자기는 나와 전적으로 근본이 다르다고 했습니다. 마치 너 따위는 감히 부장급과 같은 남자와 결혼할 수도 없을 거야, 하는 태도를 거침없이 해 보이는 그 여자는 한마디로 세상적으로 말을 하면 속물중의 속물의 여자였습니다. 나는 가만히 그 여자의 말을 듣고 있다가 기가 막혀 내 두 눈동자를 잠시 천장에 응시를 했습니다. 나는 이 여자의 생각하는 머리가 의심스러웠습니다. 생각하고 토해 내는 말이 그 여자는 하나부터 열까지 악으로 가득 차 있었기 때문입니다. 구태여 같이 일하는 동료를 시간만 나면 깎아 내리려는 그 여자의 저의가 도대체 알 수가 없었습니다. 같이 일을 하겠다는 것인지 어쩌겠다는 것인지 이해가 도무지 되지를 않았습니다. 처음에는 그저 우호적인 관계를 유지하려는 마음으로 듣고만 있었다가 어느 때부터인가 마음으로 선을 그어야 할 것 같아서 일을 핑계로 일만 하게 되었습니다.

이런 내 태도를 눈치 빠른 그 여자는 알고 사사건건으로 나를 대적했습니다. 그 여자는 자기 남편의 친구가 지금 다니고 있는 회사에서 중역으로 일을 한다면서 은근히 자기의 뒷배경을 얘기를 해 주었습니다. 나는 그러냐고 하면서 누구냐고 묻지는 않았습니다. 사실 누구인지 알고도 싶지 않았기 때문이었습니다. 그 여자는 구태여 나에게 누구라고 분명하게 얘기를 했습니다. 그 사람은 회사 이사였습니다. 나는 그 사람의 이름을 기억하고 싶지도 않았습니다. 그 여자의 뒷배경을 아는 사람들은 모두 그 여자에게 아부를 했습니다. 그리고 그 알랑알랑 거리는 사람들에게 그 여자는 나를 비평을 하고 다녔습니다. 그 여자에게 나에 대한 비평을 들은 사람들은 이유없이 나를 견제하려고 했습니다. 그것을 매니저는 의식을 했지만 크리스천과 모슬렘이라는 종교적인 장벽이기 때문에 묵묵부답했습니다.

어느 날에 내가 집에서 하루 휴가를 보내는 중이었습니다. 갑자기 내 마음의 중심이 녹는 듯이 아픔과 함께 이해할 수 없는 불안이 내 영을 흔들고 있었습니다. 그때 성령님이 내게 무릎을 끊게 하시면서 기도하게 하셨습니다. 나는 열심히 기도를 했습니다. 기도가 끝난 후에 매니저에게서 전화가 왔습니다. 매니저는 화가 난 음성으로 자기가 찾는 것을 내게 물었습니다. 전화를 끊고 난 후 성령님의 시키셨던 기도들을 기억하면서 아마도 회사에서 무슨 일이 있었구나, 하는 직감을 했습니다. 그 이튿날 아침 출근을 해 나는 매니저에게 시간을 내어 달라고 하면서 매니저의 사무실에서 성령님이 내게 시킨 기도들을 기억하면서 하나하나 문제들을 매니저에게 지적하여 주었습니다. 그러자 매니저는 내게 매우 미안해 하면서 내가 말하는 것들을 인정하여 주었습니다.

그 후 매니저는 나에게 각별히 신경을 써 주었습니다. 나는 성령님이 돌연히 시킨 기도로 인해서 회사에서 내가 받았던 대우가 얼마나 나쁜 상황이었나를 알게 되었습니다. 그것은 거의 해고조치 일보직전이었습니다. 그러던 중 그 여자의 악영향으로 인하여 나에게 반감을 가진 사람들이 내게 심한 불평을 하였을 때 그들은 사사건건 고의로 문제를 제시하며 나를 곤란하게 하였고, 또 나의 근무시간 중에 해야 할 일들 처리하지 못하게 시간들을 지연시켰습니다. 알고 보니 그들은 대부분 무슬림들이었습니다. 그들은 내가 크리스천이라는 것을 알고 일부러 나를 곤경에 처할 구실을 찾고들 있었습니다. 내가 아는 크리스천들은 결코 사람들을 종교로 묶어 비겁하게 여럿이 한사람을 곤경에 처하게 하지 않는다는 사실과 무슬림들의 다른 면을 보게 되었습니다. 나에게는 아무도 정죄할 권한은 없었지만 그들의 믿는 믿음이 너무 세상적이라서 가슴이 몹시 아팠습니다. 그들은 자신들이 믿는 초월하지 못한 믿음으로 인간적인 신앙으로 머무르면서 그들의 영을 얼마나 어둡게 한다는 것을 전혀 이해하지들 못하고 있었습니다. 다만 그들이 아는 것은 무리를 지어 상대를 두렵게 하는 것입니다. 다행스럽게도 그 중에서도 소수인 선한 무슬림은 그들의 행동을 못마땅해 했습니다.

그 여자는 계속적으로 사람의 힘으로 나를 시험하려 하였지만 나는 모든 문제를 주님 앞에 내려놓고 주님의 공의로우신 판단이 그 여자와 내게 분명히 계시기를 바랐습니다. 그리고 나는 계속적으로 그 여자를 이해하려고 갖은 노력을 다 했습니다. 그것은 내가 그 여자에게 최선을 다 하려는 나의 인내의 모습이었습니다. 그 여자가 나를 표적을 하고 내가 회사에서 견디다 못해 스스로 사표를 쓰고 나가게 집요하게 무리들과 괴롭히고 있었을 때 나는 육신적으로 정신적으로 그 고통을 감당을 하고 있지를 못 했습니다. 나의 기도는 매일 주 하나님께 그 여자와 나의 화목을 놓고 기도를 했습니다. 그러던 중 2006년이 채 가기 전 10월 어느 날, 그 여자는 사무실에서 그 여자의 책상 앞에 앉아서 눈물을 펑펑 흘리면서 울고 있었습니다. 왜 그러냐는 나의 관심과 위로에 악에 찬 눈으로 나를 떼밀었습니다. 얼마 후에 안 소식은 그 여자의 막내아들이 집안에서도 없는 불치병이 갑자기 생겨서 지금 고통받고 있다고 했습니다. 그로 인해 그 여자의 고통은 그 여자를 더욱 간악하게 했습니다. 그 여자의 고통은 수시로 내게 그 여자의 입으로 표독하게 표현되어 전해졌습니다. 사람이 곤경에 처해 보면 뒤를 돌아보고 자신을 회개를 하면서 절대자이신 하나님께 자신을 맡기는 것이 연약한 인간의 도리인데 그 여자의 마음에는 감당할 수 없는 현실 앞에 누구에 게든지 원망으로 가득 차 자기에게 당면한 불행에 대한 분풀이를 하려고 했습니다.

그러던 중 어느 11월에 그 여자의 딸의 학교에서 급하게 그 여자에게 연락이 왔습 니다. 그 여자의 딸이 아파서 학교에 계속 있을 수 없으니 속히 병원에 데려고 가라는 연락이었습니다. 그 여자는 부랴부랴 자기의 책상을 정리하고 그 여자의 딸을 데리 러 회사에서 딸의 학교로 떠났습니다. 그 이튿날 그 여자는 그전보다 더욱 참담해 했 습니다. 그 후 사무실에서 그 여자는 그 여자의 책상 앞에서 울고 있는 날이 많아졌 습니다. 그래서 때로는 내가 위로를 해 주었습니다. 그 여자에게 내가 너를 위해 기도 해 주기를 원하냐고 하였을 때 그 여자는 고개를 끄덕이며 승낙을 했습니다. 그 여자 와 나는 같이 기도를 하면서 아이들이 하루 속히 낮기를 기도를 했습니다. 내가 끝으 로 예수님 이름으로 그 여자의 아이들을 위해 기도를 해도 되느냐고 물었을 때에 그 여자는 그러라고 할 정도로 마음을 많이 비웠습니다. 그 후 계속적으로 그 여자의 두 눈에서는 눈물이 마를 새가 없었습니다.

그리고 얼마 후 그 여자는 가정 사정으로 잠시 직장을 쉬겠다는 휴직계(Leave of absent)를 내고 회사에서 떠났습니다. 후에 들은 얘기로 그 여자의 딸이 자궁 쪽에 암 진단을 받았다고 했습니다. 크리스천 회사 동료들과 나는 그 여자의 아이들이 속 히 쾌차하기를 바라면서 그 여자의 가족을 위해 기도를 했습니다. 그동안 그 여자의 자리는 임시직원으로 자리가 여러 번 채워져 있다가 그 여자의 휴직달이 끝났으므로 그 여자가 그 여자 자리로 돌아올 수 있었습니다.

그 여자가 그 여자 자리로 석 달 만에 돌아왔을 때 그래도 변하지 않은 그 여자의 태도였지만 많은 풍상 가운데 전처럼 기가 살아 있지는 않았습니다. 크리스천인 우리 의 기도의 보람이었는지 그 여자의 아이들은 전처럼 건강하지는 않았지만 많이 쾌차 하게 되었다고 했습니다. 그동안 그 여자의 가정은 세 아이들과 남편의 병원비로 인해 가산이 허비가 되어서 가지고 있던 집을 팔아서 줄여 가야 할 형편이라고 했습니다. 그리고 여유 없는 생활비로 예전처럼 호의호식을 할 수 없다고 했습니다. 막내아들의 병과 열다섯 살 딸의 병이 안정으로 찾아가자 그 여자는 서서히 예전의 모습으로 돌 아가면서 더욱 악랄해져 갔습니다. 창세기 8장 21절 말씀에 "그 중심에 이르시되 내가 다시는 사람으로 인하여 땅을 저주하지 아니하리니 이는 사람의 마음의 계획하는 바가 어려서부터 악함이라." 라고 한탄하셨듯이 회개가 없는 인간은 악하다는 것을 알게 되었습니다. 그리고 옛날 중국의 조나라 때 순자가 성악설을 주장했던 것은 인간은 본래부터 태어날 때부터 악하다고 했던 것이 실로 실감하게 되었습니다.

그 여자의 이기적인 심리와 배타적인 태도는 충분히 나를 또다시 긴 고통의 시간을 보내게 했습니다. 그래서 나의 고통을 견디다 못해서 우리 부서의 매니저에게 나의 고통을 얘기를 했습니다. 매니저는 그 여자의 남편이 자기의 BOSS인 회사 이사(Division Director)와 절친한 친구라는 사실에 약간의 조처로 무마하려고 했지만 별 효과가 없었음을 알게 되었습니다. 그리고 양심적인 매니저로서 그 여자의 악랄함을 보았고 그 여자 하는 대로 그 여자를 두둔하고 보호만 하기에는 자신의 자존심이 더 이상 자기의 자리를 지탱해 주지 않는다는 것을 알게 되었습니다.

그러던 중 돌연 매니저는 다른 회사로 직장을 옮겨 가 버렸습니다. 직장을 옮겨가기 전에 매니저는 나의 월급을 올려주고 회사를 떠났습니다. 그리고 나에게 격려를 해 주었습니다. 너는 정신적으로 강하니까 잘 감당할 것을 믿어 의심치 않는다고 했습니다. 내가 강하다고 보는 것은 그런 악조건 속에서도 묵묵부답하게 일을 잘하였기 때문이었지만 사실 나도 역시 남들처럼 한없이 약할 수도 있었습니다. 내가 사람들에게 강하게 보였던 것은 하나님 아버지께 끊임없이 기도면서 주 하나님이 나를 붙드셨고 인도하셨고 격려해 주셨으므로 그 위로 받음으로 마음을 다해 의지하였다는 사실을 그들은 모르기 때문에 피상적으로 본 나를 인간적으로 강해보였다고 단정 지을 수 있었습니다.

매니저가 다른 직장으로 자리를 옮겨간 후에 그 자리에 두 달 미만의 공백이 있었습니다. 그 빈자리는 즉시 여자 회계부장(Accounting Controller)의 수족과 같은 사람으로 채워졌습니다. 여자 회계부장의 남자는 한때 그 여자 M과 의기상투했었던 무슬림이었습니다. 그 남자가 매니저의 자리에서 보조일을 하면서 나를 은근히 눈을 부릅뜨고 겁을 주는 등 나를 정신적으로 위협을 했습니다. 나도 역시 영적으로 만만치 않은 사람이라 나의 두 눈을 똑바로 뜨고 결코 겁을 먹고 있지 않았다고, 내 뜻을 그 남자에게 전해 주었습니다. 예레미야 1장 19절 "그들이 너를 치나 이기지 못하리니 이는 내가 너와 함께하여 너를 구원할 것임이니라. 여호와의 말이니라." 말씀의 위로가 있은 후에 그 남자는 별것도 아닌 것을 가지고 내게 언성을 높이고 이제는 자기의 파워로 나를 누르려고 했습니다. 그때 성령님의 지혜가 나와 함께 하셨습니다. 그 다음 날부터 우연히 회사에서 빨리 새로운 매니저를 채우라는 명령이 있었는지 부지런히 여자 회계부장이 새로운 매니저 자리를 인터뷰를 보게 되었습니다.

그 후 두 달이 못되어서 새로운 매니저가 채워졌습니다. 새로운 매니저는 다른 매니저들 하고 전혀 성격이 다른 사람이었습니다. 그 새로운 매니저는 M의 뒷배경을 염두에 두고 그 여자에게는 친절을 다하였고 나에게는 눈에 뛰게 박대를 하기 시작했습니다. 같이 앉아서 부서 미팅을 하려면 장황하게 말을 하면서 사뭇 주인과 하인의 격을 두었습니다. 그러는 사이에 M 그 여자의 교만 방자한 행동은 날로 높아만 같았습니다. 마치 세상을 다 쥔 것 같은 그 여자의 태도는 무식을 지나서 안하무인격이 되었습니다. 매니저와 합세하여 나를 곤란하게 만들면서 둘이는 친하게 다녔습니다. 나는 매일 기도를 하면서 나의 모든 문제를 주님 앞에 내려놓고 주님의 공의로우신 판단이 그 여자와 내게 분명히 계시기를 바랐습니다. 그리고 나는 계속적으로 그 여자를 이해하려고 갖은 노력을 다 했습니다. 그것은 내가 그 여자에게 할 수 있는 나의 최선이었고 나의 피눈물 나는 크리스천으로서의 인내였습니다. 여자 회계부장은 나를 처음부터 못마땅해 하였지만 사리가 있는 여자였습니다.

그러던 어느 날 매니저와 내가 의견이 엇갈리면서 매니저를 뽑았었던 여자 회계부장에게 가서 매니저의 부당한 나의 고통을 털어 놓았습니다. 여자 회계부장은 나를 부드럽게 달래주었습니다. 참으로 주 하나님의 보호하심이 그때 내게 있었다는 것을 알게 되었습니다. 본사에서 어떤 규칙이 내려 와서 그 규칙에 의하면 매니저라도 함부로 같이 일하는 동료들에게 말을 하는 것을 금하는 조항이었습니다. 그러는 사이에 일 관계로 M 그 여자와 매니저가 서로 얼굴을 붉히고 있었습니다. 아마도 여자 회계부장이 어떤 일을 매니저에게 맡겼는데 그 일이 그 여자 쪽에서 마무리를 못하고 있는 상태라서 그러는 것 같았습니다. 매니저는 아마도 신랄하게 일의 마무리의 중요성을 놓고 그 여자의 자존심을 강하게 건드렸던 모양이었습니다. 그것은 어느 날 그 여자가 울먹이는 모습에서 볼 수 있었습니다. 곧 그 여자는 사표를 냈고 회사에서도 그 즉시 그 여자의 사표를 수리했습니다. 말씀이 내 심중에 있어서 나를 더욱 근신하게 했습니다.

잠언 24장 17-18절 "네 원수가 넘어질 때에 즐거워하지 말며 그가 엎드러질 때에 마음에 기뻐하지 말라. 여호와께서 이것을 보시고 기뻐 아니하사 그 진노를 그에게서 옮기실까 두려우니라."

그 여자가 회사를 그만두기 전에 일이었습니다. 간밤에 잠결에 깬 나는 무엇인가가 나를 짓누르는 것을 알았습니다. 어두움 속에서 짙은 어두움의 그림자를 보았습니다. 그 어두움이 이불 위에서 나의 몸을 어쩔 줄을 모르면서 누르고 있었습니다. 그것은 마치 어떤 물체가 실제로 살아있는 어두운 그림자의 모습이었습니다. 순간 나는 침착하게 이런 경우에 대비해서 성령님의 가르침이 생각났습니다. "나를 괴롭히는 너, 예수 그리스도의 이름으로 명하노니 예수 그리스도의 보혈의 피로 묶임을 받아 예수 그리스도의 권세로 영원한 무저갱으로 들어갈지어다. 아멘! 아멘! 아멘!" 나의 외침을 들으며 괴성을 지르면서 떠나가는 어두움의 그림자는 최후의 발악을 했습니다. 얼마를 지났을까 내 마음에 평안이 오는 것을 알았습니다. 새벽 두시 그때 나의 지르는 소리에 옆방에서 인기척을 했습니다. 비록 잠결이었지만 나는 예수 그리스도께 감사 기도를 드렸습니다. 나를 대적한 저 원수 마귀를 예수 그리스도의 이름으로 물릴 칠 수 있는 용기와 지혜를 주신 성령님께도 감사 기도를 드렸습니다.

어제 무슬림 여자인 그 여자가 이유 없이 나를 대적을 했습니다. 주위에서는 그 여자의 지나친 행동이 이해할 수 없는 종교적인 것 같다고 말들 했습니다. 그 여자의 지나친 행동은 나의 자존심을 자주 흔들어 놓았지만 믿는 자로서 나는 최선으로 침착성을 지켰습니다. 내가 앞으로 선교를 가야 할 곳이 잡다한 종교를 믿는 곳이기에 하나님은 나를 이렇게 훈련을 시키시는구나, 그리고 간밤의 악몽을 이긴 힘은 예수 그리스도의 보혈의 힘이라는 것에 새삼 살아계신 하나님의 능력을 실감 했습니다.

출근을 하기 전에 나는 꼭 조반을 먹습니다. 부엌에서 밖을 내다보면 키가 집만큼 큰 무성한 나무 두 그루가 있습니다. 그 나무들은 내게 바뀌는 계절을 보여 줌으로 나는 그 나무들을 바라보며 매일 아침을 즐깁니다. 때로는 작은 새들이 속삭이며 오고가고 평화롭게 쉬어도 갑니다. 월요일 아침 나는 참으로 기이한 것을 보았습니다. 그날 아침도 평상시와 같이 아침을 준비하고 있었습니다. 우연히 마주친 까마귀의 지나감에 나는 무의식중에 부엌 창문 밖을 보았습니다. 거기에는 여러 가지 새들과 함께 까마귀들도 있었습니다. 자신도 모르는 불쾌감이 나를 누르고 그 까마귀들을 쫓고 있었습니다. 까마귀들을 쫓는 내 모습에 까마귀의 눈동자와 마주치기도 했습니다. 그들은 왼 여자가 방방 뛰나 하면서 유연히 창밖을 왔다갔다 했습니다.

하루 이틀 그리고 삼일 째 되는 날 아침, 나는 낮고 조용한 주님의 음성을 들었습니다. "너의 작은 겨자씨의 믿음으로 큰 나무가 되어라. 부엌 창밖의 나무가 모든 새들을 품었듯이 너도 그들을 품고 세상의 큰 나무가 되어라." 역시 아바 아버지는 내게 에티오피아 선교를 구체적으로 지적을 하시는구나, 하는 생각이 들었습니다. 그리고 아침을 먹고 출근을 했습니다. 출근 후 나는 이유 없이 나를 대적했던 무슬림 여자와 눈을 마주쳤습니다. 순간 낮고 조용한 주님의 음성이 생각났습니다. 나는 크게 아침 인사를 했습니다. 그 여자도 마지못해 인사를 받았습니다. 아마 속으로 자존심도 없는 여자라고 비웃었을 거라고 생각하니 속이 거북했습니다. 하지만 나는 주 하나님을 생각하면서 나 자신을 내려놓았습니다. 주님을 생각하면 내 자존심 따위는 그렇게 중요하게 생각지 않았습니다. 주님을 생각하면서 그 무슬림 여자와 화평하기를 먼저 했습니다. 나의 모습에 회사 크리스천들이 소리 없는 박수를 보내고 있다는 것을 내 영이 알았습니다.

나를 이유없이 견제했던 여자 회계부장이 미소를 던졌습니다. 나는 하나님께 감사 기도를 드렸습니다. 내가 비록 작은 믿음을 가졌지만 주님이 주시는 넉넉한 사랑을 줄 수 있다는 자신에 하나님께 감사기도를 드렸습니다. 우리를 한없이 사랑하신 하늘에 계신 아바 아버지 그리고 그 아버지를 죽기까지 순종하신 예수님 또 우리의 영을 위해 끝없는 수고로 지혜를 공급하시는 성령님께 감사, 감사, 감사를 드렸습니다. 나에게 지혜와 사랑을 일깨워 주시는 이런 하나님을 나는 사랑합니다. 용서... 그것은 서로의 마음을 열게 하는 작은 시작인 것 같습니다.

하나님께 회개가 없는 영들은 살았어도 죽은 영들이요, 하나같이 그들의 교만으로 스스로 쌓아놓은 바벨탑에 높여져서 낮아질 줄 모르는 기세로 세상을 잡은 줄 알겠지만 그것은 마치 오아시스에서 보는 신기루의 환상일 뿐입니다. 세상을 번민과 끊이지 않는 싸움을 도모하는 자들은 그들의 교만이 올무가 되어 주 하나님이 예비하신 백보좌 심판대 앞에서 그들의 죄가 백일하에 들어날 것이고 그 죄악들로 인하여 영원한 풀무불에 던져짐을 어찌 다 감당할 수 있을까, 결국에는 불못에서 고통을 못 이겨서 이를 갈 것이요, 하나님께 회개가 없는 영은 살았어도 죽은 영들이요, 적은 지식에 큰 지혜를 가진 양 교회를 핍박하고 보이지 않는 어두움의 세력들에 사로 잡혀서 성령을 훼방하는 스스로의 얼굴을 볼 수 없는 자들은 적은 지식을 자랑하며 자신의 오만불손이 올무가 되어 주님의 때에 주님의 지혜를 바라볼 수 없을 것을 수치로 생각하고 자신을 불쌍히 생각하소서. 하나님께 회개가 있는 영은 살아있는 말씀을 믿는 자로 믿음으로 예수 그리스도를 사랑하고 교회의 몸에 순종을 제사보다 먼저 하는 자로서 교회를 일으키는 몸에 역할을 충실히 하는 헌신으로 하나님을 기쁘시게 하는 믿음의 사람이라는 것을 알고 주님의 때에 거룩한 면류관이 기다리는 것을 나는 확실히 알았습니다.

3. 꽃잎들이 한잎 두잎 떨어지는 그날

꽃잎들이 한잎 두잎 떨어지는 그날 아침
우리는 놀랐었고 경악(驚愕)을 금치 못했다네.
한 영혼이 깊은 수렁의 나락으로 떨어질 때
그는 우리의 수족 중에 수족(手足)이었다네.

한 영혼의 고통과 고독을 우리가 들었다면
우리는 그를 가슴에 품고 같이 울었을 것을
우리의 수족의 한 부분을 잃은 것 같은 아픔들이
상처처럼 우리의 가슴을 회한(悔恨)같이 후비네.

꽃잎들이 한잎 두잎 떨어지는 아픔의 절규들
그들이 남기고 간 사랑하는 자들의 고통들을
그 어느 누가 사랑 하는 자들처럼 애도(哀悼)할 수 있을까
사랑하는 자를 잃은 그들의 고통을 주여 위로 해 주소서.

주 여호와를 떠난 우리는 결코 온전할 수 없음을
거친 세파의 인생살이에서 늘 겪고 있음 경험하네.
하늘에 계신 우리의 아바 아버지는 그것을 알고 계시기에
우리의 연약함을 도우시기 위해서 주 예수 보내셨네.

만일 우리가 우리 입으로 예수를 주로 시인하며
또 하나님께서 그를 죽은 자 가운데서 살리신 것을
우리의 마음으로 믿는다면 우리는 구원을 얻으리라.
말씀을 믿고 하나님의 거듭난 영적인 자녀가 될 수 있네.

사람이 마음으로 믿어 의에 이르고 입으로 시인하여
구원에 이르는 것이 진리 중에 진리라는 것을 안다면
하늘에 계신 아바 아버지의 사랑을 우리는 말할 수 있네.
우리 이제 일어나서 한 영혼이 실족치 않게 그 사랑을 전하세.

4. 나의 명이 다하는 그날

나의 명(命)이 다하는 그날
나는 하얀 세마포를 입으신 주님을 보리라.
그날은 숙원(宿願)의 날로 귀(貴)한 날일세.
세상살이 나그네 길에서 얻은 풍상(風霜)을
주님의 거룩한 보좌 앞에 내려놓고 위로받는 날일세.

나의 명(命)이 다하는 그날
나는 하루가 더딘 것 같은 조바심으로 그날을 맞으리라.
그날은 긴긴 여행에서 본향(本鄕)으로 돌아가는 날일세.
세상에 두고 가는 미련이 있거들랑 세상에 두고
주님의 거룩한 안전(案前)에 가서 쉼을 얻겠네.

나의 명(命)이 다하는 그날
나는 오직 주만 생각하며 끝까지 삶에 최선을 다하리라.
그날은 하늘에 계신 아바 아버지께서 부르시는 날일세.
세상의 모든 것 내려놓고 홀로 훨훨 날아가는 하얀 새같이
주님의 나라를 향하여 나는 독수리처럼 날아가겠네.

나의 명(命)이 다하는 그날
나는 하얀 세마포를 입으신 주님을 보리라.
그날은 숙원(宿願)의 날로 귀(貴)한 날일세.
세상살이 나그네 길에서 얻은 풍상(風霜)을
주님의 거룩한 보좌 앞에 내려놓고 위로받는 날이네.

나의 명(命)이 다하는 그날
나는 하루가 더딘 것 같은 조바심으로 그날을 맞으리라.
그날은 긴긴 여행에서 본향(本鄕)으로 돌아가는 날일세.
세상에 두고 가는 미련이 있거들랑 세상에 두고
주님의 거룩한 안전(案前)에 가서 쉼을 얻겠네.

나의 명(命)이 다하는 그날
나는 끝까지 삶에 최선을 다하며 오직 주만 생각하리라.
그날은 하늘에 계신 아바 아버지께서 부르시는 날일세.
세상의 모든 것 내려놓고 홀로 훨훨 날아가는 하얀 새같이
주님의 나라를 향하여 나는 독수리처럼 날아가겠네.

5. 비전건축을 위한 버지니아 교통국 허가 승인

　새 성전건축 공사를 시작하기 위해 필요한 마지막 난관이었던 버지니아 교통국 (VDOT) 허가가 승인되었습니다. 5월 25일 금요일에 교통국으로부터 허가승인서를 서면으로 받아, 하나님이 그동안 성도들이 금식하며 함께 기도한 응답을 주신 것입니다. 그 동안 버지니아 교통국은 교회 앞의 교통량 증가를 우려해 차량 이동이 원할할 수 있도록 여러 가지 수정 사항을 요구해 왔었는데, 그 동안 교회에서 그들의 요구를 수용하여 여러 차례의 연구와 설계변경을 통해 이번에 최종적으로 허가를 받을 수 있었습니다. 최종안에 변경된 사항은 교회 앞에서 Pleasant Valley Drive로의 좌회전 차선을 확장하였고, 교회 서쪽에서 진입하는 출입구 2개중 1개를 없애고, 대신에 교회 동쪽 끝에 Emergency Entrance를 만들기로 했습니다.

　앞으로도 세부 공사를 위해 몇 가지 허가를 더 받아야 하지만 이번 허가를 통해 공사를 시작할 수 있게 된 것입니다. 노창수 담임 목사는 성도들에게 허가 소식을 전하면서, 하나님께 감사하며 성도들과 함께 감사와 찬양을 드렸습니다.

　건축위원회는 기공예배를 드릴 날짜를 곧 결정할 것이라고 전했다. 건축담당 이흥배 목사는 허가를 기다리는 동안 세부 도면을 충분히 검토할 수 있는 시간을 가져 공사 도중 설계 변경을 신청할 경우 드는 추가비용을 많이 절감할 수 있어 유익한 시간을 보낼 수 있음을 감사했습니다. 특히 지난 8주 동안 건축 및 설비에 관한 세부 설계 도면을 성심껏 검토해 주신 분들께 감사를 드린다고 전했습니다. 이렇게 세부 도면 검토가 끝났음으로 공사를 담당할 General Contractor를 곧 선정하게 됩니다.

6. 선한 싸움의 고통은

선한 싸움의 고통은
나의 삶속에서 무수히
나의 믿음을 평가하고 있다.
때로는 감당 할 수없는 시험으로
때로는 견디기 어려운 정죄로
사랑 없는 자의 입술로 전해진다.

내가 모든 것을 덮고
모든 것을 다 감당할 수 없다.
나는 완전하지 못한 인간이라서
부족하고 연약하여 쓰러질 수 있다.
그들이 나를 인정(認定)하지 않아도
나는 그렇게 슬퍼할 필요가 없다.

하늘에 계신 아바 아버지는
나의 적은 수고와 헌신을 아시며
나를 믿음으로 세우시기를 원하신다.
나의 안에서 내조하시는 성령님의 인도로
내가 매일 기쁘고 새로워지는 것을
성령님의 음성이 내 마음에 전해지기 때문이다.

인생의 선한 싸움의 고통은
시험을 받더라도 시험을 거절할 수 있는
담대한 용기와 지혜가 필요하다
언제나 내게 주는 삶의 무게는
나를 짓누르고 밟으려고 하지만
그것을 이기는 힘은 오직 믿음인 것을

7. 첫사랑

풋사과빛 사랑이
보랏빛 라일락의 향기처럼
청명한 하늘 위에 수놓을 때
그 사랑 잊지 못해

세월 속에 그리움
빛바랜 사진처럼 가슴 위에
지나간 시간들은 아쉬움에
머무른 기억들은

이제 생각해 보니
살포시 기억되어지는 사랑
그동안 말없이 붙들어 주어
지켜 주었던 사랑

주님의 은혜라네
상처와 고통의 삶속에서도
위로와 격려의 지혜 가운데
이어지는 사랑은

잊었던 지난날을
기억하면서 붙들고 싶었던
버려진 자를 감싸주었던 손
무조건적 사랑을

그 손을 잡으리라
용기로 그 사랑을 붙잡으리
주님을 위해서 살리라
그 사랑 잊지 못해

8. 신뢰의 길을 가게 하소서

화살이 시위를 떠나 과녁을 향하듯이
쏜살같이 세월은
삶의 끝의 과녁을 향하여 달리고 있습니다.
그 어느 시에 화살이 과녁을 맞혔을 때는
그것은 되돌릴 수 없는 삶의 끝일 것입니다.
인생의 삶이란 이렇게 일순간 같건만
우리 모두는 하루가 천년인양
도도하기 이를 데 없이 내일을 비웃고
오늘을 억누르지 못하는 감정들을 감추지 못한 채
거짓, 교만, 시기, 질투, 분노, 미움 그리고 허영으로
화살은 과녁을 향하면서 날아가고 있습니다.
찰나처럼 짧은 인생이건만
많은 사연들로 엉켜서
서로가 서로의 배려를 잊은 채
삶의 진로를 어둡게 하는 화살의 상념대로
거짓된 우리의 교만은 때때로
공의로우신 주의 단상을 어지럽히고
시기와 질투로 눈먼 가슴은 분노로 형제를 미워하며
삶의 허영으로 고통으로 찌든 생각은
사랑을 저버리면서 까지
강한자로 약한 자를 능멸하려는
우리의 죄악을 용서하여 주소서.

주 하나님이시여!
세상적으로 소중한 것들이 결코
우리의 올무가 되지 않게
지혜로 우리들을 붙들어 주소서.
그리고
오직 주 예수그리스도만 신뢰(信賴)하게 하며
기쁨으로 달려가는 우리의 길이 되어서
아바 아버지를 기쁘게 해 드리는 길이 되게 하소서.
아바 아버지를 영화롭게 해 드리는 길이 되게 하소서.
나의 나 된 것은 주 하나님의 은혜로 된 것이라는
사도 바울의 고백처럼
우리의 고백이 되게 해 주소서.

9. 2007년이 되기 전날

주님은 나에게 한 장면을 보여 주셨네.
그곳은 내가 다니는 비엔나 교회의 모습이었네.
우리 모두가 예배를 끝낸 후
교회 문을 나서는데
어디서인지 날아오는 가을의 낙엽들이
성전 안을 향해 날아들어 오고 있었네.
계단을 내려가다가 어느새 수북이 쌓인
밟은 낙엽에 나는 계단 밑으로 미끄러졌네.
내가 일어나서 성전 안을 보았을 때
추풍낙엽(秋風落葉)들이 성전 안을 채우고 있었네.
성전 안을 날아 들어가 뒹군 낙엽들이
서로가 서로에게 소리에 소리를 지르는 것을 내가 들었네.
주여 저희들의 부족함을 용서하여 주소서.
하며 내가 눈물을 흘렸을 때
주님의 긍휼이 새로운 땅에 분명히 있음을
내게 말하기를 바라시나
내가 두려워서 이제까지 입을 열을 수가 없었던 것은
혹 믿는 자들이 나를 어이없다 함일세.
그러나 이제 내가 말해야만 되는 것은
주님이 주시는 축복이 가까이 왔음을 확실히 알게 함일세.

* '2007년이 되기 전날'을 쓰고 꾼 꿈

오랫동안 간직만 했던 주님이 보여주신 장면을
드디어 글로 표현하였을 때
그날 밤 주신 꿈들은 이러했습니다.

내가 망망대양을 항해하고 있었는데
그 바다는 깊이를 짐작할 수 없을 정도로 깊고
또 수정같이 맑고 깨끗했습니다.
그 바다 속은 한 폭의 그림 같은
바다의 세계를 보여주었습니다.
그 바다의 아름다움에 도취되어
자세히 바다를 보니 수많은 하얀 소용돌이들이
바다 밑바닥에서 올라오고 있었습니다.
순간 두려움에 어느 곳에 입항하여 정박하기를
수하의 사람들에게 명령을 하고 바다를 보았을 때
그러나 그 바다의 모습은
여전히 맑은 햇살과 함께 평온해 보였습니다.

그리고 또다시 꿈을 꾸었습니다.
육지에 오른 나는 어느 곳에 도착 했습니다.
그곳은 높은 산위에 세워진 교회였습니다.
그곳은 악취가 났고 더러움에 가득했습니다.
수하의 사람들과 열심히 그곳을 청소를 했지만

넉넉한 물이 없었기에
그릇의 물은 더 이상 쓸 수 없을 정도로
구정물로 가득 했습니다.
그때 사람들의 흥분하며 내는 소리에
내가 그곳을 보았을 때 절벽 끝 높은 꼭대기에서
두개의 광주리를 보았습니다.
한광주리는 다른 광주리보다 두 배로 컸습니다.
큰 광주리에는 살아 있는 새끼 낙지들로 가득했습니다.
그리고 다른 작은 광주리에는 빛 좋은 작은 생선들로 가득했습니다.
내가 그곳으로 달려갔을 때
사람들은 모두 제 정신들이 아니었습니다.
모두들 배고프다고 하며 먹을 것을 달라고 아우성을 쳤습니다.
그리고 손을 쳐들어 살아있는 새끼낙지들을 계속 잡아당기고 있었습니다.
그때 누군가가 내입에 작은 생선 한 마리를 집어넣었습니다.
내가 작은 생선을 입에 문채 땅을 내려다보았을 때
우리들 모두가 위험한 절벽 끝에 서 있음을 알게 되었습니다.
절벽 아래는 한 사람이 하얀 옷을 입고 절벽 위를 바라보며
맑은 물을 담은 그릇 곁에 서 있었습니다.

첫 번째 꿈은 망망대양에 감추어진 하나님의 축복이었고 살아있는 성령의 움직임 이였음을 알게 되었습니다. 하나님의 축복은 망망대양만큼 큰 것입니다. 그리고 망망 대양에서 움직이는 성령의 무한성은 아무도 짐작 못하는 위력이 있는 것입니다. 그리 고 두 번째 꿈은 마지막 때에 교회는 높아져서 교회의 구실을 제대로 하지 못하고 부 패할 대로 부패하게 되는 것을 말하는 것입니다. 그래서 사람들은 자기들만 알고 영 적으로 굶주려서 가슴은 강팍하여 지고 사랑이 없는 것을 말하는 것입니다. 사람들 이 빛 좋은 작은 생선대신 살아있는 새끼낙지를 잡는 것은 사람들은 겸손하지 못하 고 누가 더 큰 것에 치중하다 보니 위험한 절벽 끝까지 서게 됩니다. 죄악이 절벽 끝

에 서 있을지라도 높아지고 싶고 서로 헐뜯고 비방하는 것입니다. 그리고 아무도 낮아져서 절벽 아래에 내려가서 겸손하게 주님이 주시려는 발씻기움을 거절하게 되는 것입니다. 첫 번째 꿈과 두 번째 꿈의 차이는 예비한 축복은 크고 받을 우리의 자세는 절벽 끝에 서 있는 아주 작은 한 부분을 말하시려는 것 같습니다.

마가복음(13:28) "무화과나무의 비유를 배우라 그 가지가 연하여지고 잎사귀를 내면 여름이 가까운 줄을 아나니"

이 꿈을 꾸고 묵상하며 낙지에 대해 연구를 했습니다. 우리나라 속담 중 "문어 제 다리 뜯어먹는 것"은 제 패거리끼리 서로 헐뜯고 비방함을 비유적으로 이르는 말이라고 사전에 나 왔습니다. 문어는 낙지과에 있으며 낙지는 또한 석거(石距 돌석에 떨어질거 또는 겨루다 거)라고 사전에 나 왔습니다.

10. 주 여호와께 감사와 찬양을 드리세

감사의 기도

여호와께 감사하는 것은 그의 선하심과 인자하심과 자비하심이 영원함이로세.

존귀와 영광이신 주 여호와께 기뻐 감사하면서 그의 이름을 부르며 기도하면

그가 우리에게 의의 문을 여시고 그의 행사를 보여 주시리라.

여호와의 생명책에 녹명된 자들이여 여호와로 인하여 기뻐하라.

그의 구원의 계획하심을 열방 중에서 모으시며 말씀의 실현을 잠잠히 기다리시노라.

그 거룩하신 축복에 감사하며 인생에게 행하신 기이한 일을 인하여 그를 찬양할지로다.

할렐루야, 여호와께 감사하라. 그는 선하시며 인자하시며 자비하심이 영원함이로다.

감사의 찬양

감사함으로 여호와께 노래하며 수금과 열줄 비파로 찬송과 찬양하는 자들이여.

하나님께 감사와 찬양으로 신령한 노래를 하는 자들이여.

주 여호와는 우리의 삶의 힘이요 인생의 방패시니 우리는 그를 의지하며 도움을 구하라.

그가 우리를 지명하여 불러 세상에서 가장 존귀한 자로 이름하였기에

서로 찬양으로 화답하며 지선하신 주 여호와 거룩하신 이름에 기뻐 감사 찬송하면

주의 인자하심이 여호와의 전에 가득하며 우리의 지으심을 심히 기뻐하시노라.

할렐루야 여호와께 감사하라 그는 선하시며 인자하시며 자비하심이 영원함이로다.

감사의 인도

영원한 사랑이신 여호와를 우리가 알고 아바 아버지라 부를 수 있는 지혜에 감사드리며 죽을 수밖에 없는 땅의 포로된 자들로 오직 보이는 현실에 급급하여 소망이 없었던 우리들에게 (히브리서4:16) "우리가 긍휼하심을 받고 때를 따라 돕는 은혜를 얻기 위해 은혜의 보좌 앞에 담대히 나아갈 것"을 거룩한 예배로 받으시기를 기뻐하시며 성령 충만한 젖과 꿀이 흐르는 새로운 땅과 비전을 제시하시고 성전 건축의 예비하신 땅으로 우리들의 영혼을 위해 인도하신 아바 아버지께 우리가 열방 중에 주 여호와의 이름으로

감사드립니다.

할렐루야 여호와께 감사하라 그는 선하시며 인자하시며 자비하심이 영원함이로다.

감사의 예물

만일 우리가 스스로 자원하여 감사제를 갖추어 예물을 주 여호와 전에 드린다면

거룩 거룩 거룩하신 지존하신 주 여호와께 두렵고 떨리는 경외하는 마음으로

감사의 희생으로 우리의 삶을 거룩히 구별하여 감사제의 기름으로 드리고

준비한 예물을 마치 신부가 신랑을 맞이하는 기다리는 기쁜 마음으로 드린다면

주 여호와의 인자하심이 함께하시며 감사제가 변하여 화목제로 우리의 삶에 영원함일세.

(시편 116:17) "내가 주께 감사제를 드리고 여호와의 이름을 부르리이다."

할렐루야, 여호와께 감사하라. 그는 선하시며 인자하시며 자비하심이 영원함이로다.

감사의 축복

진정과 신령으로 통회의 눈물을 흘리며 간구하는 우리의 기도 소리를 들으시는

하늘에 계신 우리의 아바 아버지는 기도의 응답과 축복을 기업으로 주시려고 예비하셨
네. 그리스도의 충만한 축복을 구합니다. 저희들의 새 땅에 복음의 지경을 넓혀 주시며

부흥의 꽃으로 만발하게 하옵소서. 세상의 모든 환난과 근심을 저희들에게서 도말하
여 주시고

오직 말씀으로 거듭나서 겸손히 복음의 신발을 신고 전도와 선교의 도구로 사용되게
하시며

주 여호와의 선하심과 인자하심과 자비하심으로 영원히 저희들과 함께하여 주소서.

할렐루야, 여호와께 감사하라. 그는 선하시며 인자하시며 자비하심이 영원함이로다.

보라, 내가 속히 오리니 이 책의 예언의 말씀을 지키는 자가 복이 있으리라, 하더라.

(요한계시록 22:7)

11. 초월한 믿음 초월한 사랑

초월(超越)한 믿음은
하루아침에 얻어지는 것이 아니다.
그긴 고통의 어두운 삶의 터널을 지나
바람을 가르는 질주(疾走)의 아픔을 겪고
자신을 스스로 이길 수 있을 때에
비로소 밝은 햇빛 아래서 풍경의 변화를
초원의 녹색을 푸르름으로 바라볼 수 있다.
그때 주님과 함께 초월(超越)한 사랑은
믿음 가운데 우뚝 설수 있는 나무와 같다.

초월(超越)한 믿음은
끊임없는 훈련 없이 되는 것이 아니다.
수없는 삶의 시험과 유혹의 고난을 지나
바람의 시련을 거슬러 올라갈 수 있는 고통을 안고
자신을 스스로 이길 수 있을 때에
비로소 흑암(黑闇)을 열수 있는 빛의 소망을
찬란한 빛으로 자유하는 마음으로 바라볼 수 있다.
그때 주님과 함께 초월(超越)한 사랑은
믿음 가운데 비상(飛上)할 수 있는 독수리와 같다.

초월(超越)한 믿음은
하루아침에 얻어지는 것이 아니다.
그긴 고통의 어두운 삶의 터널을 지나
바람을 가르는 질주(疾走)의 아픔을 겪고
자신을 스스로 비울 수 있을 때에
비로소 밝은 햇빛 아래서 풍경의 변화를
초원의 녹색을 푸르름으로 바라볼 수 있다.
그때 주님과 함께 초월(超越)한 사랑은
믿음 가운데 우뚝 설 수 있는 나무와 같다.

초월(超越)한 믿음은
끊임없는 훈련 없이 되어지는 것이 아니다.
수없는 삶의 시험과 유혹의 고난을 지나
바람의 시련을 거슬러 올라갈 수 있는 고통을 안고
자신을 스스로 이길 수 있을 때에
비로소 흑암(黑闇)을 열수 있는 빛의 소망을
찬란한 빛을 자유하는 마음으로 바라볼 수 있다.
그때 주님과 함께 초월(超越)한 사랑은
믿음 가운데 비상(飛上)할 수 있는 독수리와 같다.

12. 하늘에 계신 나의 아바 아버지

하늘에 계신 나의 아바 아버지
나를 낳으셨고 나를 기르셨네.
남보다 가진 것 없는 비록 빈손일지라도
초라한 모습 속에 넘치는 자신감 있는 것은
내게는 거룩 거룩 거룩하신 아바 아버지가 계시다네.

하늘에 계신 나의 아바 아버지
나를 낳으셨고 나를 기르셨네.
아무도 눈여겨서 돌아보지도 않을지라도
작은 삶에 더 많이 웃고 성실할 수 있는 것은
내게는 거룩 거룩 거룩하신 아바 아버지가 계시다네.

하늘에 계신 나의 아바 아버지
나를 낳으셨고 나를 기르셨네.
인생의 방황 속에 절망만이 있었을지라도
말씀의 지혜로 예수님의 평안이 있는 것은
내게는 거룩 거룩 거룩하신 아바 아버지가 계시다네.

하늘에 계신 나의 아바 아버지
나를 낳으셨고 나를 기르셨네.
세월과 함께 고난과 시련이 있었을지라도
부족한 가운데 풍성히 감사할 수 있는 것은
내게는 거룩 거룩 거룩하신 아바 아버지가 계시다네.

13. 생각나는 사람

토요일, 늦은 아침잠이 깨어보니
무엇인가 내 가슴을 아직도 누르고 아프고 있다.
생각나는 사람
아픔을 감추고 웃는 그 말간 얼굴
내가 그 말간 얼굴을 위하여 할 수 있는 일은
지극히 제한되어 있다

지나간 회상 속에 잠겨보니
내가 누구의 도움을 받았나 기억이 된다.
생각나는 그 도움
나의 고통과 절망 속에 나를 붙잡으신 예수님
내가 할 수 있는 것은 그 말간 얼굴을 위하여
조용히 주님께 기도를 해봅니다.

사랑과 은혜가 풍성하신 주님이시여
나의 작은 입술로그 말간 얼굴의 아픔을 드립니다.
주님이 주시는 사랑으로
그 말간 얼굴을 덮으시고 감싸주시고 품어 주소서.
그 말간 얼굴의 자녀들과 가정을 붙들어 주시고
고통 속에서도 오직 예수만 붙드는 지혜를 주세요.

그 긴 버려진 어둠의 시간 속에
어두움을 이길 수 있는 용기를 허락하여 주세요.
빛 가운데 걸어가는
주님의 딸로 사랑으로 인도 해 주시고
자신이 가지고 있는 능력을 최대한 활용하게 하소서.
주님께 드리는 간곡한 기도만이 능력인 것을 감사드립니다.

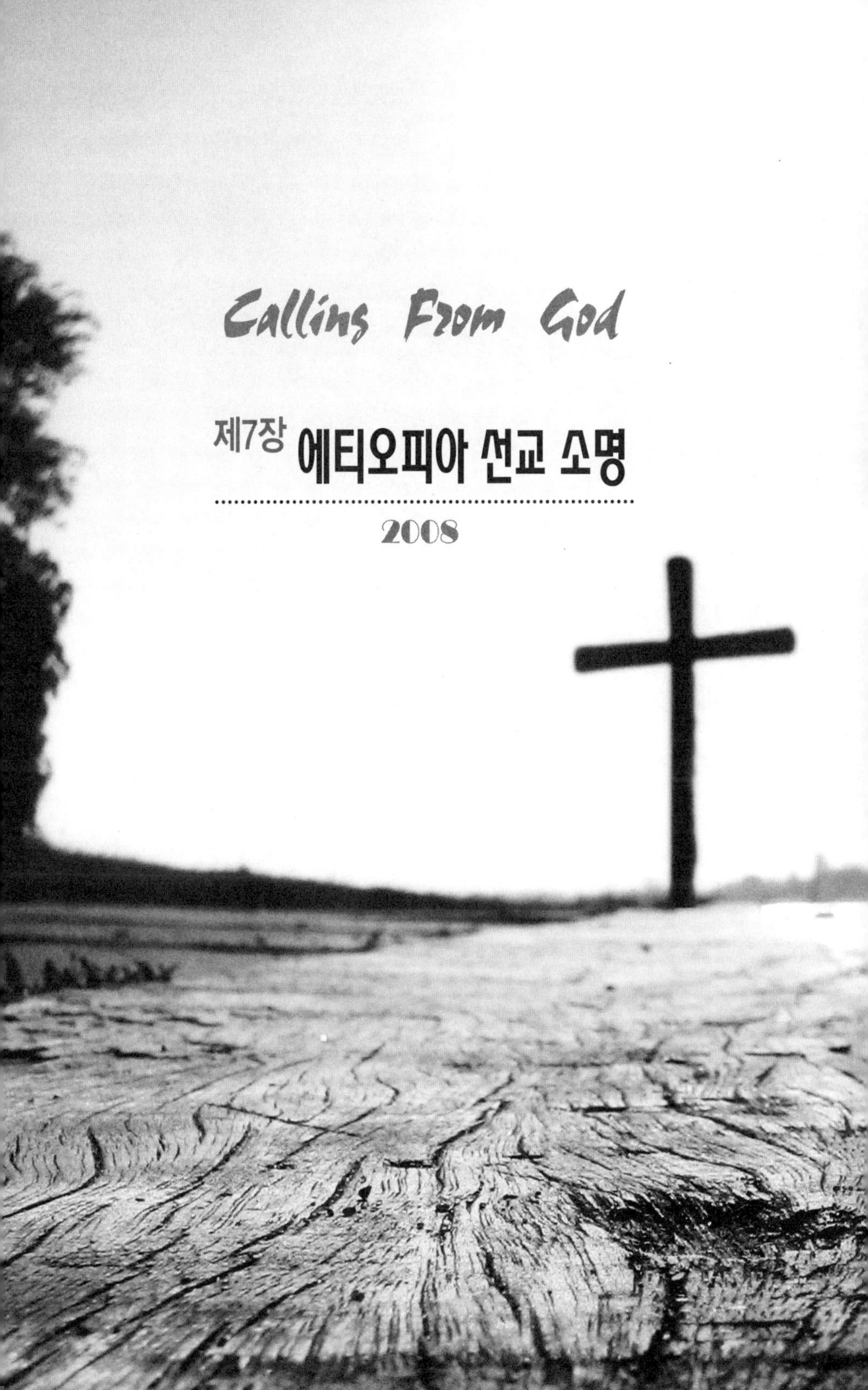

Calling From God
제7장 에티오피아 선교 소명
2008

속함이 깨어질 때 나도의 향기는 예수 이름으로

나는 살아계신 하나님의 역사하심을 경험하면서 삶의 간증을 세상에 드러내어야 할 거룩한 부담은 늘 염두에 두며 살았습니다. 거룩한 부담을 가지면서 내가 경험했던 간증을 필히 세상에 책으로 내어야 한다는 마음으로 쓰기 시작하였을 때는 다니고 있던 교회에서 제자훈련과 사역 훈련의 훈련 과정에서 있던 과정이었습니다.

사실 책을 세상에 내어야 하는 것은 내 생애에 처음 있는 일이고 나는 그 절차를 제대로 알지 못 했지만 조금씩 나의 영의 경험들을 쓰기 시작했습니다. 때로는 간증 중에 나의 사생활을 드러내어야 하는 아픔들이 있었지만 있었던 그대로 써야 했기에 있는 그대로 쓰면서 간증을 이어갔습니다. 그중에는 가족들과 아는 사람들의 얘기도 들어 있습니다. 그런 일들을 쓸 때는 마음의 방황이 조금 있었던 것은 숨길 수 없는 나의 고백이기도 합니다. 그러나 그때그때마다 말씀으로 용기를 주셨습니다.

갈라디아서 1장 10절 "이제 내가 사람들에게 좋게하랴 하나님께 좋게하랴 사람들에게 기쁨을 구하랴 내가 지금 까지 사람의 기쁨을 구하는 것이었더면 그리스도의 종이 아니니라."

적절한 말씀은 언제나 나에게 방황의 시간을 위로받게 하셨습니다. 이년이 가깝게 넘는 계속적인 간증집을 써 내려가면서 나는 주 하나님이 내 인생에게 부여하시는 어떤 존재의 목적이 있었음을 확신했습니다. 아주 오래 전부터 언제인가 나는 나의 기이한 영적인 경험들을 용기있게 내 입으로 말할 때가 있으리라, 했지만 그것은 막연한 꿈이었고 책이 만들어지는 것은 결코 주 하나님이 주시는 용기와 위로 없이는 현실화할 수 없었음을 지나간 시간들을 비추어 보아 명백히 알 수 있었습니다. 막상 간증을 책으로 내기를 열망하며 글을 쓰다가 보니까 지나갔던 일들을 오래 전에 잊고만 있었던 생각들이 성령님의 지혜의 도움으로 주마등처럼 지나가면서 한 장씩 한 장씩 끝내갈 수 있었음을 살아계신 주 하나님께 찬양과 감사를 올려드립니다. 나의 믿음의 시작은 우연이 아닌 필연적인 나의 삶이 되어서 내 인생을 보이시지 않는 성령님의 인도로 여태까지 살 수 있었음을 알게 하셨습니다.

나는 여섯 살 때 집에서 같이 기거하셨던 가정교사의 손에 이끌리어 집 가까이에 있는 장로교회 주일학교를 다니기 시작했습니다. 그때 말씀이 내 마음에 들어오면서 주 하나님 이외에 돌이나 나무로 새긴 우상을 섬기는 것이 죄악이라는 것을 알게 되었고, 주 예수 그리스도께서 어린이를 사랑하신다는 말씀을 들었으며 예수 그리스도께서 우리의 죄를 대신하사 십자가에 돌아가심과 함께 주 하나님의 말씀대로 사흘만에 부활하신 것을 믿음으로 받아들였습니다. 예수 그리스도의 이름으로 구원을 받고 죄 사함을 받는 것을 그대로 믿었습니다.

작은 여자 아이 하나가
복음의 말씀을 들었습니다.
말씀 속에 나 아닌 다른 사람을
사랑하라는 말씀이 있었기에
그 사랑을 가족에게 주기를
가슴에 멍과 함께 피 흘리기까지
그 사랑을 주고자 했습니다.

여섯 살 때 이미 한글을 깨우쳤던 나는 외할아버지가 우리들에게 천자문을 가르치실 때 올망졸망한 오빠나 막내 외삼촌보다 더 이해력이 있었던 것에 외할아버지가 오빠나 막내 외삼촌이 혹시 마음에 상처를 받을까 봐서 천자문 공부를 중단하셨던 일이 기억납니다.

그 후 엄마는 철저히 내가 배움에 길을 가는 것을 막으셨습니다. 그리고 나를 부엌에서 부엌데기처럼 부엌일을 시키시면서 나의 어린 시절에 심하게 마음고생을 시키셨었습니다. 그때 나는 그저 주어진 현실에 모든 것을 긍정적으로 생각하면서 가족을 사랑했습니다. 부모님의 생활의 무능함은 여리고 여린 나이의 나를 생활 전선으로 내몰았어도 나는 그들을 위해 아무 불평 없이 일을 해 아낌없이 그들에게 번 돈을 주며 가족들을 목숨처럼 사랑했습니다. 가족들을 돌보면서 적은 양식에 풍족히 모두 먹을 수 없어서 먹을 것을 동생들에게 수시로 양보하면서 살았던 어린 시절을 보냈기에 장성했어도 언제나 극심한 빈혈에 시달렸던 것을 회상해 봅니다.

성장을 하면서 부모의 편애 속에 마음 아파했기 때문에 늘 출생의 비밀을 알고 싶었습니다. 그러면서 말씀에 의지를 하면서 바르고 올바르게 살려고 나름대로 어린 마음에 노력에 노력을 했습니다. 그래서 길이 아니면 가지를 않았고 올바르고 정직하게 언제나 삶에 성실하려고 노력의 몸부림을 치면서 하나님께 기도를 하면서 살았습니다. 어느새 작은 여자는 성장을 해서 사춘기를 맞이하게 되었습니다. 끝없이 풀려지지 않는 삶의 번민 속에 절망하며 분노하기 시작했습니다. 서서히 가지고 있었던 믿음의 밧줄을 놓기 시작하면서 작은 여자 아이의 성격은 거칠게 변모했으며 작은 여자 이를 그동안 붙들었던 믿음이 점차 퇴색해져 가는 안타까움을 보시면서 그때 주님은 이 작은 여자 아이의 고통을 보셨습니다. 주님은 이 작은 여자 아이의 아픔을 보셨습니다. 주님은 이 작은 여자 아이의 기도를 들으셨습니다. 그리고 주님은 이 작은 여자 아이의 삶의 지팡이가 되 주기로 하셨습니다.

하나님은 어느 날 작은 여자 아이를 손수 만나주시기를 마다하지 않으셨습니다. 그러나 삶에 찌들려 있었던 작은 여자는 오직 현실의 삶에만 급급하였으므로 바로 눈앞에 서 계셨던 예수님을 알아보지를 못했습니다. 예수님은 작은 여자를 바라보시면서 이 작은 여자가 평생을 기억할 수 있는 말씀만 던져주시고 대화 도중에 허허벌판에서 작은 여자의 눈앞에서 사라지셨습니다. "그 길은 아가씨가 갈 길이 아닙니다. 아가씨는 주님의 일을 해야 합니다." 하는 여운만이 작은 여자의 귀결에 맴돌게 하셨습니다. 그리고 작은 여자는 평생을 그 말을 기억하면서 마음에 거룩한 부담감을 가지고 살았습니다.

그리고 세월이 이십년이 흐른 뒤 어느 날, 작은 소녀는 자신의 삶을 돌아보면서 그때 그 만남이 결코 평범한 만남이 아니었고 그동안 보이지 않는 주 하나님의 인도하심으로 살았음을 기억하며 감사함으로 뜨거운 눈물을 흘렸습니다.

플로리다에서 버지니아로 이사를 하고 난 후에 겪은 일중에서 가슴에 멍과 함께 피흘리기까지 사랑하여 갖은 희생을 주었던 가족들에게 보이지 않는 냉대와 무시를 받았었음을 기억합니다. 미국 사람과 결혼하여 아들을 둔 나를 무시했던 엄마와 식구들은 자기들이 내게 받았었던 나의 희생은 마치 어떤 보상을 받은 것같이 그들에게는 당연하였고, 지난날 자기들끼리 겪었던 적은 수고를 내가 자기들에게 주었던 희생과 비교하면서 나의 희생을 아무것도 아니라고 하며 나를 비웃었던 그들을 보면서 심령의 아픔을 겪었습니다. 그래도 그 집 문을 지나칠 때마다 "발을 털라." 하셨을 때 나는 도리어 그들을 위해 성령님께 변론을 했던 나를 회상하며 그래도 내 가슴에 그들에 대한 사랑이 있음에 주 하나님께 감사를 드렸습니다.

그러나 그 후에도 계속 되어지는 정신적인 고통 가운데 내가 그때 주 하나님께 얼마를 더 엄마를 용서를 하고 사랑해야 합니까, 하는 반문의 기도를 하면서 울었던 기억을 생각해 봅니다. 그럴 때마다 주 하나님은 내가 아직도 그들을 사랑함을 보시고 나에게 화목하라고 하셨습니다. 내가 가족들을 위해 나의 지난날의 희생은 엄마에게는 떳떳치 못한 부끄러운 당신의 과거였기 때문에 나를 누르고 또 짓눌렀습니다. 그때 나는 사람의 악함을 역력히 보았습니다. 그 세월은 모두 지나가고 이제 서로 세월 속에 늙어감에 따라 우리 가족들은 격동의 시간들을 뒤로하고 화목한 가족이 된 것은 오직 주 하나님의 은혜라고 생각합니다.

이러한 격동의 시간이 지나감과 함께 집안에서는 세 사람의 죽음을 맛보았습니다. 근래의 어느 날 나는 오래된 서류를 정리를 하던 중에 아들의 카톨릭 영아세례 증명서를 보고 깜짝 놀랐습니다. 그때를 회상을 하며 까마득히 잊었던 기억을 하게 되었습니다. 아들의 유아세례를 하고 우리 부부가 집에 돌아와서 미국의 풍습의 날인 할로인(Halloween day)날이었으므로 밤에 방문한 아이들에게 남편이 미리 준비한 캔디로 주었음을 기억합니다.

그리고 지난날을 회상하며 우리 부부의 결혼 전에 왜 그때 주 하나님이 우리의 결혼을 축복하시지를 않으셨나 기억하며 이해하게 되었습니다. 주 하나님이 선물로 주실 아들을 믿음이 없었던 남편은 마치 땅에 먼지만큼도 생각하지도 않고 소홀히 영아세례를 하였음을 미리 아시고 그렇게 우리의 결혼을 말리셨던 것을 생각나게 하셨습니다. 그래서 아들이 간 후에 아들의 묘비에 아들의 사진을 넣으려고 하였을 때 주 하나님은 일곱 번을 내게 꿈을 꾸게 하시면서 스산한 묘지들 위에 할로인(Halloween day) 캔디가 널려 있었음을 기억케 하셨습니다. 그때 나는 미국의 풍습에 익숙지 않아서 남편을 강하게 말리지 못 했던 것을 깊이 후회했습니다.

성경말씀으로 인용을 하면 할로인(Halloween day) 날을 축제의 분위기를 만드는 것은 레위기 18장 21절 "너는 네 자식들을 몰렉에게 희생제물로 바치면 안 된다. 그렇게 하는 것은 네 하나님의 이름을 더럽게 하는 일이다." 에스겔 23장 39절 "그들이 자식들을 우상들에게 희생제물로 바치고 나서 바로 그날 내 성소에 들어와 그곳을 더럽힌 것이다. 그들이 이런 짓을 내 집 가운데서 했다." 말씀으로 이미 나타나 있는 것을, 죄 가운데 있는 우리는 전혀 눈치를 채지 못하고 스스로 합류하여 범죄를 하였음을 주 하나님께서 깨닫게 하셨습니다. 미국의 할로인(Halloween day)은 저주의 날인 것을, 그날을 축제하는 사람들은 자녀들을 저주하는 것을 스스로 인정을 하는 것으로 알며, 그날을 절대로 축제 분위기로 만들지 말아야 할 것을 나는 사람들에게 꼭 말해 드리고 싶습니다. 아무리 인간이 뛰어난 지식을 가져서 해탈의 경지를 이루었다 하더라도 그것은 오직 하나의 학문의 경지를 이룬 위대한 철학으로 국한된 학자로서 머물고 있을 뿐입니다. 그래서 사람의 지식은 한계가 있기 때문에 죄를 죄로 보지 않는 무지를 알지 못하는 사이에 수없이 범하고 있는 그저 연약한 인간입니다. 사람의 연약함이 있기 때문에 주 하나님을 바로 알고 경배를 하며 말씀으로 믿음의 반석에 세움을 받는 것이 얼마나 자신이 축복을 받은 것이라는 것을 강조하고 싶습니다.

믿음이란 말씀으로 세움을 받아서 하늘에서 주시는 지혜로 모두가 사랑으로 함께 실천함으로써 서로가 성령 안에서 하나가 되어 주 하나님을 기쁘시게 하면서 하나님을 영화롭게 해 드린다는 것을 믿음이라 말하고 싶습니다.

살아오면서 꿈과 환상 그리고 말씀으로 나를 인도하셨던 주 하나님은 제자훈련 중에 내게 선교 사명이 있음을 알게 하셨습니다. 그때부터 알 수 없는 미래의 선교지를 나의 소견대로 열심히 찾았습니다. 그러나 어느 나라 하나도 내 가슴을 뜨겁게 하지는 않았습니다. 나는 그동안 주 하나님으로부터 보이지 않는 영적훈련을 수시로 받았었습니다. 보통 평범한 사람들은 결코 생각조차 하지 않는 마귀를 쫓는 훈련들이었습니다. 훈련을 받는 동안 인생의 삶은 결코 이 땅에서만 존재하는 것이 아닌 영원한 나라의 소망으로 꼭 살아야 한다는 것을 알았습니다. 그래서 하늘에 계신 하나님을 바로 알고 믿는다는 것이 개인적으로 얼마나 축복된 삶인지 피력하여 봅니다.

나를 지명하여 주신 하나님은 나를 영적전투에 자주 임하게 하시는 것을 자신이 때때로 느꼈습니다. 비록 육신적으로는 연약하지만 영적으로 나는 강한 주 하나님의 용사인 것을 영적으로 알 수 있었습니다. 말씀 위에 기초로 세운 믿음이 없었다면 내가 겪고 있는 영적훈련들을 육신적으로 결코 감당할 수 없는 것들이었습니다. 그리고 훈련 후에 갖는 믿음의 평안을 가질 수가 없을 것입니다. 말씀이 없는 나의 믿음이었다면 나는 아마도 사단의 계획에 번번이 패배를 당하고 농간에 놀아났을 것입니다. 그리고 지금의 내가 아닌 전혀 상상을 하지 못할 만큼 타락의 끝에 서 있을 수도 있습니다. 말씀에 기초한 믿음이란 나에게는 완전무장한 영적무장이 되는 것임을 알게 되었습니다. 때로는 알 수 없는 경험으로 하나님의 세계를 알게 되었고 하나님의 말씀이 절대적인 것을 그때그때 배우게 되었습니다. 그래서 말씀 없이 믿음을 세울 수가 없고, 말씀 없이 하나님의 세계를 결코 이해할 수 없다는 것을 훈련을 통하여 알게 되었습니다.

내가 혹시 영적으로 감당하지 못하는 시험을 만난다면 고린도전서 10장 13절 "사람이 감당할 시험밖에는 너희에게 당한 것이 없나니 오직 하나님은 미쁘사 너희가 감당치 못할 시험 당함을 허락지 아니하시고 시험당할 즈음에 또한 피할 길을 내사 너희로 능히 감당하게 하시느니라." 라는 말씀처럼 성령님이 내대신 감당하여 주십니다. 내가 비록 마귀를 육안으로 보았었다 해도 하나님은 절대로 나를 공포에 시달리게 하시지 않았습니다. 보았어도 감당할 용기와 지혜와 담력을 허락하셨습니다. 처음부터는 아니었지만 어느 때부터 나는 그런 일을 경험하면서 자신 스스로가 초연해 하고 있었다는 것을 느꼈습니다. 여러 번 그러한 시험은 내가 자고 있는 가운데에 서도 일어나기도 했습니다. 그럴 때마다 "아바 아버지" 하고 부르면서 조용히 기도를 하면 동시에 나의 바른쪽 귀에서 성령님의 음성을 들을 수 있었습니다. "더럽고 추악한 것들아. 예수의 이름으로 묶어서 예수의 권세로 영원한 무저갱으로 들어갈지어다, 아멘." 했습니다. 나는 성령님께서 하신 그대로 좇아하게 되면 즉시로 짓눌리는 가위에서 자유함이 되기도 했습니다.

말씀에 접목되지 않는 믿음과 신앙은 하나의 지식으로 철학적인 종교에 불과하므로 그러한 가운데에 받는 은사는 결코 하나님의 권한이 개입되지 않으신다는 것을 경험으로 알게 되었습니다. 차라리 은사를 받지 못 하였더라도 말씀에 신령과 진정으로 접목되는 믿음으로 장성하면 은사는 부수적으로 체험을 하고 성령 충만한 기쁨과 평안이 수반되는 것을 말하고 싶습니다. 말씀에 능력은 내가 오늘 죽는다 해도 예수 이름으로 구원의 확신을 가질 수 있습니다. 요한복음 14장 6절 "예수께서 가라사대 내가 곧 길이요 진리요 생명이니 나로 말미암지 않고는 아버지께로 올 자가 없느니라."라는 말씀을 붙들면서 나는 말씀가운데 하나님께 붙들림을 진실로 진실로 감사를 드립니다.

살아오면서 부족한 내게 역사하셨던 하나님은 나를 미국에 와서 주립대학을 다니게 하시면서 졸업을 하게 하시고 또 신학교도 다니게 하셨던 것은 그저 평범하게 지나칠 일이 아니라는 것을 마음으로 조용히 감사드리면서 나는 필히 주 하나님의 일을 할 것이라는 예감을 했습니다. 그러던 어느 날, 나는 사역 훈련을 마치고 있던 차에 직장 동료로부터 에티오피아 선교를 권함을 받았을 때 27년의 세월 동안 두 번을 꿈으로 보여주셨고, 그 꿈들은 그날 세 번째에는 환상으로 보여 주셨습니다. 나는 드디어 오랫동안 꿈속에서 보았던 그 나라의 이름을 알게 된 것입니다. 그것은 그저 우연의 일이 아니라고 생각합니다. 내가 지명 받아 가야 할 선교지는 바로 에티오피아인 것입니다. 처음 에티오피아가 적도 지역 아프리카라는 것에 인간이기에 조금 마음이 쓰였지만 지금은 에티오피아라는 말만 들어도 가슴이 기쁨으로 뛰는 것은 분명히 주 하나님이 지명하신 나라라는 것을 확신하게 되었습니다. 그래서 나는 그곳을 가기 위해 기쁜 마음으로 준비를 하며 나를 내려놓기로 했습니다.

"사람의 마음에는 많은 계획이 있어도 오직 여호와의 뜻이 서리라"라는 것을 나는 보았었기에 워싱톤 중앙장로교회(The Korean Central Presbyterian Church)는 쌘터빌(Centerville) 부지에 필히 세워지고 하나님 아버지의 계획 속에 우리는 성장하며 성숙한 믿음으로 마침내 재림의 예수님을 워싱톤 중앙장로교회(The Korean Central Presbyterian Church)에서 뵈올 수 있는 우리의 영광이 은혜의 바다가 넘쳐 흐르는 우리의 축복을 믿어 의심치 않습니다. 하나님 아버지는 작은 나에게도 당신의 사랑과 긍휼을 언제나 어디서나 풍성히 주시고 고통 가운데에서라도 세상이 주는 것 같지 않은 평안을 허락하셔서 내가 비록 직장이 없었다 하더라도 평안했고 경제적으로도 형제들에게나 남들에게 구차한 내 모습을 보이지 않게 부족함 없이 채워 주셨습니다. 끝으로 워싱톤 중앙장로교회(The Korean Central Presbyterian Church)는 1985년도에 완성이 되어 입당했다는 사실을 알았을 때 내가 본 1983년도에 본 교회의 환상은 교회를 짓기 이전이었음을 알게 되었습니다. 나 같은 평신도에게도 이런 은혜가 가능한가를 생각하면 하나님은 작은 자에게도 그의 사랑을 멈추시는 분이 아니라는 것을 알게 되었습니다. 갈라디아서 5장 33절 "사람이 제비는 뽑으나 일을 작정하기는 여호와께 있느니라." 나의 옥합이 깨어질 때 나도의 향기는 오직 예수의 이름으로 드리면서 주 하나님께 찬양과 영광을 올려 드립니다. 영원하신 나의 아바 아버지 감사합니다.

❷ 여호와 닛시의 하나님
🎈 *2008년 이야기*

　작년 5월 초에 켈리포니아에 있는 사랑의 교회를 방문을 하고 비전트립을 갔다 와서, 직장에서 같이 일하는 사람이 에티오피아 선교 얘기를 했을 때 보았던 환상은 27년 동안 두 번을 꿈을 꾸었고, 세 번째 환상으로 본 것입니다. 우연이라고 생각하기에는 너무도 숙명적인 현실로 나의 마음을 들뜨게 했습니다. 나는 그곳이 적도 근처라는 것을 알고 조금은 망설였으나, 곧 성령님의 위로와 함께 내가 꼭 가야 할 곳임을 알았습니다. 나는 즉시 교회와 SEED에 선교지를 알아보았습니다. 그러나 다니고 있는 교회는 이미 알고 있었지만 SEED에서는 에티오피아 선교를 가지 않는다고 하여서 알 수 없는 실망이 들었으나 곧 마음을 추슬렀습니다. 그래도 두 해라는 세월이 그때 있었기에 그동안 마음을 다지고 준비한다면 필히 좋은 소식과 인도가 있으리라 믿고 스스로를 위로했습니다. 잠언 20장 24절 "사람의 걸음은 여호와께로서 말미암나니 사람이 어찌 자기의 길을 알 수 있으랴." 27년 동안 세 번을 똑같은 장소를 보여 주셨고, 나의 뇌리에서 언제나 알고 싶었던 장소가 에티오피아에 있었음을 생각하니 마음 한편으로 알 수 없는 도전을 받았습니다.

　2007년이 지나고 2008년이 된 오늘날, 나는 계속적으로 내가 어떻게 선교를 가야 할 것을 나름대로 작전을 짜고 있었습니다. 그리고 원로 목사님과 담임 목사님께 나의 입장을 피력하며 이메일로 연락을 드렸습니다. 그리고 나름대로 계획을 짰습니다. 현재 다니고 있는 직장은 내년 삼월에는 그만둘 예정이고 하와이로 6개월 동안 영성 훈련을 받을 것도 생각을 했습니다. 그러던 중 세 들고 있었던 백인 여자가 내 방에 들어와 침대에 같이 드러누워 한밤중에 잠결에 깨어나 소스라치게 놀라게 했습니다. 나는 백인 여자를 내어 보낼 수밖에 없었습니다. 내가 그 백인 여자와 한 집에서 사는 동안 내가 남자와 교제 없이 사니까 그 여자는 외로운 마음에 나와 동성 관계를 맺을까 하여 내 방에 들어 왔던 것입니다. 세상이 악하니까 내가 별 희한한 경험을 하는구나, 하고 마음이 아팠습니다. 그 여자는 많이 배운 여자였습니다. 올바르게 세상을 산다는 것은 지식적으로 많이 배운 자만이 살 수 있는 것이 결코 아니라 오직 말씀을 붙들고 믿음 위에서 삶의 몸부림을 치며 살아야 가능하다는 것을 알게 되었습니다. 세대가 악하므로 윤리와 도덕성이 희박한 현실은 사람들의 가슴을 죄를 죄로 보지 않는 무딘 마음만이 그들의 삶의 정의로 얼마나 많은 죄악으로 살 수 있다는 것을 그 여자로 통해 알 수 있었습니다.

원래 계획은 집을 내년 3월쯤 팔까 생각을 했는데 그 후에 세든 사람이 두 달만에 가정 사정상 이사를 가야 했으므로 그 사람을 내보내고 나니까 자연히 일 년도 안 된 세월을 남에게 세를 줄 수가 없었습니다. 세를 주고 나서 일 년도 되지 않아서 이사를 하라는 것에 마음이 허락지 않아서 올케가 알고 있는 복덕방 하시는 분을 소개로 집의 시세를 알아보니 시세는 매우 악조건이었습니다. 그러면서 나는 계속적으로 간증집을 열심히 쓰면서 직장과 교회를 다녔습니다. 그때 우리 교회에서는 40일 영성훈련(Purpose Driven Life 40days Campaign)으로 성도의 교제(communion of saints)를 육주 동안 은혜스럽게 소그룹(Cell Group)을 가질 수 있었습니다. 나는 나의 적은 체력으로 모든 것을 감당을 할 수가 없어서 사십일 새벽기도를 집에서 동영상으로 드렸습니다. 나는 왜 하나님이 많고 많은 교회 중에 워싱톤 중앙장로교회를 다니게 하셨는지 이해가 되었습니다.

중앙장로교회는 끊임없이 성도를 모우면서 영적으로 성장을 하려고 여러 가지 영성훈련을 마련했습니다. 하나님께 드리는 신령과 진정의 예배가 있고, 성도의 교제가 있으며, 여러 가지의 영성훈련과 사역들이 있는 가운데 자원하는 마음으로 매년 단기선교를 가는 성도들과 전도하는 그룹이 눈에 띄게 늘었습니다. 영적으로 도약하는 교회로 은혜가 풍성한 역동성과 일체감이 있는 교회로 모든 성도들이 기쁜 마음으로 교회를 후원함을 수시로 보았습니다. 나는 나의 교회를 사랑합니다.

이사야 40장 31절 "오직 여호와를 앙망하는 자는 새 힘을 얻으리니 독수리의 날개 치며 올라감 같을 것이요, 달음박질하여도 곤비치 아니하겠고 걸어가도 피곤치 아니 하리로다."

때로는 알 수 없는 아쉬움을 가질 때가 있습니다. 나의 양쪽 친가와 외가로 인해 우리 가족들이 믿음을 받아들이는데 오랜 시간이 걸렸으므로 말씀과 믿음의 배경이 오래지 않아서 말씀을 이해하는 것에 얼마나 시간이 요했었음을 기억합니다. 이러한 아쉬움이 있었기에 나는 나 자신을 언제나 낮게 내려놓고 말씀을 들을 수 있었다는 가슴의 귀에 감사를 드립니다. 나는 주 하나님이 주시려는 사랑의 말씀에 어린 마음이 녹았었고 그 사랑 때문에 이제까지 열심히 성실하게 노력하는 삶을 살았음을 고백합니다. 하나님은 내가 믿고 있는 사랑이 하나님께로부터 났기에 나의 영을 곤비하지 않게 언제나 도와 주셨습니다.

이사야 57장 16절 "내가 영원히는 다투지 아니하며 내가 장구히는 노하지 아니할 것은 나의 지은 그 영과 혼이 내 앞에서 곤비할까 함이니라."

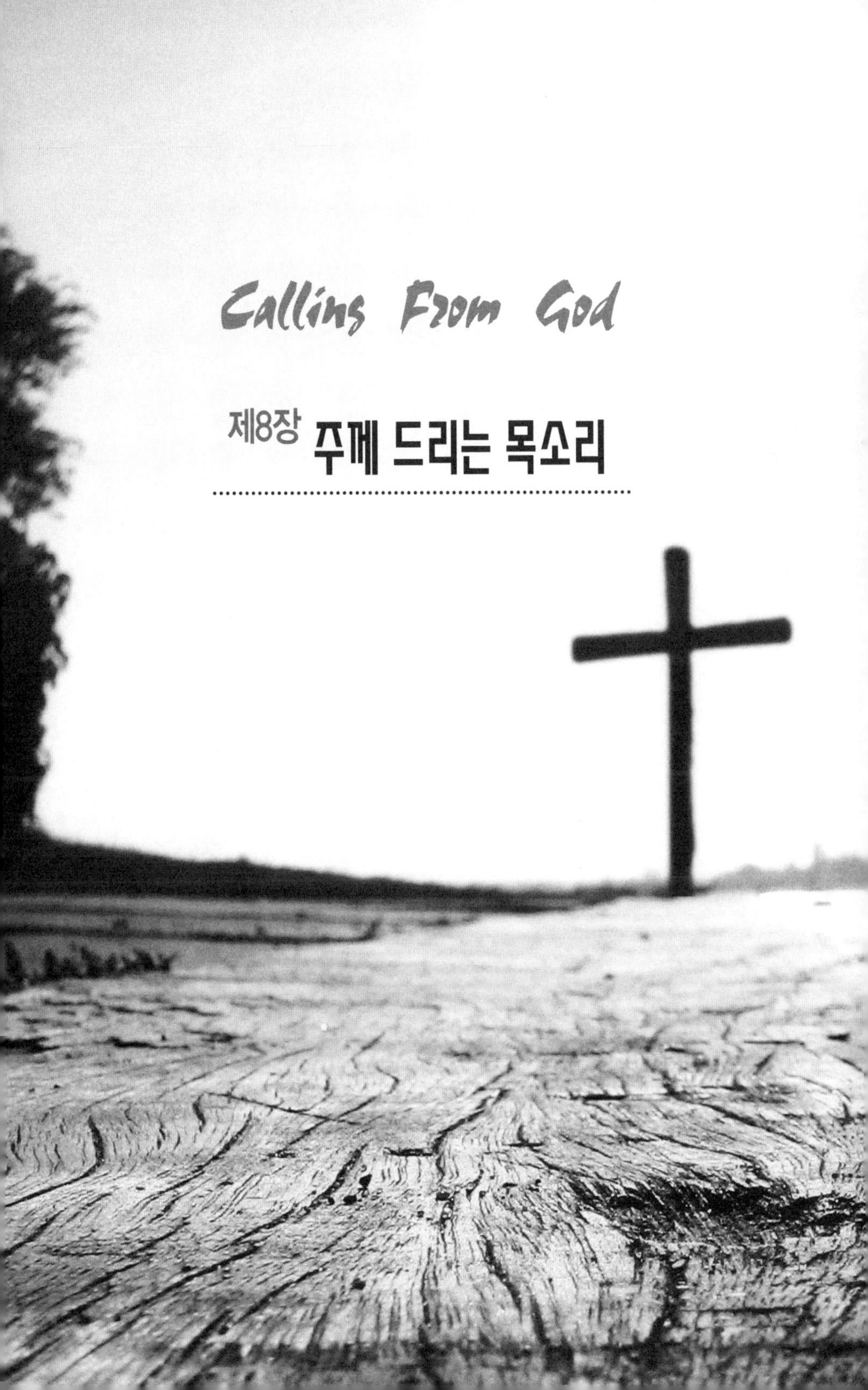

제8장 주께 드리는 목소리

다만 이뿐 아니라
우리가
환난 중에도 즐거워 하나니
이는 환난은 인내를,
인내는 연단을,
연단은 소망을
이루는 줄 앎이로다.
(롬 5:4)

1. 새해 첫날

새해 첫날
새벽의 여명(黎明)에
조용히 일어나서
주님께 기도를 드렸습니다.
지나간 시간들을 통해
부족했던 나의 모습들을 생각하면서
주 하나님께 통회하는 마음이 되어 봅니다.

새해 첫날
붉게 퍼지는 빛의 조하(朝霞)에
자신을 돌아보며
주님께 기도를 드렸습니다.
어제의 시간들을 통해
지금까지 인도하신 은혜를 생각하면서
주 하나님께 감사하는 마음이 되어 봅니다.

새해 첫날
밝아오는 신단(晨旦)에
앞으로의 마음의 준비로
주님께 기도를 드렸습니다.
오늘의 시간을 통해
어제를 반영하며 변화를 생각하면서
주 하나님께 기도하는 마음이 되어 봅니다.

새해 첫날
찬란한 햇살의 희광(曦光)에
주어진 삶의 새로운 도약을 위해
주님께 기도를 드렸습니다.
내일의 시간들을 통해
분명한 목적이 있는 미래를 생각하면서
주 하나님께 신뢰하는 마음이 되어 봅니다.

2. 옥합이 깨어지기까지

옥합이 깨어지기까지
우리는 우리의 의만 구했습니다.
내 자신이 평안하면 그것으로 족했고
나의 취미생활에 만족하면 그것으로 족했고
나는 나대로 주는 주대로
우리는 분리된 가운데 하나가 되기를
주께 기도에 기도를 했습니다.

옥합이 깨어지기까지
우리는 우리의 의만 구했습니다.
내 가족이 평안하면 그것으로 족했고
나의 사업이 번창하면 그것으로 족했고
나는 나대로 주는 주대로
우리는 분리된 가운데 하나가 되기를
주께 기도에 기도를 했습니다.

옥합이 깨어지기까지
우리는 우리의 의만 구했습니다.
내 교회가 평안하면 그것으로 족했고
나의 구역이 화기애애하면 그것으로 족했고
나는 나대로 주는 주대로
우리는 분리된 가운데 하나가 되기를
주께 기도에 기도를 했습니다.

옥합이 깨어지기까지
우리는 우리의 의만 구했습니다.
내 나라가 평안하면 그것으로 족했고
나의 지역이 안정되면 그것으로 족했고
나는 나대로 주는 주대로,
우리는 분리된 가운데 하나가 되기를
주께 기도에 기도를 했습니다.

옥합이 깨어지기까지
우리는 우리의 의만 구했습니다.
원수가 덫을 놓고
우리가 넘어지고 자빠지고
원망과 불평을 위로 삼기를 앙망 할 때
그때 우리를 돌아보며
원수의 꼬임에 넘어가지 않도록
늘 깨어 기도하기를 힘써야 합니다.
거짓, 교만, 시기, 질투, 분노, 미움
그리고 세상의 허세를 회개 하며
우리의 분리된 마음이 하나가 되기를
우리는 주께 기도에 기도를 힘써야 합니다.

옥합이 깨어지기까지
우리는 우리의 의만 구했지만
인침 받은 아버지의 자녀들은
저 원수가 우는 사자처럼 움켜 삼키려 하기 전에
지혜의 영이 그들의 머리 위에
회개 영을 불어넣어 자신을 돌아 볼 줄 알며
깨어서 주께 우리의 옥합을 드려야 한다는
갈급함의 성령의 감동을 받습니다.

우리의 옥합이 깨어질 때
나도의 향기가 세상을 진동하며
예수그리스도의 의만 들어나기를
우리의 분리된 마음이 하나가 되기를
우리는 주께 기도에 기도를 힘써 해야 합니다.

옥합이 깨어질 때
우리가 죽고 오직 예수 그리스도의 의만 남으니
우리의 향기가 그리스도의 향기가 되어
그리스도의 향기들이 온 세상에 전파되면서
하늘에 계신 아바 아버지의 말씀이 살아서
인침받은 자녀들의 가슴에 전류처럼 전해지고
우리는 우리도 모르게 양편으로 갈라섭니다.

우리들의 옥합이 깨어질 때
나도의 향기가 세상을 진동하며
예수그리스도의 의가 들어나면서
우리의 마음이 하나가되는 기도의 응답 가운데
재림의 예수를 만나보는 워싱톤 중앙 제단이 되길 기도합니다.

3. 새 소망의 새 노래

주 여호와께 새 소망의 새 노래로
성도들의 작은 모임을 찬양하면서
우리의 작은 예배의 모임들을
주 하나님께 감사드립니다.

말씀 가운데에서 하나가 되어
더욱 믿음의 가정들로 교제하면서
성장과 성숙을 통해 영적 도약을
주 하나님께 감사드립니다.

성도들의 작은 모임의 기도소리는
풍성한 영적 은혜의 훈련으로써
화기애애한 이웃의 사랑을 알 수 있음을
주 하나님께 감사드립니다.

말씀으로 다져진 작은 모임들은
주 하나님을 사랑하는 모임들로서
영적 역동성을 사역으로 헌신 할 수 있어
주 하나님께 감사드립니다.

우리 그리스도 예수를 본 받아서
교회를 사랑하며 말씀에 충실해서
전도와 선교를 지향하는 영적 일체감에
주 하나님께 감사드립니다.

4. 상록수(常綠樹)의 사랑

계절을 초월하고
늘 푸르름을 간직하며
묵묵히 지켜주시는
상록수의 사랑을 아는가.
절망의 삶의 덫에 걸려
헤어날 수 없었던 순간 순간
말씀으로 밝은 빛 가운데로
늘 인도하여 주셨네.
"주의 말씀은 내 발에 등이요
내 길에 빛이니이다" 시편 119편 105절

세월이 셀 수 없이 지나가며
인생의 덧없는 후회가
솔로몬의 전도서 속에 있었을지라도
상록수의 사랑은
고난과 역경의 인생의 암초에서도
지혜로 용기를 주셨고 격려하며
나를 지켜주었네.
"모든 지각에 뛰어난
하나님의 평강이 그리스도 예수 안에서
너희 마음과 생각을 지키시리라" 빌립보서 4:7

반평생의 길을 달려오면서
수고로 얻은 것의 허무함

구하려는 것의 찢어지는 아픔
인생의 이런 터지는 고통을 아는가.
아가페(Agape)의 사랑이신
상록수의 사랑은 영원하시므로
기도와 간구로 의뢰하면
"내가 무궁한 사랑으로
너를 사랑하는 고로 인자함으로
너를 인도하였다 하였노라" _{예레미야 31:3}

5. 미지(未知)의 세계(世界)

다윗의 아들 예루살렘 왕 솔로몬인
전도자가 전도서에 가로되 헛되고 헛되며
헛되고 헛되니 모든 것이 헛되도다.
했던 것은 해 아래에서의 수고는
영원하지 않고 잠간뿐인 것을 그가 말하려는 것이라.

그래서
"우리가 주목하는 것은
보이는 것이 아니요
보이지 않는 것이니
보이는 것은 잠깐이요
보이지 않는 것은 영원함이라" 고린도후서 4:18
보이지 않는 영원함을 추구하며
미지(未知)의 세계(世界)를
동경하고 말씀을 접하려는 것은
말씀은 살았고 운동력이 있으므로
"모든 성경은 하나님의
감동으로 된 것으로 교훈과 책망과
바르게 함과 의로 교육하기에 유익하니
이는 하나님의 사람으로 온전케 하며
모든 선한 일을 행하기에 온전케 하려 함이니라" 디모데후서 3:16-17
의 말씀을 지각이 뛰어나신 하나님의 지혜로
믿음으로 믿고 알기 때문인 것이라.

그래서

미지(未知)의 세계(世界)를 바라보고

믿음으로 주님이 오실 그날을 기대하면서

모여서 예배하며 서로 교제 있는 것은

목마른 사슴같이 말씀을 사랑함이라.

말씀과 기도로 반석의 믿음으로 훈련하여

세상적 유혹의 삶에서도

주 하나님의 자녀답게 살 수 있는 것은

주 하나님이 거룩하시므로 삶에 거룩함을 추구함이라.

"내가 거룩하니 너희도 거룩할지어다, 하셨느니라." 베드로전서 1:16

말씀의 묵상 가운데

주옥(珠玉)같은 믿음을 낳는 것은

성령님의 조명을 받음인 것을

지혜로 사역의 기쁨을 누리는 것이라.

"지극히 작은 것에 충성된 자는 큰 것에도 충성되고" 누가복음 16장 10절

충성된 자의 기쁨은 주 하나님의 기쁨이시라.

이웃을 사랑하는 마음으로 영혼을 사랑하므로

전도를 해 주님의 자녀를 모으는 것은 면류관의 상급이라.

교회의 머리이신 주 예수그리스도의 이름으로 선교를 가는 것은

"너희는 가서 모든 족속으로 제자를 삼아

아버지와 아들과 성령의 이름으로 세례를 주고

내가 너희에게 분부한 모든 것을 가르쳐 지키게 하라." 마태복음 28:19

지상 명령의 약속의 말씀을 붙들면

주님이 오시는 미지(未知)의 세계(世界)가 뚜렷이 보이리라.

"세상 끝날까지 너희와 항상 함께 있으리라 하시니라." 마태복음 28: 20

하나님의 부르심